智慧与探索

白军志 / 主编

图书在版编目（CIP）数据

智慧与探索 / 白军志主编 . -- 北京：世界图书出版公司，2020.6
　　ISBN 978-7-5192-7484-9

　　Ⅰ.①智… Ⅱ.①白… Ⅲ.①中学—校长—学校管理—文集 Ⅳ.① G637.1-53

中国版本图书馆 CIP 数据核字（2020）第 069434 号

书　　　　名	智慧与探索
（汉语拼音）	ZHIHUI YU TANSUO
著　　　者	白军志
总　策　划	吴　迪
责　任　编　辑	冯晓红　张小娅
装　帧　设　计	刘　岩
出　版　发　行	世界图书出版公司长春有限公司
地　　　　址	吉林省长春市春城大街 789 号
邮　　　编	130062
电　　　话	0431-86805551（发行）　0431-86805562（编辑）
网　　　址	http://www.wpcdb.com.cn
邮　　　箱	DBSJ@163.com
经　　　销	各地新华书店
印　　　刷	北京虎彩文化传播有限公司
开　　　本	787 mm×1092 mm　1/16
印　　　张	15.5
字　　　数	270 千字
印　　　数	1—5 000
版　　　次	2022 年 6 月第 1 版　2022 年 6 月第 1 次印刷
国　际　书　号	ISBN 978-7-5192-7484-9
定　　　价	45.00 元

版权所有　翻印必究

（如有印装错误，请与出版社联系）

编委会

主　编　白军志

副主编　魏振国　赵　军

编　委　金兴荣　白睦锦　王在东　丁兴珍

　　　　　李兴明　豆　强

序言 PREFACE

受"金城名校长"白军志校长邀嘱，我为他的名校长工作室即将出版的成果集《智慧与探索》一书作个序，我迟迟都不能动笔，一是因为自己才疏学浅，而不敢冒言；二是因为思想一直徜徉在近来参加的密集培训中，不能得以沉静。

现在，春花次第绽放，春天的美好开始弥漫开来，想必这春之烂漫能给我点"灵感"与"启迪"，因为军志校长所在的恩玲中学实在是一所洋溢着浓浓春天气息的独立高中，此刻的校园也一定是万紫千红了。

一直以来，我都会把一所学校的校园和这所学校的灵气与神气联系起来。当年我在师范教书的时候，因为师范搬迁至榆中县县城，暂无去处，就在恩玲中学度过一年多的时光，那时便知学校是香港友人朱恩馀、谢玲玲夫妇爱心捐建，这里的每一栋建筑、每一处亭台、每一棵树、每一株草、每一朵花、每一个学子都是被爱浸润过的。学校从建校之初至今，久负盛名，军志校长现在管理领导恩玲中学可谓职业生涯之幸事。

教育家陶行知说，"智、仁、勇"三者是中国重要的精神遗产，过去它被认为是"天下之达德"，今天依然不失为个人完美发展之重要指标。作为教师，我也常想，要想学生有智，教育必须先智；要想学生有仁，教育必须先仁；要想学生有勇，教育必须先勇。从另一个角度讲，"仁"与"勇"应该是毛泽东主席曾说的"文明其精神，野蛮其体魄"，自然是教育赋予学生的应有之义。单就军志校长成果集的"智慧"这一维度而言，应该是教育最根本的内涵与品格了，或者说，"智"是教育要赋予学生很重要的生存品格。因为，只有智慧的人生才堪称美好，也只有智慧的教育才堪称美好。

我印象中的恩玲中学就是有着"智、仁、勇"气质的一所学校，军志校长也是具有"智、仁、勇"气质的一位校长。

当然，要想把"智慧"的种子植入学生的心田，也不是一件简单的事。当下的教育特别是基础教育，应试的烙印很深重。很多时候，各种因素逼迫教育不得不追求所谓"末端的成功"——唯分数、唯升学、唯文凭的教育，也就很少顾及"智慧"这一维度了。

我多次在陶行知先生"四块糖的故事"和苏霍姆林斯基"一朵玫瑰的故事"里反观我们当下的教育，有时候得出的结论甚是大相径庭。军志校长作为一所普通高中的负责人，不可能不被升学率所困扰，但他能带着团队探索教育的智慧，又是何等的难能可贵！

就"智慧教育"而言，我肤浅地理解，一是表现在教育方式方法上的智慧。这是今天教育普遍缺失的，"孔子教人，各因其才"这样的教育智慧恐怕早被"应试"的机器碾轧进尘土中去了。二是教育思想的智慧。思想的智慧重在情怀、信仰、理念。作为教育者，我们应该常常思考：在事实层面，我们到底要教什么？在技术层面，我们到底如何教？在价值层面，我们到底为什么教？这几个问题想不明白，我们就不明确"培养什么人""为谁培养人""怎么培养人"这些大问题背后的教育思考与行动，"末端成功"的局限与困惑就会不断消解教育的智慧。

我愿军志校长与他的团队的探索为我们今天的基础教育赋予一些新的智慧，并愿这种积极的探索是教育将来之常态。

谨为序。

兰州市教科所副所长、金城名师　高国君
2019年仲春　于金城

目录 CONTENTS

砥志研思方致远
——课题研究篇

学校文化建设有效促进高中生心理健康发展的实践研究 / 白军志 ……… 002
新课标下高中课堂教学评价理念和策略的研究 / 魏振国 ……… 018
农村学校发展规划制定与实施的实践研究 / 白睦锦 ……… 102
问题教学法在初中思想品德课中的实践研究 / 丁兴珍 ……… 121
初中学生"亮点·闪光"教育研究 / 王在东 ……… 128
初中学生社会责任感的培养策略研究 / 赵 军 ……… 133

温风搦管细论辞
——论文篇

浅谈新课标下高中课堂教学评价的有效策略分析 / 白军志 ……… 144
西部农村中学生英语交际障碍分析及能力培养策略 / 白军志 ……… 147
时代呼唤学习型、反思型的校长 / 白军志 ……… 154
新课标理念下高中课堂教学评价的关键要素与策略 / 白军志 ……… 158
谈学校文化建设有效促进高中生心理健康发展的作用 / 白军志 ……… 164
新课标下中学生评价研究 / 魏振国 ……… 170
对不同溶液中水的电离的理解与应用 / 魏振国 ……… 174
以"苯酚"为例谈自主开放、合作探究式教学 / 魏振国 ……… 180

巧用评点式推动新阅读 / 王在东 …………………………… 183

春风化雨　润物无声——浅谈农村留守儿童心理健康教育 / 丁兴珍 …… 185

农村初中思想品德课小组合作学习教学策略初探 / 丁兴珍 ………… 190

遗忘曲线在高中地理教学中的应用初探 / 李兴明 …………… 195

新课程改革给中学地理教学带来的挑战 / 李兴明 …………… 199

中学地理教学中"3333"模式的实践尝试——以"城市化"教学设计
为例 / 李兴明 …………………………………………… 202

中学地理教学中的精神和情感融入 / 李兴明 ………………… 205

对卓越课程开发的几点认识 / 赵军 …………………………… 208

校园文化建设漫谈 / 赵军 ……………………………………… 211

以提高教学有效性为核心，构筑理想课堂 / 赵军 …………… 214

初中生社会责任感培养路径探微 / 赵军 ……………………… 216

但凭胸臆寄衷情
——演讲篇

直挂云帆济沧海 / 白军志 ……………………………………… 222

当好教育孩子的第一责任人 / 白军志 ………………………… 225

予人玫瑰　手有余香 / 白军志 ………………………………… 230

在活动中绽放精彩的人生 / 白军志 …………………………… 232

让我们唱响青春的赞歌 / 白军志 ……………………………… 234

不忘初心　追求卓越 / 白军志 ………………………………… 235

圆青春梦想　扬人生志气 / 白军志 …………………………… 238

砥志研思方致远
——课题研究篇

学校文化建设有效促进高中生心理健康发展的实践研究

课题负责人　白军志

一、课题的提出背景

本课题的提出有以下的背景：

环境是心理发展的外部条件，决定着遗传因素在个体心理发展中的可能性能否转化为现实，并促进这种可能性向现实转化。由于个体环境不同，其心理表现就会出现巨大差异。学校文化建设的目的就是为学生的发展创造一个良好的环境。学校文化环境对学生的影响作用具有全面渗透的特点，这主要表现在两个方面。一是指学校文化环境的影响无时不在、无处不在。不论是在课堂上，还是课余活动中，或是课间休息时，学校环境的影响时时处处都在发挥作用。尤其是各种隐性教育的影响作用，更是无所不在。二是指文化环境影响的潜移默化性。文化环境对学生的影响作用不是通过有目的的说教或管束来进行的，而是通过多方面的心理影响来体现的。如行为规范和良好习惯的养成、正确态度与观念的形成、积极情绪情感的培养等，都是在长期的环境熏陶与气氛感染的过程中，耳濡目染、潜移默化，逐渐形成和实现的。

学校文化可分为三个层面。外层是学校的物质文化。它包括校园建筑、校容、环境文化和教育、教育设备设施文化，以及师生、员工的物质产品和精神产品的产品文化等。中层是制度文化。它包括组织机构与结构、规章、制度和课程、教材以及人际关系的模式等。内层是学校的精神文化，是学校文化的观念层。它包括办学指导思想、教育观、道德观、价值观、思维方式、校风、行为习惯等。它们是学校文化的内核和灵魂，是学校组织发展的精神动力。学校文化具有导向功能、凝聚功能、规范功能、创新功能。学校文化的核心体现在师生群体的价值观念、道德准则和行为方式上。师生是学校文化的基本载体。

学校文化是学校的灵魂，它蕴藏在学校教育系统之中，以潜移默化的方式影响着教师和学生在学校教育活动、学校生活中的思维方式、价值观念和教育行为方式、人际关系及其学校生活样式。学校文化既对学校发展和学校教育活动具有指引方向的作用，本身也是重要的教育要素。学校文化是学校的核心竞争力。教育界开始大力倡导人的独立、创造、进取、平等、民主等品质的培养，强调实现从以物为中心到以人为本的根本转换，这是学校文化建设的重大进步。

当前，中小学心理健康教育工作的开展水平参差不齐，出现了很多问题。有些学校把心理健康教育纳入学校的正规课程中，当作一门学科来对待，出现学科化倾向；有些学校虽然名义上设立了心理咨询室，开设了心理健康课，配备了教师，但心理咨询室形同虚设，仅为应付上级检查设立，出现形式化倾向；有些学校由于工作缺乏整体思路、专职人员素质较低，心理健康教育未能得到深入和持续地开展，出现表面化倾向；还有一些学校封闭、孤立地对学生进行心理健康教育，忽视了对教师的心理健康教育，出现孤立化倾向。利用学校文化建设有效促进心理健康教育，对学生的心理影响将是潜移默化的、持久的、积极的。它的实施将有利于心理健康教育价值取向的重新定位：由重障碍排除、重差错矫正的教育模式转变为重发展、重预防的教育模式，由服务少数人转向面向多数人，由以消除心理障碍为目的转变为以促进心理发展为目的。只有树立一种真正意义上的心理健康教育理念，才能全面推进学生健康教育的发展。

因此，本课题想通过在本校所做的实践来探讨如何在学校文化建设中有效促进心理健康教育，提高学生的心理健康水平，真正达到心理健康教育的目的。

二、课题核心概念的界定、国内外研究现状述评、选题意义及研究价值

（一）本课题核心概念的界定

学校文化建设：包括师生的价值观、精神境界和精神风貌、思维方式和行为准则、教风与学风、学生社团、各类文化设施及文化活动、学校网络以及学校的环境布局、绿化美化等诸多方面的建设活动。

中学生心理健康发展：指学生在学习、生活过程中，身心达到良好的发

展状态，主要包括情绪协调、人际关系良好、有幸福感等。

有效促进：着眼于文化建设与心理健康发展之间的相互关系，制订相应措施，以校园文化建设为平台，有效促进心理健康发展。

（二）国内外研究现状述评

国内外关于中学生心理健康的研究已经成果颇丰，但层面较低，缺乏实证，以及对高中生心理健康研究不足是长期存在的难题。自教育部下达《关于加强中小学心理健康教育的意见》《中小学心理健康教育指导纲要》等文件以来，心理健康教育逐渐升温，但是目前心理健康教育还是缺少科学的思考、脚踏实地的工作精神，以及科学实验与论证。

（三）选题意义及研究价值

1. 选题意义

一方面，学校文化建设是学生心理健康发展的重要依托；另一方面，学校文化建设是学生心理健康发展的有效举措。

2. 研究价值

本课题基于目前高中学生人际关系难以处理、学习难以适应、情绪过于浮躁等心理问题的现状，提出通过校园文化建设的实施，有效促进学生心理健康发展的途径。从大的方面讲，可以弥补有关高中生心理健康发展理论研究的不足；从小的方面讲，可以为我校的学生管理提供文化建设、心理教育的相关对策，从而为促使学生健康阳光地成长奠定一个好的实例验证基础。

三、课题的研究目标、研究内容、研究假设和拟创新点

（一）研究目标

调查我校学生心理健康状况；探讨学校文化建设与学生心理发展的关系，寻求一种有效的策略，形成比较系统的文化建设体系，促进心理健康教育的经验与理论研究，构建文化教育与心理健康教育的模式。

（二）研究内容

研究对象是榆中县范围内的高中学校，重点是本校的校园文化建设及学生心理健康教育的具体现状、问题及原因和解决对策。

（三）研究假设

通过课题研究，使得全体教师了解校园文化建设对有效促进学生心理健康发展的积极意义；还可以促使学校根据课题研究的成果，尝试并改变以往

在校园文化建设与心理健康教育方面的不足，构建学校心理健康教育的良好平台，丰富学校文化建设的内涵，为学生的健康成长、学校的持续发展提供理论支持与实例验证。

（四）拟创新点

1. 以文化建设为载体，以学生心理健康的教育为主体

本课题拟将学校文化建设作为研究载体，将高中不同年级的学生心理健康教育作为主体，注重双向研究与交叉探讨，相辅相成，从而提升课题研究的内涵。

2. 动态跟踪研究

尽可能实施动态观察的策略，锁定某些特定的班级，最大可能地分析这些班级在校园文化建设有效促进心理健康发展的策略实施过程中，学生学习、生活尤其是心理的变化情况。

四、课题的研究思路、研究方法、技术路线和实施步骤

（一）研究思路

总体思路：调查研究，准备素材—归纳分析，寻求原因—对比研究，探究契合点—综合分析，商讨对策—实践探索，补充完善。

具体过程：对我校文化建设以及学生心理健康教育的现状做一次比较系统的调查，为下一步分析起因、创建对策提供第一手素材；根据调查数据，结合学校实际，分析文化建设与心理健康教育之所以有如此现状的原因；着重分析学校文化建设与学生心理健康教育的辩证关系，探究二者之间的契合点；尝试制定学校文化建设有效促进学生心理健康发展的策略；通过实践研究，查漏补缺，不断完善课题研究的策略。

（二）研究方法

1. 调查研究法

编制问卷，在我校各年级进行"心理健康教育现状"的问卷调查，了解我校高中生的心理健康现状，并进行阶段性的跟踪调查，了解、分析学校文化建设活动实施后学生心理发生的变化，为课题研究提供事实依据。

2. 比较分析法

分析比较我校在文化建设策略实施前后学生精神风貌的变化，进行对比研究，收集相关的数据，分析优劣状况，修改、补充和完善操作措施，探索促

进高中生心理健康发展的有效策略。

3. 行动研究法

在课题研究中，结合学校文化建设和心理健康教育的一系列活动，初步探究出相关策略之后，进一步实施于实践行动之中，发现问题，解决问题，完善策略。

（三）技术路线

（1）以学校校本课程的开发活动为平台，形成比较浓厚的科研氛围。

（2）利用多媒体设备、校园网站与学校微信、校报、校刊、校教研期刊，形成有关文化建设促进心理健康教育的浓郁氛围。

（3）依托学校心理咨询室，在问卷设计、数据统计等方面尽可能做到科学规范。

（四）实施步骤

本课题大致分为四个阶段，计划在两年内完成，具体实施步骤如下：

2016年4月：前期准备阶段。组织课题组参考省教科所的"课题指南"，结合学校实际情况，确定课题研究内容，拟定课题总体方案，向上级部门申报立项。

2016年5月至2017年4月：课题实施阶段。问卷调查包括文化建设和学生心理健康教育两个方面，撰写调查报告；按照"调查研究，准备素材；归纳分析，寻求原因；对比研究，探究契合点；综合分析，商讨对策；实践探索，补充完善"的思路深入研究。

2017年5—12月：中期总结阶段。课题组成员小结研究过程，撰写研究论文或个案分析，形成个人或小组的研究成果。

2018年1—4月：全面总结阶段。完成研究报告，编辑课题研究专集，完善所有课题结题资料，上交相关部门鉴定。

五、课题研究实施步骤及成果体现

本课题具体实施过程与成果分述如下。

（一）第一阶段：2016年4月，前期准备阶段

组织课题组参考省教科所的"课题指南"，结合学校实际情况，确定课题研究内容，拟定课题总体方案，向上级部门申报立项。

（负责人：白军志、金玉成。成果体现：课题研究方案）

（二）第二阶段：2016年5月至2017年4月，课题实施阶段

问卷调查包括文化建设和学生心理健康教育两个方面，撰写调查报告；按照"调查研究，准备素材；归纳分析，寻求原因；对比研究，探究契合点；综合分析，商讨对策；实践探索，补充完善"的思路深入研究。课题实施阶段又分为情况调查阶段和论文撰写阶段。

1. 情况调查阶段：2016年5—7月，学校文化建设及学生心理健康的调查

（负责人：金玉成、高国娇。成果体现：两份调查报告）

在这一阶段，主要对我校高一学生进行了两次问卷调查，一次是关于学校文化建设的调查，一次是关于学生心理健康教育的调查。

（1）校园文化建设情况的调查

为了对我校文化建设的基本情况做一个切合实际的调查，金玉成、高国娇设计了调查问卷，包括"校园文化的整体感知"（旨在调查学生对校园文化的认识程度，即"何处是何物"）、"校园文化的认知度"（旨在调查学生从校园文化中受到的熏陶教育程度，即"得到的益处"）、校园文化的愿景（旨在调查学生希望校园文化发展的前景，即"校园文化的发展希望"，包括物质文化、精神文化），确定调查对象为我校高一学生，每个班级随机抽取30名学生，占高一级学生的50%左右，能够说明有关学校文化建设的某些问题。之后从调查问卷及设计意图、数据综合分析、对策构想三个方面形成调查报告，报告的重点部分为"综合分析"和"对策构想"。

① "综合分析"包括校园文化建设的成效与不足。成效主要有四个方面。学生对校园文化建设中的"物化"部分比较熟悉、认可度较高并能从中受到较好的影响，75.8%的学生觉得有较大的影响；校园内适合学生读书的地方较多，值得肯定的校园内适合读书的地方占一半以上（57%），有87.5%的学生觉得校园环境适合学习生活，有较多的学生以欣赏的眼光关注校园环境；将近八成的学生认为校园文化的建设已经很好了，将近七成的学生觉得校园在卫生、整洁方面做得很好；在生生、师生关系上，学生们觉得教师的角色主要有两种，"师长型"37.2%，"亦师亦友型"51.5%，而且"亦师亦友型"超过一半，同学之间和谐度90.7%，师生关系和谐度91.9%。

校园文化建设的不足之处主要有五个方面：

第一，校园文化中"文字性"的内容学生熟悉的不太多，印象不深。如"大学文化墙"的熟知比例最低。

第二，对于校园墙壁上、栏杆等处，有29%的学生觉得学校的这些文字性的东西给自己的印象不深，操场主席台背景墙上的字错的占43%。

第三，只有42.6%的学生知道我校的校训、学风，比例不足一半。

第四，校园文化在内涵、特色方面没有做到最好，认为还有提升空间的占31.9%。有将近20%的学生认为有很多地方需要改进。

第五，93%的学生认为学校文化建设中有些内容需要根据情况更换；学校文化活动开展次数比较少，存在形式化的问题。

②"对策构想"主要包括三个方面。

第一，将文化内涵与自然景观紧密融合，提高文化对学生心理等方面的有效影响度。关于"当你内心烦躁郁闷的时候，你最喜欢在哪里散心宣泄"，44%的学生喜欢到"静美花园"；79.5%的学生比较赞成"在有自然景观的地方，进行适当的文字描述或者综合性的简介"。

第二，发挥学生的自主能动性，提高校园文化建设与学生发展的契合度。大多数学生反对学校统一布置，希望自主完成或者学校与学生合作完成。而且在校园文化建设中，始终坚持以学生为中心，比如设置阅报栏、公告栏等应选在学生课间活动的教学楼门前。

第三，提倡教师改变观念，不以"爱岗敬业""温文尔雅"为准则，而是做学生喜欢的"幽默睿智型"的教师。只有4.3%的学生喜欢"爱岗敬业型"，3.8%的学生喜欢"温文儒雅型"，38.3%的学生喜欢"风趣幽默型"。

（2）学生心理健康状况的调查报告

在对我校文化建设做问卷调查的同时，为了对我校学生心理健康状况做一个切合实际的调查，金玉成、高国娇采用了中科院心理研究所王极盛于1997年编制的"中学生心理健康量表"（MSSMHS），对我校高一学生进行了一次问卷调查，参与调查的学生占高一学生的50%左右，能够说明有关心理健康方面的某些问题。该量表共由60个项目组成，包括10个分量表：强迫症状、偏执、敌对、人际关系敏感、抑郁、焦虑、学习压力感、适应不良、情绪不稳定、心理不平衡。之后形成的调查报告的主体部分是问题及对策构想。

① 学习问题及对策。学生不愿意上学，即使来上学也不愿意做作业、不愿意考试；不自信，做作业必须反复检查；总害怕考不好；总是担心与学习有关的事情，最终导致学习负担过重。

注重针对性、时效性，从考试、作业等方面结合学生实际情况，制订出切合学生思维水平、心理特征、兴趣爱好的方案，激发学生的兴趣，提高学生的自信心。

②情绪不平衡问题及对策。学生的情绪处于不平衡的状态，表现在诸多方面，包括学习、待人接物等。

要教育学生树立较为实际的人生目标，寻求行之有效的解决途径；学会做人，学会学习，学会善待自己。

③适应不良问题及对策。学生正处在身体发育时期，身心尚不成熟，看不惯现在的社会风气，不适应教师的教学方法，不喜欢班里的气氛。

引导学生形成正确的人生观、世界观，使学生学会判断是非、分辨真伪；强化师生沟通，提倡教学相长；开展班级文化活动，融合班级氛围，增强学生个体在班集体的存在感与荣誉感。

④焦虑问题及对策。学生普遍存在焦虑问题，感到紧张或容易紧张，感到心里烦躁，觉得心里不踏实，总觉得心里有事。

应该探寻学生存在焦虑问题的根源，包括学生学习压力、考试不适应、师生之间的沟通、家庭问题等，然后对症下药，研究、实践，制订出相应的对策。

2. 论文撰写阶段：2016年8月至2017年4月

（1）由课题组成员魏振国、赵军在课题调查报告的基础上，分析学生的心理健康现状及成因

（成果体现：论文《农村高中学生心理健康问题的现状、表现及对策》）

《农村高中学生心理健康问题的现状、表现及对策》一文作者从孤僻和抑郁心理，对抗和逃避心理，焦虑、恐惧心理，嫉妒心理四种心理状态描述了农村高中学生心理问题的现状，同时分析了十种农村高中学生不健康心理的主要表现，即缺乏信仰、政治盲从，压抑与自卑，性格孤僻、不合群，多疑和嫉妒、不信任他人，残酷与自私心理，破罐破摔心理（自卑心理大），耐挫能力差，学习方式不适应，情绪起伏变化大、调控能力差，人际交往不适应。针对这些现状与表现，文章从两个方面提出了解决高中学生心理问题的对策。其一是营造有利于中学生心理健康的环境，包括家庭环境、学校环境、社会环境；其二是积极开展心理健康教育活动，主要从四个方面有效开展，即建立学生心理档案，鼓励学生进行心理咨询，加强心理辅导和专题讲座，组织开展多种课外活动。

（2）由课题组成员金兴荣、白睦锦针对校园文化建设有效促进学生心理健康教育，主要做微观调研工作

（成果体现：论文《班级文化建设对学生心理健康的影响》）

《班级文化建设对学生心理健康的影响》一文认为建立良好的班级文化，塑造积极向上的精神文化氛围，对学生心理的健康成长非常重要。关于如何做好班级文化建设，作者提出了三点建议：一是建设环境文化，营造良好氛围，包括创设生态和谐的自然环境，开辟张扬个性的空间环境；二是健全制度文化，发挥学生潜能，包括制订班级公约、竞争应聘上岗、考核评价制度等；三是丰富精神文化，扩大文化内涵，包括创设平等和谐的师生关系，开展丰富多彩的班级活动。师生关系的和谐平等主要体现为让学生获得更多的关注，获得更多的鼓励，获得更多的展示。丰富多彩的班级文化活动有兴趣小组活动、竞赛类活动、节庆类活动、社会实践类活动、主题系列类活动等。

（3）由课题组成员王在东完成校园文化建设对学生行为习惯养成教育影响的调研工作

（成果体现：论文《构建校园文化平台　促进行为习惯养成》）

《构建校园文化平台　促进行为习惯养成》一文认为，为使学生养成良好的行为习惯，要营造良好的校园育人氛围。发挥环境育人的优势是加强德育工作的重要途径。学校是德育工作的主阵地，只有营造健康、科学、向上的校园文化氛围，才能给学生一个健康文明成长的空间。

接着，文章从四个方面谈及文化建设对学生行为习惯养成的作用，即以"宣传"为阵地，使养成教育具有人文性；以"榜样"造氛围，使养成教育具有榜样性；以"活动"为载体，使养成教育具有针对性；使"自我"成习惯，使养成教育具有主体性。

综合四个方面，作者要表明的主要内容体现在"四性"之中：人文性——学校利用各种有效的平台，如德育宣传栏、教室内外的黑板报等，采用图文并茂、学生喜闻乐见的形式，让学生在轻松、愉快的氛围中受到教育；榜样性——加强道德修养，塑造师表形象，拥有关爱之心，加强教师的学习，提高自身素质，时时处处都给学生以示范和启迪，以教师良好的人格塑造学生人格；针对性——开展丰富多彩的校园文化活动，为学生提供一个全方位的、健康有益的成长环境，让学生在活动中接受教育，行为习惯得到良好的引导，个人聪明才智得以充分发挥，满足学生实现自我的需求；主体性——培养学生自

我管理、自我教育、自我评价的能力，实现文化建设中学生的主体性。

（4）由课题组负责人白军志完成论文《谈学校文化建设有效促进高中生心理健康发展的作用》的撰写并进行发表

《谈学校文化建设有效促进高中生心理健康发展的作用》一文认为，学校文化是学校文明进程的积淀，学校文化的核心是师生具有共同的价值观念、价值判断和价值取向，它是一所学校区别于其他学校的显著特征。它具有前瞻性和先进性，能够形成一种良好的教育氛围，对学生心理健康发展有极其重要的作用。

文章从"高中生心理健康存在的主要问题及表现""学校文化的内涵""学校文化的功能"（陶冶功能、导向功能、凝聚功能、教育功能、规范功能）三个层面阐述了学校文化建设有效促进高中生心理健康发展的作用。

文章重点从七个方面阐述了学校文化建设对学生心理健康发展的作用。一是学校文化建设促进了学生积极的健康心理，二是学校文化建设促进了学生正确价值观的形成，三是学校文化建设促进了学生的行为习惯的养成，四是学校文化建设促进了学生智力的发展，五是学校文化建设提升了学生自我管理能力，六是学校文化建设成为学生情感教育和审美情趣的教育基地，七是学校文化建设促进了学生团队精神的培养。

（三）第三阶段：2017年5—12月

在中期总结阶段，金玉成、高国娇在前期研究的基础上，小结课题的研究过程，形成比较全面的两篇论文。

（成果体现：论文《试论学校文化建设有效促进高中生心理健康发展的策略》；论文《文化协同，机制保障——浅析校园文化与心理健康教育的契合点》）

金玉成、高国娇撰写的《试论学校文化建设有效促进高中生心理健康发展的策略》从学校在文化建设中已有的措施与不足、存在问题的原因分析、问题解决的对策与建议三个方面进行了分析与阐述。学校在文化建设中已采取的措施有八个方面，即注重校园物质文化建设，创设良好环境；系统确立学校文化的精神内涵；大力促进制度建设；推进课程文化建设；提高教师教学能力，增强教师凝聚力；注重班级发展；抓好课堂建设，提高课堂效能；开展多样性的活动，丰富校内生活。文化建设促进心理健康教育存在着六个方面的不足，即缺乏统一、明确的认识；缺乏系统的心理健康教育指导；促进教育过程的形

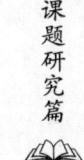

式化；建设中存在的矛盾影响了促进的效果；教师的综合素质的建设存在问题；促进过程缺乏明确的效能评价标准。

在此基础上，分析了存在问题的四个原因，即考核评价机制对学校文化建设产生了直接影响，学校情感环境对学生的影响不可小视，教师对学校规划缺乏全面认识与执行动力，教师自身心理健康水平不高与相关知识缺乏。在客观描述了学校在文化建设促进心理健康教育方面表现的不足，分析其产生的原因之后，文章提出了九项对策与建议，即校长应成为心理教育的总引领者；创造和谐的人际关系，优化情感环境；主体发展激发师生发展的内部心理机制；发挥榜样模范作用；利用激励机制树立共同价值观；多管齐下，提升教师队伍综合素质；利用好首因效应，心理定式；运用心理机制建设制度文化；利用好促进心理健康教育的主阵地。

金玉成撰写的《文化协同，机制保障——浅析校园文化与心理健康教育的契合点》从"校园文化与心理健康教育的关系""校园文化与心理健康协同教育的必要性和可行性""校园文化促进学生心理健康的具体方式——文化协同""保障机制"四个方面全面论述了心理健康教育与校园文化建设的密切关系，协同教育的必要性和可行性、具体方式和基本保障。

文章认为，校园文化与心理健康教育具有交互嵌入的特点：一方面，校园文化形成于师生的内心和言行，心理健康教育是校园文化产生的基础；另一方面，校园文化建设是心理健康教育的有效载体和有力手段。

校园文化建设中校园环境、团队意识、管理制度充分体现出心理教育的作用，即校园环境是学生心理发展的物质基础，团队意识是个体心理社会化的行为指南，管理制度则对学生心理行为规范化作了必要约束。

校园文化与心理健康教育之间教育的目标一致、教育的方式类似、教育的内容互补，因此校园文化协同心理健康教育具有较大的可行性。那么，校园文化如何通过文化协同促进学生心理健康发展？文章分析认为，可以从六个方面实现二者的协同，即环境文化协同，为学生心灵成长营造适宜的校园环境；制度文化协同，为学生心理习惯和心理行为规范化提供保障；实践文化协同，为学生健康心理素质的形成搭建平台；精神文化协同，以核心价值观引导学生心理发展；师风文化协同，发挥教师在学生心理健康教育过程中的导航作用；共生文化协同，显隐教育手段结合，保证育人效果。

文章指出，唯有建立良好的保障机制，才能促进校园文化建设与心理健康教育协同发展，即突出导向机制，健全协调机制，完善学习机制，建立长效机制。

文章最后陈述，校园文化与心理健康教育存在着相辅相成、相互作用的密切关系；二者的教育目标一致、教育方式类似、教育内容互补；在学校所处的社会环境和学生主体发生巨大变化的形势下，校园文化与心理健康教育相互协同，促使学生健康成长的教育行为是非常有必要而且可行的。为充分发挥校园文化与心理健康的相互作用，需要以文化协同方式和机制保障为前提，即环境文化协同、制度文化协同、实践文化协同、精神文化协同、师风文化协同、共生文化协同六个方面的协同和导向机制、协调机制、学习机制、长效机制四个方面的保障机制，其中"文化协同，机制保障"应是校园文化与心理健康教育的有效契合点。

（四）第四阶段：2018年1—4月，全面总结阶段

（1）专题组成员仔细整理研究资料，撰写研究论文或个案分析，完成由感性到理性的总结提高任务，形成个人或小组的研究成果。（成果体现：论文、调查报告等。负责人：白军志、金玉成，协助：其余研究人员。）

（2）进行全方位的总结，完成研究报告，编辑课题研究专集，完善所有课题结题资料，上交相关部门鉴定。（成果体现：论文成册，结题报告，佐证材料等。负责人：白军志、金玉成，协助：其余研究人员。）

六、课题研究的成果及影响

（一）成果

1. 论文6篇

（1）《谈学校文化建设有效促进高中生心理健康发展的作用》（白军志）。

（2）《农村高中学生心理健康问题的现状、表现及对策》（魏振国、赵军）。

（3）《班级文化建设对学生心理健康的影响》（金兴荣、白睦锦）。

（4）《构建校园文化平台 促进行为习惯养成》（王在东）。

（5）《试论学校文化建设有效促进高中生心理健康发展的策略》（金玉成、高国娇）。

（6）《文化协同，机制保障——浅析校园文化与心理健康教育的契合点》（金玉成）。

2. 调查报告两份

（1）《关于学校文化建设的调查报告》（金玉成、高国娇）。

（2）《关于学生心理健康状况的调查报告》（金玉成、高国娇）。

3. 结题报告1份

《学校文化建设有效促进高中生心理健康发展的实践研究——课题研究总报告》（白军志、金玉成）。

（二）影响

1. 校园文化建设更注重人文因素的彰显

校园文化的建设逐步开始注重学生心理的接受与认可，不再只是凸显政治色彩而脱离学生实际。例如，学校文化广场的建设、孔子广场的建设以及静美花园的整改等，已经落实了"以生为本"的思想。每当清晨或者夕阳之下，学生都在这些赏心悦目的地方或读书或默默思考，课余时间总是在这里留恋驻足。

2. 心理健康教育的重要意义逐步得到重视

经过课题组的深入调研与指导，学校的心理健康教育得到了各方面的重视。学校投资建设心理咨询室并使其成为当地县城的心理咨询中心，聘用心理专业教师担任心理咨询教师，并积极参与省市县各级心理专业的培训研讨活动，组建以心理咨询教师为主，以富有管理经验的班主任为辅的心理教育团队，采用邀请专家入校与学校日常活动相结合的方式开展心理健康咨询活动。这些活动已经逐步有序开展并取得了很好的成效。

3. 文化建设的内涵得到丰富

将学生学情的调研或分析纳入文化建设之中。校园的文化建设不再只是硬件建设或者德育建设，还包括师生心理健康教育。这样的现象说明学校的文化建设内涵更为丰富厚重，对于学校文化建设的品位提升有了更进一步的意义。

4. 文化建设与心理健康教育的契合点

经过课题组的深入研究，探寻出校园文化建设与心理健康教育的有效契合点，即文化协同。在协同作用下，校园文化教育与心理健康教育的相互作用得到了充分分析，为学校文化建设的研究提供了较好的理论依据。

七、课题研究的结论

课题组经过两年的深入研究，从调查现状、分析原因、构想对策，最后得出"18649"的结论，即1个契合点，8项措施，6种不足，4个原因，9项对策。现分述如下。

1."1个契合点"：校园文化与心理健康教育的有效契合点为"文化协同，机制保障"

文化协同：环境文化协同、制度文化协同、实践文化协同、精神文化协同、师风文化协同、共生文化协同。

保障机制：导向机制、协调机制、学习机制、长效机制。

2."8项措施"：学校在文化建设中已采取的8项措施

第一项：注重校园物质文化建设，创设良好环境，包括以下内容。①充分利用校园现有建筑及其他设施；②创设各种文化设施；③"四化"（净化、绿化、美化、亮化）校容校貌；④校园电视、广播系统、室外大型电子显示屏的建设与使用；⑤加强学校网站建设。

第二项：系统确立学校文化的精神内涵。

第三项：大力促进制度建设。

第四项：推进课程文化建设，包括校本课程的开发、校本课程的开设。

第五项：提高教师教学能力，增强教师凝聚力，包括示范培训、帮扶指导；关爱先行、人文为主，发挥特色，注重培养。

第六项：注重班级发展，包括班主任队伍建设、班级建设。

第七项：抓好课堂建设，提高课堂效能，包括做好课堂教学的调研、评价，创新课堂模式，培优补短活动的开展。

第八项：开展多样性的活动，丰富校内生活，包括学生社团活动的有效开展，学校艺体活动的开展。

3."6种不足"：文化建设促进心理健康教育存在的不足

①缺乏统一、明确的认识；②缺乏系统的心理健康教育指导；③促进教育过程的形式化；④建设中存在的矛盾影响了促进的效果；⑤教师的综合素质的建设存在问题；⑥促进过程缺乏明确的效能评价标准。

4."4个原因"：学校在文化建设中存在问题的4个原因

①考核评价机制对学校文化建设产生了直接影响；②学校情感环境对学

生的影响不可小视；③教师对学校规划缺乏全面认识与执行动力；④教师自身心理健康水平不高与相关知识缺乏。

5. "9项决策与建议"：问题解决的9项对策与建议

①校长应成为心理教育的总引领者。②创造和谐的人际关系，优化情感环境。③主体发展，激发师生发展的内部心理机制。④发挥榜样模范作用。⑤利用激励树立共同价值观。⑥多管齐下，提升教师队伍综合素质：深化教育科研，提高教师的理论素养；在教师中普及心理健康教育知识；培养教师的职业信念，开展针对教师的心理咨询。⑦利用好首因效应，心理定式。⑧运用心理机制建设制度文化。⑨抓好促进心理健康教育的主阵地。

八、课题研究的不足与下一步打算

（一）不足

1. 课题研究中研究人员的理论水平不高

课题研究人员虽说大多是教学管理第一线的校长、副校长等，富有管理经验，有一定的管理理论水平，但毋庸置疑的是这些成员心理健康教育的理论水平还不高，难免影响课题研究的深度。

2. 时间有限，研究不充分

课题研究人员都是一线领导或者一线教学人员，常常忙于实际管理工作、教学工作，难以抽出大量整块时间投入课题研究；加之课题研究的时间只有一年，难免在时间的保证上有一定的问题，这就影响了课题研究的广度。

3. 文化建设与心理健康教育的契合点研究得不充分

在课题研究的过程中，始终寻求文化建设与心理健康教育的契合点，然后顺着这个"点"探究切入口，力争做到校园文化建设与心理健康教育相得益彰、相辅相成，使课题研究真正提升我校文化建设的品位，丰富心理健康教育。虽说探寻出了校园文化建设与心理健康教育的有效契合点即文化协同，但总体来看，这一点我们做得还是不够的。

4. 对策的研究尚未得到实践的反复验证

课题组通过8项措施实施之后的现状调查，查找出6种不足，分析了4种原因，然后构想出9条对策。这些对策从一定程度上说，有些还处于理论阶段，没有得到更多的实践验证，需要不断补充完善。

（二）打算

（1）要加强理论学习，深入研究学生心理形成的多方面因素，借助典籍、专家和学校自身的特点，理论联系实际，把这类研究落到实处。

（2）对在校学生的心理健康问题、促进青少年健康成长这类课题的研究具有长久性、复杂性，任何时候都不能因为课题研究的阶段性完成或者取得了阶段性成果而忽视，要以这次研究为契机，始终关注校园文化建设中学生的成长，关注学生的心理健康发展。

（3）学校要把学校文化建设、心理健康教育纳入学校的持续发展、教师的不断成长的长期规划之中。

（4）学生心理的健康发展与家庭、社会的影响密切相关，因此，要始终坚持与家长的沟通，与社区的联系，结合学校的力量，共同建设和谐的校园环境氛围。

九、课题研究人员的组成

白军志负责课题研究的整体工作，撰写课题研究方案与结题报告。高国娇、金玉成、魏振国、金兴荣、赵军、王在东、白睦锦等老师负责课题的分项内容。

（本研究课题于2018年11月经专家组审定，通过鉴定）

新课标下高中课堂教学评价理念和策略的研究

课题负责人 魏振国

兰州市教育科学"十三五"规划2017年度规划课题"新课标下高中课堂教学评价理念和策略的研究":以甘肃省榆中县恩玲中学为例(课题批准号:LZ〔2017G〕H540)。

一、研究的背景

2017年教育部颁布了《普通高中课程方案和语文等学科课程标准》。新课程标准的颁布成为课题"新课标下高中课堂教学评价理念和策略的研究"的背景。

(一)具体以政治学科和语文学科为例阐述如下

1. 政治学科课程标准的变化

课程结构:必修课程改为"中国特色社会主义、经济与社会、政治与法治、哲学与文化"。从宏观看,法治地位更突出,知识体系更全面,更符合建设社会主义法治社会的要求。选择性必修课程有"当代国际政治与经济、法律与生活、逻辑与思维"。它们是必修课程的延展,广度与深度的提高,符合课程的基本理念。选修课程是"财经与生活、法官与律师、历史上的哲学家"。这些课程有很强的吸引力,能激发学生的求知欲,能丰富学生的政治学习生活。

课程性质:新课标增加了"以立德树人为根本任务,以培育社会主义核心价值观为根本目标",增加了"政治认同、科学精神、法治意识、公共参与"的核心素养,提出了让学生树立"道德自信、理论自信、制度自信、文化自信"的目标要求。

课程理念:新课标增加了"习近平新时代中国特色社会主义思想""构建以培育思想政治学科核心素养为主导的活动型学科课程",强调学科逻辑、实践逻辑、理论知识、生活关切,更突出思维活动、社会实践活动的呈现方式,着力表现创新精神和实践能力。

评价机制:新课标突出"综合评价学生的理论思维能力、政治认同感、价值判断力、法治素养和社会参与能力"等的培养,这些要求对于我们平时的教学有十分重要的指导意义。

2. 语文学科课程标准的变化

课标结构:新课标提出了新的课程结构,并有详细的操作建议和设计依据;创造性地提出了学业质量,明确了它的含义,还阐述了学业质量水平与考试评价之间的关系;新增了"语文学科核心素养"这一全新的提法;在附录部分,把关于诵读篇目和课外读物的建议改为古诗文背诵推荐篇目和关于课内外读物的建议;在实施建议部分,增加了学业水平考试与高考命题建议、地方和学校实施本课程的建议。

课程性质:新课标保留了旧课标中对语文素养、思想道德素质、科学文化素质、终身学习、个性发展等要求,新增了对语文课程的性质、特点及育人功能的具体阐述,明确指出,"语言文字是人类社会最重要的交际工具和信息载体,是人类文化的重要组成部分""语文课程是一门学习祖国语言文字运用的综合性、实践性课程";进一步明确了语言文字的重要地位,它不仅是人类文化的重要组成部分,更重要的是存在于人类生活的方方面面,人类无时无刻不需要它。同时,对传承和发展文化、增强民族凝聚力和创造力提出了新要求。

课程理念:新课标在强调提高语文素养的同时,提出了以核心素养为本的理念;在强调发挥语文课程的育人功能的同时,明确提出了立德树人、增强文化自信的理念;在强调构建开放、有序的语文课程的同时,还提出了注重时代性、多样性的理念。

课程目标:新课标紧紧围绕语文核心素养的四个方面(语言建构与运用、思维发展与提升、审美鉴赏与创造、文化传承与理解)展开,目标具体明确,内容丰富,紧跟时代发展的新形势。

教学建议:为了与核心素养理念和学习任务相呼应,新课标提出了一些新的建议,比如,通过创设学习情境,开展自主、合作、探究学习,强调教学方式的转变,建议教师通过提高课程的开发与设计达到与课程共同发展的目标;评价建议——新课标和旧课标都强调评价主体的多元化、评价方式的多样化和恰当性；考核建议——新课标增加了学业水平考试与高考命题建议和校本课程的建议。其中对学业水平考试与高考命题建议，主要从测评与考试目的、命题思路和框架、命题和阅卷原则三方面展开。

（二）新课标背景下本课题的认知

以上所述新课标的变化对我校冲击很大，它不仅对学生应对高考的学习能力提出了较高的要求，而且对社会将来需要的人才提出了更高的要求，要求更明确具体了，同时为教师教学的具体操作指明了方向。

课题组成员通过对全国卷高考试题认真分析，一方面深感新课标对高中教学具有很强的指导作用，特别是在培养综合思维能力、政治认同感和价值判断力等方面的要求更加明确。通过学习，我们认为，学生社会实践活动越丰富，思维训练和价值判断得到锻炼的机会就越多，这比课堂教学的空谈更深刻，也是本课题应该重点研究的方面。从另一个方面讲，学生真正地参与才会带动其真正的思考，才能去选择、去判断、去实践。这种过程性学习才是真正有效的学习，这也正是核心素养所要求的教育过程，也是本课题必须重视的理论背景。

二、本课题核心概念的界定，国内外研究现状述评、选题意义及研究价值

（一）本课题核心概念的界定

关键词之一：“新课标”

课程标准是国家课程的基本纲领性文件，是国家对基础教育课程的基本规范和质量要求，是实现教育目标的重要途径，是组织教育教学活动的依据，是集中体现教育思想和教育观念的载体。这里的"新课标"是指2017年颁布的《普通高中课程方案和语文等学科课程标准》。

关键词之二：“高中课堂评价”

课堂是学生学习的场所，是育人的主渠道；评价通常是指对一件事或人物进行判断、分析后的结论；课堂评价指的是在教学过程中，为促进教师调整和改进教学策略，促进教师专业发展，为改善学生学习方式，促进学生全面发展而进行的全面、客观、准确的评价。

关键词之三：“理念”

理念是人类以自己的语言来诠释现象时，所归纳或总结的看法、思想、

思维活动的成果。

关键词之四："策略"

策略是指根据教育发展的形势以及新课程标准制定实施的行动指南和评价方法，它必须讲究艺术、方式、方法。课堂教学的评价策略，就是在新课标理念下准确评价课堂教学达成目标的手段和具体方法。

（二）课题名称的解读

"新课标下高中课堂教学评价理念和策略的研究"是针对传统的课堂教学评价方式的种种不足，转变评价理念，确立新的评价策略，旨在改进教师的教学方式，改变学生的学习方式，促进学生全面发展，引领师生共同成长的一项研究活动。

课题组在新课程改革的背景下，在新课程标准的引领下，在教育专家的指导下，对学校课堂教学进行重新评估，更新理念，把握关键要素，采取有效策略，促进教师改进教学，让学生在教学评价的合理指导下更好地完成学习任务，提升核心素养，为学生的终身发展奠定坚实的基础。

（三）国内外研究概况及我校课堂教学评价现状

1. 国外研究概况

国外的教育评价理论发展可分为四个阶段。第一阶段盛行于19世纪末至20世纪30年代，评价者仅仅是扮演了"测量技术员"的角色，被称为评价的"测量时代"；第二阶段以20世纪30年代兴起的泰勒模式为代表，其特征是描述教育结果与教育目标的一致程度，被称为评价的"描述时代"；第三阶段自1957年以后的教育改革起一直延续到80年代，主要对教育教学的方案、方法等进行价值判断，称为评价的"判断时代"；第四阶段即现代教育评价理论，以1989年美国评价专家E.古巴和Y.S.林肯合作的《第四代教育评价》为标志。

2. 国内课堂教学评价的现状

课堂教学评价正在逐步走上科学发展的轨道。随着我国中小学教学改革的不断深入，越来越多的教育行政部门、教研机构和学校开始重视课堂教学评价，静下心来精心研究，积极探索，总结经验，取得了一定的成绩。

（1）课堂教学的评价标准发生了变化

各地建立了多因素整合的评价指标体系。随着素质教育的全面推进，学校已开始重视教学过程评价以及对学生进行核心素养评价，并列入指标评价体系，这说明课堂教学质量的评价标准也相应地发生了变化。

（2）定性评价与定量评价相结合，使课堂教学评价较为科学

为使评价尽可能科学、客观、准确，许多教育工作者在评价实践中认识到，定量是定性的基础，没有一定的定量就不可能有准确的定性，二者相辅相成，只有将二者有机结合，才能进行全面辩证的综合分析，做出较为科学的评价。

3. 我校课堂教学评价现状

长期以来，传统的"一言堂"注入式教学模式主宰着课堂教学，教师任劳任怨地主动灌输，学生神情漠然地被动接受或应付，久而久之，课堂没有生机，学生的思维被禁锢了，形成了一种严重的依赖心理，学生分析问题和解决问题的能力得不到很好的锻炼和提高。实施新课程以后，虽然教材发生了变化，课程更贴近生活实际，要求教师注重培养学生的综合实践能力，但高考上线率仍然主导着课堂教学评价。

（四）课题研究的意义与价值

1. 现实意义与价值

课堂教学评价的导向功能能够促进课堂教学改革，提升课堂教学效率。课堂教学评价理念的确立能让教师关注每一个学生，同时也可使学生真切地体会到教师对自己的关爱；课堂教学评价是促进教师专业发展的重要途径。课堂教学评价理念和策略具有决策和鉴定功能，是学校教学管理工作的重要组成部分，是对一个教师教育教学的全面、客观、准确的评价，是对学生终身负责的具体体现。

2. 理论意义与价值

课堂教学评价理念和策略是课程的重要组成部分，是实现课程目标的重要保障。评价应根据课程标准的目标和要求，对教学全过程和结果进行有效监控。通过评价，使学生在学习过程中不断体验进步与成功，认识自我，建立自信，促进学生全面发展；使教师从多渠道获得教学的反馈信息，对自己的教学行为进行反思和调整，促进教师不断提高教育教学水平；使学校及时了解课程标准的执行情况，改进教学管理，不断完善评价标准，全面提升教育教学质量。

3. 创新意义与价值

理念创新，体现教育的人本精神；合理评价，提升教师的教育教学能力；关注学生，突出因材施教的使用价值；科学权威，体现教育的时代前沿性。

三、本课题的研究目标、研究内容、研究假设和创新点

（一）研究目标

（1）通过新课标下高中课堂教学评价理念和策略的研究，制订恩玲中学高效课堂教学模式，提高课堂教学效率。

（2）通过新课标下高中课堂教学评价理念和策略的研究，制订恩玲中学新的课堂教学评价标准及教师课堂教学评价表、学生课堂表现评价表、学生对教师课堂教学评价表、课堂教学家长评价反馈表，促进教师调整、改进教学思路、方法，帮助学生改变学习方式，促进教师专业成长和学生全面发展，全面提升教育教学质量。

（二）研究内容

（1）更新教师观念，树立新课程理念。

（2）确立新的评价理念和标准，推进课堂教学改革，促进教师专业成长和学生全面发展。

（3）制订恩玲中学新的课堂教学评价标准，对课堂教学进行多元评价。

（4）完善课堂教学评价策略，引导教师创造性地运用现代教学理论，重建课堂教学文化，实施"以学论教"的教学评价机制，以学生在课堂学习中呈现出的状态、效率为关键要素来评价课堂教与学的质量，从而改变传统教学评价的弊端，发挥评价的作用，体现课题研究的实用价值。

（三）研究假设

研究是基于这样一个前提假设进行设计的，即实现教育公平、实现教育均衡发展之后，取而代之的则是人们渴望享受优质的教育资源。换句话讲，当人们满足了教育公平之后，必然面临着一个新的选择，那就是追求更高水平的教育。这个时候，如果还用起点公平、过程公平、结果不公平这三个维度审视教育，就显得没有必要了。对教育公平的审视，需要从提升教育质量、促进学生全面发展等方面进行深层次的研究和探索。

考试是学校教学必不可少的环节，也是目前学校考查、评价教育教学效果的主要方式。如何在考试中尊重学生的个体差异性，真正测量出学生的学习能力，同时促进学生的全面发展，是每一个教育工作者都要认真思考的问题。对于心理调查问卷，学生可能会有所顾忌不愿如实作答，或者也有一部分学生存在敷衍的行为，对问卷不认真作答。

（四）研究的对象与范围

榆中县恩玲中学全校教师及高一至高三年级学生。

（五）研究创新

1. 创新层面的简述

本课题以人类学的研究方法对新课标下课堂评价理念与策略进行客观审视，研究创新主要表现在三个层面。

新课标下课堂评价理念：促使教师专业成长，促进学生的全面发展，为学生的终身发展奠定基础。

新课标下课堂评价策略：为了有效地促进教师专业成长，促进学生全面发展，课题组将认真学习相关理论，借鉴国内研究出来的成果，开展一系列调查研究，在研究的基础上，制订切实有效的评价方式方法。

课堂教学评价标准：教学观念的更新与学习方式的变革必然导致课堂教学评价标准随之变革。课题组首先对课堂教学标准进行理论分析，在学校原有评价标准的基础上，进一步细化评价标准，通过严格论证、专家评判、实践修正，最大限度地提高评价标准的质量。

2. 创新的原则及研究主体的考量

（1）创新有效课堂教学的"三原则"

"先学后教"——以学定教：高中学生处于相对独立的学习阶段，具有一定的独立学习能力，"先学后教"是一条有效教学的原则，也是培养学生自主学习的有效方法。

"先教后学"——以教导学：教的着眼点是为了"不教"，学的着眼点在于自主学习，因此，教师要坚持传授知识与传授方法相结合，注重学生学习过程的体验，坚持教法改革与学法指导同步进行。

"温故知新"——学会了才有兴趣：新知识的教学必须基于学生的原有知识，进行引申和拓展，或增加新的内容，或由旧知识整合转化而成，教学要化难为易、化繁为简，实现由"学不会——没兴趣——不愿学——不会学"向"学会——兴趣——愿学——会学"的有效转变。

（2）创新的研究主体（学生）参与程度的考量

主动：要激发学生的求知欲。学生已有的知识经验能够被有效利用，课堂能产生积极的情感体验。学生通过观察、思考、表达等方式获得真实的感受，每一个学生都能充分展示自我。

互动：一堂好课，教师的激发诱导和学生的感悟体验能互相碰撞，学生有足够的时间去思考、探究。教学互动的形式有利于学生理解学习内容，开发思维。

灵动：要找准教学突破口，有效解决学生面临的学习问题。教学过程中，学生的反思意识得到关注与引导，学生的思维得到拓展与锻炼，学生的学习方法得到点拨与启发。

触动：一堂课使每个学生学有所得。学生能够得到良好的学习资源。学生的学习经验得到积累，学习习惯得到培养，基本技能、知识应用、迁移能力得到有效的训练。

序动：教师认真备课，精心设计，构建一个相对稳定的教学流程。在实际教学过程中，有时会出现一些意想不到的情境，需要教师灵活处理，但从整体上说，必须坚持有序性的原则，不能以实施"探究式学习"方式之名，使课堂放任自流。

3. 课堂评价理念的创新：促进教师专业成长，促进学生全面发展

课堂评价理念之一——评价是爱的教育。在评价中，把握时机，体现教师对学生的关爱与激励

教育是一个国家和一个民族的根基。近几年来，许多新的教育理念如雨后春笋般"破土而出"。在当前全面实施新课改的背景下，作为新时代的教师，一定要有强烈的职业光荣感、历史使命感和社会责任感，树立全新的教育理念，以高尚的情操、满腔的热情去教育引导学生全面发展，成为学生的良师益友。

我校作为甘肃省普通高中新课程实验样本学校，应该发挥好示范、引领、辐射作用。在教育教学及课程改革等方面力争走在榆中县教育的前列。因此，学校中的每一位教师都要不断探索和创新，汇集体智慧，成就学校的辉煌。

教育是一项爱的事业。教师，首先是一个教育者，然后才是一个学科教师。在教育教学过程中，评价是不可或缺的环节。

在传统教学过程中，教师往往对学生的评价方式有着相对统一的评价标准、机械的评价方式和单一的评价方法，用"统一的标准"来评价不同个性的学生，与现在的多元化社会形态及时代理念极不相融，与学生的个性发展、特长发展极不相融，同时不利于教师形成有个性特色的教学模式，阻碍了教师的专业成长。传统方式评价学生的功能在于甄别与选拔，教师在评

价的过程中很容易忽视评价的教育作用，更有甚者，在评价中将学生简单定性为"好学生"与"差学生"，最终导致"好学生"不断受到教师的激励，而"差学生"受到冷漠，使他们产生了自暴自弃的心理，从而造成不良的教育影响。

著名教育家陶行知说："你的教鞭下可能有瓦特，你的冷眼里也许会有牛顿，你的讥笑中亦会有爱迪生。"在真实的教育教学实践中，教师如何做才能让教鞭不会落在"瓦特"的身上，"牛顿"不会受到冷眼，"爱迪生"也不会被讥笑呢？这就需要教师坚守职业情操，循循善诱，诲人不倦，因材施教，绝不能以分数作为评价学生的唯一标准，应以生动丰富的评价语言最大限度地调动学生学习的主动性、积极性。

就当前新理念下的学生评价而论，教师首先要树立"以生为本"的理念，做到"爱"字当头，把学生当作自己的孩子，让他们在成长过程中时时处处感受到关爱与尊重。教师要在教育教学过程中，把握时机对学生进行多元化评价，注重发挥评价的激励作用，同时引导学生进行自我评价、自我反思、自我完善。学生体会到教师的良苦用心，在反思自己的同时，就会学会关心他人。

（1）实施"关爱中"评价，让关爱如同春雨润物

在关爱中评价，让理解如同春雨润物。教书育人，是一门高尚而又复杂的艺术，而爱是这门艺术的真正源泉。爱，也是一门艺术，是教育评价的出发点，也是不可替代的教育手段。

教师是塑造人类灵魂的工程师，既要有渊博的学识和专业素养，又要有高尚的品德和人格魅力，还应具备"春蚕到死丝方尽，蜡炬成灰泪始干"的奉献精神……这些都是教师必备的品质和素养。在教书育人的过程中，如果教师不以爱为导向，难免会出现教育的缺憾。教师要有"带着一颗爱心来，不带半根草去"的高尚境界，在日常的教育教学中，要营造和谐的学习、工作氛围，在爱的阳光雨露中慢慢滋润学生的心田、传播知识、播撒文明的种子，从而为祖国的辉煌大业培养人才。教师评价学生的出发点和落脚点是促进学生更好的发展，对学生的一生负责。教师对学生的爱和关怀应该像春雨一样，在教育和评价中让每个学生都能感受到老师关注他的成长，关心他的进步。

在课堂评价中，教师要保持初心，时刻不忘对学生的关爱。课堂要适应课改的要求和对未来人才培养的需求，就必须积极扭转学生在课堂上普遍被

动学习的局面。师生之间最为直接的交流对话，可能就发生在教学评价的过程中，让课堂提问成为促进学生学习的有效手段。因此，如何正确对待学生的回答，并能够做到及时、有效、准确的评价是每一个教师都需要重视的问题。在评价中找准机会，体现教师对学生的关爱。

此外，语言（包括肢体语言等在内）表达的艺术性是关爱评价的媒介。说话是一门艺术，在教学评价中起着至关重要的作用。俗语有云："良言一句三冬暖，恶语伤人六月寒。"比如，在表扬学生时尽量用准确词语使学生易于接受，避免大而化之，笼统没有针对性的表扬。如"你挺优秀的，不错，请继续保持"与"你对题目解读比较深刻，说明你态度端正，若对知识点能够再进行深度加工和提炼，以后针对此种类别的问题，你就有了思维基础，就不会感到困惑"相比，后者在教学过程中的评价比前者更有针对性，也易于接受。

基于上述的认知，如何在课堂教学中有效贯彻实施"关爱"评价，可以从以下两个方面着手。

其一，严厉督促与人文关怀相结合。

教学评价应该充满同情与理解，做到人文关怀。"一个对学生没有爱，又不信任学生的老师，如何能得到学生的信任和爱呢？"教师与学生之间出现隔膜的主要原因是缺乏信任和关爱，这会导致教师对学生的评价失效或者产生负效果。

学生是不断成长、不断发展着的人，评价不是评价者强制被评价者按照评价者设定的路线走，而是指导被评价者走向一条最适合自己发展的道路。评价是一种至关重要的教育方式，要想使这种教育方式发挥最大功效，就需要使评价过程成为充满同情与理解的关怀过程。作为教育工作者，想要得到积极的评价效果，必须关注三点：

① 分析问题要准。了解学生出现的问题以及问题的成因。及时、准确地掌握学生的学习动态，观察和分析学生出现问题的原因。高中学生正处于青春叛逆期，在心理上容易出现一些复杂的变化。比如，课程难度加大对学习造成的压力，人际关系对学习的影响等，这些都会成为影响学生主动发展的因素，教师应该要密切关注、仔细分析，统筹兼顾地做好学生在学习和生活道路上的良师益友。

② 针对性评价。每一个学生都有其独特的个性特点，针对不同的学生个体，教师不能用统一的标准去评价学生。比如，对于进步较快的学生，应采取

"稳定军心""导""治"相结合的方式；而对于踏实用功但进步比较慢的学生，则应该降标准，多加鼓励。

③ 设身处地为学生着想。在人格上，教育者和被教育者是平等的。因此，教师在评价中应尽力做到设身处地为学生的主动发展着想，深入学生内心世界，努力做到信任学生。通过良好的疏导途径使学生在被理解和信任中逐渐提升和发展，成就最好的自我。

其二，以教师之关怀，促学生之反思。

教师应通过教育教学过程中的评价方式和理念来促进学生自我成长。关怀学生，是关怀学生的成长，用自己的心去感化学生的心，让学生对教师的评价心悦诚服，从而使学生反思自己应该如何去做，最终达到自我指导、自我成长的目的。

改变一个人并不像修改一本书那样简单，如果教师的评价不当，会使学生产生逆反心理和厌烦情绪。教师应从情感上接近学生，给学生以关怀和爱护，从而使其感到教师的亲切，从情感上消除师生之间的隔膜，对教师产生信任感，愿意接近教师和接受教师的引导和帮助。学生对教师的信任可以为以后的教育工作奠定良好的基础。可以肯定地说，获得信任的先决条件是教师对学生的信任和深深的爱。

高中学生正处于青春期，情绪相对容易波动，在情感认知、认识自我、了解世界等方面都存在一定的问题。因此，抓住问题的关键，对"症"下药，才是解决问题的有效举措。教师在教育教学过程中主要从四个方面做起：

① 关注学生情绪。教师在教学中不能将个人情绪带入课堂。教师的思想、心理都比学生成熟得多，所以一定要控制自己的情绪。但学生在这两方面相对还比较幼稚，所以在教育教学过程中关注学生的情绪是极其重要的。

② 及时准确地获取信息。对于所观察到的情况和动态，教师应针对不同的学生及时予以恰当的引导，使其及时调整状态，改变学习方式，促进自我发展。

③ 正确引导。针对学生出现的问题，深入了解情况，分析原因，收集多方面的反馈信息，及时帮助学生矫正存在的问题。

④ 多方合作。对于反复无常的学困生，通过家校合作，共同解决他们在生活和学习上的问题。

（2）实施"交心谈心法"评价，用平等构筑爱的基石

教育的出发点是发自内心的真切的爱，在教育教学评价的过程中这种爱需要用平等来构筑。"不患寡而患不均"，在教育事业中，我们应该将这种"物"理解为以爱为出发点的公平。事实上，在教育中这种公平体现在许多方面。实施"交心谈心法"评价，用平等构筑爱的基石，以平等之姿态去观察和分析问题方可做出理性的、准确的评价。

① 平等对话，准确评价。教师与学生进行平等对话：一方面，教师和学生既是师生关系，同时也是朋友关系，在人格上是平等的；另一方面，心理学研究表明，在对话、交流、相处等过程中，心理上平等的身份更能相处融洽，更能获得最为真实的反应。

那么我们到底该如何与学生平等地对话？一要走进学生心灵，做到情感上的平等。二要捕捉学生信息，发现学生存在的实际问题。三要与学生交心，寻找与学生之间的共同语言。

② 创新机制，个性评价。教学评价应摒弃刚性评价机制，尊重学生的个体独特性。现代教育强调尊重个性，鼓励个性发展，主张针对不同的个性特点，采用不同的教育方法和评价标准，为每一个学生的个性发展创造条件。

随着新课程评价的进一步完善，评价的方式将越来越个性化。这种个性化的评价并不是标新立异，而是在充分了解学生情况的基础上，针对学生的个性特点与学习生活中所出现的实际问题，做出的一种恰当有效的评价。

（3）实施"激励法"评价，让赞美走近学生心灵

① 培育自信。"授人以鱼，不如授人以渔。"教育工作者对学生做得更多、更系统的工作，实际上就是引导工作。通过教学评价将自信根植于学生的心灵，让学生形成勇于探索、敢于突破的良好品质。每个学生都有不足和缺点，最为重要的是教师如何帮助学生认识错误、改正错误。大部分学生在没有师长的帮助下，是很难与自己的不足和缺点做斗争的，教师在这个时候更要履行好自己的义务和责任，引导学生正视错误，完善自我。

如何培育学生的自信？

一是发现问题。在学习过程中，许多学生不自信的原因在于自己不能正确地认识自己的能力。作为教育者，在教育过程中应帮助学生寻找出现问题的原因及解决问题的对策，想方设法帮助他们从"我不行"的阴影中走出来，树立自信心。

二是以"优点"为切入点。青少年在成长过程中一定会遇到很多困难，自身阅历的不足使其不能发现自己身上的优点，而教师能做到"旁观者清"，加上教师自身经历——曾经是学生，当下是教师，更能发现学生身上不易被发现的闪光点，从而以优点为切入点，给他们充分展示自我的机会，使学生树立自信心。因此，教师一定要多捕捉学生的优点，发掘学生的潜能。

②"伯乐"相"马"。教育是一项伟大的事业，伟大在于以丰润的思想滋养参天大树。教育者应该做善于"识马"的"伯乐"，将每一个学生看作"千里马"。

"千里马常有，而伯乐不常有。"世界上无才能的人是没有的。问题在于教育者是否能够细心地发现每一位学生的禀赋、兴趣、爱好和特长，为学生的表现和发展提供展示的平台；是否能为学生创设适合其发展的环境和氛围。例如，钻石能散发光芒，但需要艺术家的精心雕琢。每一位被光环笼罩的伟人也离不开识才之人的帮助。教师应像"伯乐"一样识"马"，既要善于发现学生中的"千里马"，也要善于发现"千里马"的品质。作为教师，应细心观察，发现学生的特长、兴趣、爱好及潜能所在，并加以鼓励引导，使其成为有个性、有特长、有潜力的"千里马"。

（4）如何让"爱"走进新课程评价

① 平等是基础。平等的师生关系和评价体系更有利于学生身心发展。湖州职业技术学院教师夏章洪对高职师生关系进行了调查和研究，发现平等的师生"对话"更能激起学生的学习热情。

我校通过问卷调查发现，平等对待学生有利于良好教育环境的形成，有利于教师威信的提高，有利于学生学习积极性的发挥。作为教师，教书育人的职责应重在育人。新时代学生自我、叛逆、有个性，各种因素导致出现不同层次的学生。每个层次的学生都有不同的特点，教师在教学过程中应当平等对待学生，关注学生的个性差异，尊重学生人格，不得歧视学生，不得对学生实施体罚、变相体罚或者其他侮辱其人格的行为。

② 信任是关键。苏霍姆林斯基说过："教育的技巧和艺术就在于，教师要善于在每一个学生面前，甚至是平庸的、在智力发展上最感到困难的学生面前，打开他的精神发展领域，使他能在这个领域达到一个高处，显示自己，宣布大写的'我'的存在，从人的自尊感中吸取力量，感到自己并不低人一等，而是一个精神丰富的人。"国内一名教育家说："如果孩子生活在信任中，他

便学会了自尊；如果孩子生活在怀疑中，他便学会了自贱。"

的确，在我们平时的教育教学中，个别教师也曾有意无意地戴着一副有色眼镜去看待学生，缺少宽容与信任，认定他们是"朽木不可雕"，虽然他们经过很大努力取得了点滴进步，但教师漠然视之，甚至用怀疑的眼光审视学生，使学生失去了进步的动力，把学生推向了自暴自弃的深渊。

身为教师，我们要把尊重与信任学生作为工作的底线，因为每个人都希望自己被理解，得到信任。同样，每个学生都希望自己在充满爱心和信任的环境中成长。

信任的力量是伟大的，它能激发出学生内心深藏的优良品质。所以，我们在教育教学过程中，要对学生多点尊重和信任，用真心对待他们，尊重每个学生的个性发展。教育只有在信任与爱的氛围下，学生才能尽情地释放出所有的潜能，发展其天赋和个性，从而自我发展、自我践行、自我评价，全面健康的发展。

③ 方法是捷径。课堂教学本身是一个很复杂的系统，具有极为丰富的内涵，对课堂教学进行评价不可能用一个整齐划一的标准来限定教师和学生的行为，一个标准不可能涵盖众多复杂的教学行为，所以课堂教学评价标准应该具有多元性。这不仅为评价者在评价过程中具体掌握标准留有一定的余地，做到具体情况具体分析，更为重要的是它应为教师和学生发展留有广阔的创造空间。

教师课堂上的评价用语对学生的影响是极为深刻的。

案例①

在一堂历史课上，教师问了两个关于第一次世界大战的问题："第一次世界大战爆发的原因有哪些？""战争中出现了哪些对战后有影响的事件？"学生们先回答了第一个问题。

第一位学生说："第一次世界大战爆发的原因是两大军事集团疯狂的军备竞赛升级导致的。"

第二位学生说："是帝国主义的政治经济发展不平衡导致的。"

第三位学生说："不对，是巴尔干半岛这个火药桶引发的。"

教师评价道："第一次世界大战的爆发原因很多，三位同学都说得对。现在回答第二个问题吧。"

第四位学生说:"第一次世界大战中出现了俄国十月革命,对战后影响很大。"

第五位学生说:"第一次世界大战中日本向德国宣战,但出兵占领了中国山东,我想影响也很大吧。"

教师评价道:"两位同学的回答都有道理。我们开始讲本节课的内容。"

教师这样评价出发点是没有错的,意在激起学生的积极性,培养自信,让学生踊跃地回答问题,但这忽略了课堂评价的另一个重要因素——从回答中发现学生的不足,帮助学生改进。

以上两个问题设计得很好,有效落实了历史学科中"知识与技能,过程与方法,情感、态度与价值观"的三维目标。对于第一个问题,前三位学生回答得也比较好,基本上将第一次世界大战爆发的原因从主要原因、根本原因和直接原因三个角度都回答出来了,只是需要点拨一下,即告诉学生,他们回答得都很好,只不过各自都只看到了一个方面,不能进行全面的分析。要全面分析一个事件的原因,就应该从根本原因、主要原因及导火线等方面去分析,或者从内因、外因、直接原因等方面去分析。这样评价,不仅对于学生掌握知识与技能有很大的帮助,而且有助于提升他们分析历史问题的能力。

第二个问题是一个开放性的问题,目的在于激发学生的开放性思维。教师不仅要表扬学生的思维,更要启发学生从第一次世界大战后的国际关系联系到第一次世界大战中出现的相关大事,同时给学生提供一些相关分析此类问题的方法。

这个案例告诉我们,教师对学生回答问题的评价,既不能一概而论,也不能含糊不清,更不能忽视学生的开放性思维、逆向思维,而是要通过这些问题,激活学生思考问题和分析问题的思路,启发他们提升解决问题的能力,即"方法即捷径"。

案例 2

两位教师处理一位学生遇到数学难题时的情景。

情景一:

学生:第4题我不会做。

老师:哪一部分不明白?

学生:我就是不会做,太难了!

老师：我知道你能做其中的一部分，前面三道题你都做对了。它们与第4题有点相似，只不过增加了难度。你用同样的方法入手，在这里，我提示一点，需要拓展一个步骤，想一想前三道题的解题思路，然后看看能否解答第4题，一会儿我再来看看你做得怎么样。

情景二：

学生：第4题我不会做。

老师：你不会？为什么？

学生：太难了，我不会做！

老师：不要说你不会做。你努力过了吗？

学生：是的，但就是不会做。

老师：前面三道题你都做对了，可能第4题要多花点精力。再试试看！

点评：第一位教师善于发挥自己的教学聪明才智，用点拨的方法启发学生思维，提出了具体有效的建议，注重培养学生自主解决问题的能力。而第二位教师没有启发学生，也没有给学生提出解决问题的方法，导致学生自信心不足，感到困难重重。

感悟：新课程标准指出，评价的目的不仅是考查学生达成学习目标的程度，更重要的是检验和改进学生的学习方式，从而有效地促进学生的个体发展。对学生的日常表现应该以鼓励、表扬等积极的评价为主，采用激励的语言，让学生不断获得前进的动力，在自信中走向成功。

④ 爱心是准则。课堂评价用语是教师在课堂教学过程中与学生沟通、互动的用语，也是有针对性地指导学生学习，达成教育目标的有效途径之一。教师要以口头方式，对学生在课堂内的表现做出及时的反馈性评价。使用评价用语，要考虑学生的感受，以激励为主，敏锐地捕捉其闪光点，并及时地给予肯定和表扬，努力营造一种热烈、轻松、和谐的学习氛围。

⑤ 反思是归宿。反思是一个人对自己学习过程的重新审视，也是自我提升的有效途径。学生在学习中自我反思的能力不是先天就有的，而是在后天学习过程中形成的。在教学过程中，教师应通过教学评价方式，教会学生自我反思的方法，培养他们自我反思的能力，不断提高学生自主学习的能力。首先，教师需引导学生从认知方式、学习行为、学习过程方面进行反思；其次，教师应帮助学生确定反思的内容、反思的重点，使其有针对性地提升，在潜移默化中进步。

课堂评价理念之二——评价是发现优点。在评价中，抓住闪光点，促进学生的发展

法国著名雕塑家罗丹说："生活中不是缺少美，而是缺少发现美的眼睛。"德伦西曾说："能从别人的过错中看出他的优点，那才是最聪明的人。"

高中生学业压力大，将主要精力用在学习上，很少有时间去发展自己的特长；高中教师由于学校评价出现的偏差，往往关注学生的学习成绩，忽视了对学生特长的培养，他们认为，学生考上大学便是成功者，否则便是失败者。作为高中教师，要树立全新的教育理念，不但要为国家培养人才，而且要对学生的终身发展负责。高中阶段是一个人成长的关键时期，也是学生行为习惯养成的重要时期，学生的思维能力、解决问题的能力、性格特点和行为品质逐渐趋于成人化，所以，教师应在教育教学过程中，捕捉学生的闪光点，放大其优点，使学生产生自信心，让优点伴随学生走向通往成功的金色大道。有时候学生的优点被缺点所掩盖，教师要善于从缺点中发现优点，激发他们的上进心，使他们改正缺点，完善自我。

（1）星星之火，不可忽视

榆中县恩玲中学高一（11）班班主任贾妍雯善于在有缺点的学生身上寻找优点并激发学生的上进心。

案例 3

贾老师所带的班级有一个男生，开学之初就经常迟到、早退，平时自习和周围的同学说话，有时还在课堂上睡觉。课后贾老师多次找他谈心，但该同学态度漠然，似乎并不在意老师所说的一切，依然我行我素。于是，贾老师改变教育方式，要求他为班级做一些好事。凡是老师安排他做的工作，他都做得很出色，这让贾老师对他有了新的认识。之后，贾老师采用"近朱者赤"的方法来教育他，对他的座位进行了调整，让他与班上一名优秀生成为同桌。自调整了座位后他虽然自觉多了，但时常还会说话、走神，贾老师再次找他谈话时，才了解到他基础很弱，学习主动性不强，对学习难度大的内容听不懂，上课有时会出现走神现象。贾老师针对这些情况，给他讲了很多学习方法，并对他提出了一些自律方面的建议，他完全接受。

面对这位学生的种种不良表现，贾老师采取了不同的教育方式。最为可贵的是贾老师发现了该学生的优点——能自觉接受批评、不顶撞老师。这时

候，贾老师就以该学生的优点为切入点，转换教育方式，让学生自觉地认识到自己的缺点，而且利用自身优点改正缺点，收到了很好的教育效果。

感悟：每一个学生都有优点，教师要学会发现他们的优点，让学生从自己的优点上找到自信，学会全面地认识自己和他人。教师要肯定学生的优点，相信他们、赞赏他们，促使学生有信心改进不足，努力前行。在评价学生时，教师要实事求是，不能以偏概全，尤其是在批评时更需要慎重，因为有些错误背后，正隐藏着学生一颗渴望上进、善良的心，隐藏着学生身上的闪光点。

（2）以心换心，创造奇迹

高中生有着无穷的潜力，潜力能不能挖掘出来，在一定程度上与教师的评价有着很大关系。他们自尊心强，在相互竞争中会产生自卑的心理，从而只看到自己不如人的地方，看不到自己的优点，久而久之，失去了前进的动力。这个时候教师要多了解、多激励、多肯定，培养学生的自信，将自信植根于学生的心灵，以心换心，帮助学生创造奇迹。

案例 4

马老师在批改学生作业时，经常会写下这样的评语："你能行，我相信你！""我期待你的进步。"……在课堂上背诵课文时，她也会微笑着鼓励犹豫紧张的学生说："来，试试，你可以的，我相信你。"

通过这些鼓励，马老师发现学生学习更加自信了，要求当堂背诵的课文，大家争先恐后地去背诵，背诵得好的，全班同学为他鼓掌；背诵得流利的，马老师带着全班同学为他鼓掌。在这样的氛围下，学生都能积极主动地投入到学习中，因为马老师给了他们一种力量，那就是"我能行！"教师的信任是学生自信的基础，学生从教师那里获取信任的信息，他会在学习中信心百倍，不让老师失望，这完全不同于被动、机械的学习，效果自然也不同。

马老师的班上有个女生，腼腆内向，做什么事都很认真，但她总是不能全身心地投入到学习中，因为她脸上有一块胎记，这使她很自卑，进而影响学习成绩。马老师通过和她的交谈，发现她很在意相貌，因害怕别人嘲笑，她无法安心学习。得知原因后马老师跟她讲述了自己年轻时也有类似的经历，也曾痛苦过，过后才发现自然其实最好，并告诉她："一个人的相貌是父母给的，无法选择，也无法改变，内心高尚才最美丽！"马老师了解到这位女生的成绩最初很好，就鼓励她说："你各科的基础很好，数学考过满分，你理化学得也不错，虽然现在语文成绩不是很好，但你情感丰富，文笔流畅，很有潜力，我相信你，你能把曾经的荣耀再赢回来。"

通过马老师的正确引导和鼓励，这位女生重拾了自信。

马老师用恰当的评价向学生传递着"你能行"的信息，使学生产生了强大的力量。马老师是如何帮助学生找到自信的呢？

第一，寻找问题出现的原因，对"症"下药。

马老师认识到这位女生自卑的原因（她不能正确地对待自己的相貌），于是，敞开心扉向这位女生讲述了自己的经历，让其不要对自己的相貌过于敏感，通过身边的例子，改变了她的想法。于是，她将全部心思用在了学习上。

第二，发掘学生优点，以优点为突破口，肯定学生，鼓励学生。

马老师了解到，这位女生的成绩最初很好，只是由于对相貌问题的敏感，才渐渐影响了学习。在引导她纠正偏差的同时，以她身上的优点为突破口，激励她积极进取。马老师说："虽然现在语文成绩不是很好，但你情感丰富，文笔流畅，很有潜力，我相信你，你能把曾经的荣耀再赢回来。"马老师对这位女生的精准评价，极大地鼓舞了她的斗志，使她找回了原来的自信。

案例 5

《青年文摘》上登载了一组对父母的测验："能说出子女的十个优点那你就是一个优秀的家长；能说出五个优点的是合格的父母；如果一个优点都不能说出，那你就该'下岗'了。"将此应用到高中生评价方面，教师如何才能说出学生的优点，做一个优秀的教师呢？

江苏省宜兴市官林中学王维平老师撰写的《让学生发现自己的优点》一文，对我们具有很大启发意义。文章开头，王老师反思高中入学之初成绩相差不大的学生，为何到高考时却有天壤之别，认为这与教师评价有莫大的关系。

王老师在文中说，只要有几年教学经验的人都会发现，高一入学时成绩相差不大的学生到高考时能有几百分的差距，原因固然有很多，但从其形成差距的直接原因来看，成绩差的学生放弃了学习。因为成绩好的学生常常受到老师的表扬、同学的认可，信心大增，而成绩差的学生则常常受到老师的责备、同学的冷眼，因而失去了学习的信心。

针对这些情况，王老师认为，如果教师平时经常给这些学困生以信心和勇气，帮助他们克服困难，让他们经常体验成功的快乐，这对他们的成长是非常有益的。所以王老师的口号是:"让每一个学生发现自己的优点。"

王老师的具体做法首先就是通过学生的自我评价来实现。从新生入学开始,王老师就组织学生进行自我介绍,让学生认识自我,在自我介绍中展示自己的特长、兴趣、理想,找出缺点,让大家彼此了解,相互学习长处。然后每月都组织学生进行自我评价,让学生谈自己的收获和存在的问题。其次,每学期结束前,组织开展学生间的相互评价活动。每个人都想知道自己在集体中的地位,在同学心目中的形象,自己能不能被同学接受。最后,进行教师评价。王老师认为,教师评价学生的时机很多,班团活动时可以评价,课堂上可以评价,课间单独交流时也可以评价。

从学生发掘自身优点的角度来讲,学生发现自己的优点越多,其学习信心就会越强。因此,如何寻找学生身上的优点,需要精心设计评价的内容。王老师认为可以从七个方面去设计评价内容:

一是对人生、命运的态度方面。可以从认识自身的价值,是否有远大的理想,对成功和失败的态度,是否有挑战精神等方面进行。

二是处事方面。评价从是否有自己的原则,是否能处理好"小我"与"大我"的关系,对社会生活的看法如何,能否将自己融入社会等方面进行。

三是事业、工作方面。评价学生对学习的压力反应如何;评价知识对学生今后发展的作用,是否有敬业惜时的精神,是否有竞争协作精神。

四是对待朋友方面。如何与他人(含异性)交往,如何看待理解与诚信,如何解决冲突,如何解释"两肋插刀"。

五是情感方面。如何克服浮躁、冷漠、孤独、嫉妒等性格问题,如何看待牢骚、絮叨,能否体验快乐。

六是修身方面。能否遵守法律、法规和原则,如何做到有诚意,是否做到自尊、自爱、自咎、自励,是否有高尚的审美情趣。

七是学业方面。能否正确看待成绩,能否找出学习的不足并进行自我调整。

王老师认为在评价时还要注意以下几点:

第一,评价不能一成不变,要及时、善变。教师肯定学生的优点时,要善于抓住时机,及时肯定学生的优点,并且要注意评价的方式。评价不能拘泥于形式,搞过场,除了班团活动的评价外,在学生日常学习、生活中,班主任、任课教师都要善于抓住时机进行评价。在王老师的班里有这样一个学生,他平时数学成绩一直不理想,但一次测试中有一道题全班只有他一人正确,数学教师立即抓住机会，肯定了这位学生的可贵之处，最后评价他很有潜力，鼓励该学生只要认真学习，打好基础，将来数学一定会进步。结果这位学生一下子改变了学习数学的态度，学习比以前用功了，并善于提问题了，一学期下来，这位学生的数学成绩上升很快。

第二，评价具有连续性。对学生偶尔的评价也许会起到一时的作用，但是兴奋点过去了，学生可能又回到以前的状态，这样评价就失去了效力，以前的努力成了无用功。因此，王老师认为对于一个正处在发展过程中的学生来说，经常性的评价，尤其是肯定性的评价，能够不断地刺激学生的"兴奋点"，使学生不至于停滞不前或出现反弹。学生可以从评价中感受自己的进步，体会自身的价值，从而长时间保持对学习的热情。

第三，评价要循序渐进。对学生的评价不能一次进行，要根据学生学习的状态以及其他情况的进展，逐渐展开，并逐步提高对学生的要求，这样才能使学生保持向上发展的势头。

王老师通过开展各种活动，去挖掘每个学生身上的闪光点，并总结出了评价学生的一套独特办法。

课堂评价理念之三——评价是理解学生。在评价中，及时交流，解决学生的困惑

（1）赏识，是沟通的基础

正所谓，知己知彼，方能百战百胜。赏识学生是教师与学生沟通的基本条件。苏霍姆林斯基说："不了解孩子，不了解他的智力发展、他的思维、兴趣爱好、才能禀赋的倾向，就谈不上教育。"教师需要了解学生的思想品德、学业水平、兴趣特长等，只有对学生有全面的了解，在与学生沟通的过程中，才能发现学生身上的闪光点，从而掌握沟通的主动权，才能与学生进行高效的沟通。

案例 6

赏识"问题学生"

大多数学困生认为只有成绩优异才是"好学生"，而成绩不理想，就是学困生，因此，他们有着强烈的自卑心理，害怕被别人瞧不起，害怕受批评。教师如果不抛弃"师道尊严"的传统思想，总是以管理者自居，对学生经常批评，不相信他们的解释，甚至武断地处理问题，不仅会使学困生原本脆弱的心灵"雪上加霜",而且还会使学生对教师不再信任,甚至反感,师生之间的沟通就绝无可能再进行下去。

我校高一(12)班的魏同学是年级出了名的"人物"。之所以出名是因为魏同学经常逃课、吸烟,而且还不听管教,无心学习,同时因为基础较差,成绩总是倒数。于是,魏同学成了学校名副其实的"问题学生"。

高二分班时,魏同学分到了豆老师所代的班级。教过魏同学的科任教师都好心地提醒豆老师说:"他可是个伤脑筋的学生,你以后可要多费心了。"豆老师在知道魏同学将成为他的学生时,已做好了"打持久战"的准备。在安排座位时,魏同学大声地说:"我性格内向,不愿意和别人共用一张桌子,我要自己坐!"

豆老师没有批评他的无理,而是肯定他敢说出自己想法的勇气,并答应了他的要求。

通过一段时间的观察,豆老师发现魏同学每天早上到校很早,极少迟到,而且魏同学在班里的人缘很好,说话有号召力,球打得很棒,还是班里篮球队的主力。了解到这些情况以后,豆老师常找机会在班里表扬魏同学的这些优点,这使他非常得意。渐渐地,魏同学变了,尽管还有这样那样的缺点,但他听得进老师讲的话了,也能慢慢地接受老师的批评教育了,并且能为班里出一些主意。在班干部改选时,豆老师问他是否愿意当班干部。他瞪大眼睛惊讶地指着自己的鼻子说:"我?老师,你不是拿我开玩笑吧?"豆老师非常郑重地说:"我没有开玩笑,我认为你完全有能力胜任班干部职务!""既然您这么相信我,我就试试吧。但是,若做不好还请您不要责怪我。"事实证明豆老师的选择没有错。由于魏同学胆大、顾虑少,敢于管理班级,所以多数学生都很信服他。魏同学还时常给豆老师提出自己协助管理班级的一些好的想法。就这样他渐渐成了豆老师管理班级的得力助手。

魏同学在豆老师的赏识下转变了,他从"问题学生"的阴影中走了出来,并鼓励和带动其他"问题学生"不断上进。他还积极主动地向老师和同学请教学习上的问题。魏同学的成绩也慢慢赶上去了,而且有了目标,有了理想,找回了自信。虽然他不是班内学习最好的学生,但在他成长的岁月中,他认识到了作为学生应当有远大的理想。

魏同学的转变,不仅是因为豆老师没有放弃他这样一个"问题学生",而且因为豆老师在对他的评价中透露着对他的赏识,让他有了改变自己的动力。

通常情况下，"问题学生"往往容易被教师漠视，被认为"无可救药"。但是"问题学生"往往很有个性，教师越挑刺、越批评，他们就越较劲或"顶牛"。他们似乎已经习惯了被批评，批评已对他们不再起任何作用。面对这种情况，我们就必须改变评价方式。在这方面，豆老师给我们的启示就是评价时要多正确引导，适时、适当地进行鼓励、表扬；多了解学困生的心理，与其耐心地交流、沟通；减少批评，赏识优点。

任何一个人都希望自己能被别人赏识，因为这是每个人的价值追求，尤其是正处于青春期的中学生，他们叛逆、任性，更渴望被理解、赏识。教师要学会赏识你的"问题学生"，即使他们经常给你惹麻烦，经常让你痛苦、无奈，甚至失眠，但也许你的"赏识"，会使他们的人生发生很大的改变。

（2）尊重，是沟通的桥梁

尊重，是沟通的桥梁，既是人性的起点，也是教育的起点。教育与尊重是彼此依存的共同体。没有尊重何谈教育？教育教学中的尊重分为两种：一是尊重人，即把学生当作一般意义上的人来尊重，尊重学生的人格和权利，尊重学生的个性和禀赋，尊重学生的选择和决定。二是"尊重规律"，即尊重教育教学的规律。教育最重要的一条原则是尊重并遵循学生身心发展的规律，而教育教学的规律正是以此为基础的。

尊重学生主要是指尊重学生的权利，主要包括话语权以及学习权。然而，在日常的课堂教学中，对学生的理解和尊重，往往因为教师的满堂灌而无法实现。在课堂上教师滔滔不绝地讲，学生大多数时都是处于"无声"的状态。话语权上的不平等，既削弱了学生的主体地位，也使课堂上的师生互动难以实现。具体而言，尊重学生的话语权包括尊重学生上课发言的权利，尊重学生在确定学习目标、选择学习内容与学习方式等方面的话语权。首先是尊重学生的学习起点，正如范梅南所说："儿童不是空空的容器……教师需要了解孩子们带来了什么……"美国认知心理学家奥苏伯尔指出："假如让我把全部教育心理学仅仅归结为一句原理性的话，那么，我将一言以蔽之：影响学习的唯一最重要的因素，就是学习者已经知道了什么。要探明这一点，并应据此进行教学。"其次是尊重学生的学习过程，简言之，尊重学生学习的思维过程，为学生思维提供充足的时间。

尊重规律主要包括尊重学生的个体差异，比如，允许每个孩子长得和别人不一样。每个学生都是独一无二的个体,因此,教学评价时不能用同一评价体系去评价所有学生;尊重学生的认知规律,学生的认知规律将决定学生在学习时表现出的整体特征。

教师评价学生是为了学生有更大的进步,而评价所发挥的效果却大有不同,一厢情愿的评价只会被学生当成耳旁风,只有建立在良好沟通基础上的评价,才能有效发挥评价的引导功能。

案例 7

有关"早恋"

学生早恋一直是学校管理层和教师们头疼的问题。我校的白老师将会告诉我们如何加强与学生的沟通,引导学生走出"早恋"这个朦胧的世界。

陈同学是白老师班里一位秀气、文静的女生,学习努力,成绩在全校名列前茅,且各方面的才能俱佳。但在期中考试之前的一段时间里,白老师却发现她上课精神恍惚,注意力不集中,且作业错误多,期中考试后,她的成绩也比以前下降了许多。经过多方了解,白老师才知道她恋爱了。对于这件事情白老师没有急于去找她谈话,而是静观其变。

有一天早上陈同学没有上学,白老师以为她生病了,打电话到她家里,她母亲说陈同学昨晚没回家,也不知道她在哪里,并且还说,陈同学经常在外面玩得很晚回家,说她也不听,还和父母吵架,这和白老师印象中的陈同学判若两人。为了寻找教育良方,白老师请教了在心理学、生理学方面有研究的老教师,也翻阅了相关资料,认识到青春期的青少年无论是在生理或心理方面,还是在思想及身体方面,都在发生着急剧的变化。由于性意识的萌动,男生喜欢在女生面前逞"英雄",有女生在场时做事情特别卖力;女生喜欢在男生面前表现自己;男女之间的关心和热情也在增加,这是很自然的。作为教师、家长对这种现象也不必大惊小怪,更不必围追堵截。家长粗暴的干涉是违背事物发展客观规律的表现,对当事人的隔离会使他们产生逆反心理,加深他们的孤独感,这样反而会促使被指责者的交往由公开转入隐秘,双方会在交往中产生神秘感和反抗压力的快感,处理的结果往往事与愿违。现在的中学生已经不能从强调名声的角度进行教育,而应重新选择教育方式。

白老师基于上述认识,改变了教育方式和方法,首先争取家长的配合。

白老师与双方家长取得了联系，并做了"三不两要"的规定，即对孩子不打、不骂、不限制自由，要关心、要谈心。

其次利用班会课，有步骤地开展青春期教育活动。白老师开了一次别开生面的班会课，班会主题是"花季，我们扛不起爱情"，并布置三大主题任务：第一，讨论"男女同学怎样交朋友""什么是爱情"；第二，辩论"花季，我们扛不起的爱情"；第三，讨论"近亲能否结婚"。

班会前，白老师要求每位学生写一篇随笔，在召开以这三大主题为中心的主题班会时，让大家自由发表意见。班会刚开始时，学生有点愕然与羞涩，冷场了一阵，但高中生毕竟坦率，通过一两个大胆的学生带头发言，场面马上热闹起来。班会课不仅使陈同学认识到她的恋爱并不是真正的爱情，也使全班学生对恋爱、婚姻有了正确的认识。白老师最后把学生们的意见归纳起来加以分析，指出："男女之间交朋友是无可非议的，但应掌握分寸。"学生在思想上也有了触动，他们在之后的随笔中写道："虽然对于什么是爱情，我还不是很了解，但有一点是肯定的，这朵花不应该现在开放。""心里的一团麻总算理出了个头绪。"班会课以后，很多学生的学习积极性提高了，早恋现象戛然而止。

白老师还组织了多种多样的集体活动，比如委托陈同学组织了一个"十五年后的我"的化装晚会。学生们化装成教师、科学家、医生、工人……在晚会上，他们畅谈自己取得的"成就"。晚会开得很成功，既进行了理想教育，又使学生之间的关系更为融洽。这些丰富多彩的活动不但使陈同学的思想充实、兴趣转移，而且使班级树立了健康、活泼、向上的班风。

感悟：高中阶段是学生一生发展的重要时期，社会进步、时代发展都会引起他们思想观念的急剧变化，尤其对待恋爱这样的敏感问题，教师必须加强与学生的沟通，及早预防、引导。因此，教师在评价学生时必须加强与他们的沟通，唯有如此才有积极的评价效果。

教师要善于把握学生的思想动态，在把握学生思想动态的基础上，尊重他们的感情，用恰当的语言耐心地进行引导。

帮助学生正确认识自己现阶段的首要任务，通过评价使学生把精力和热情集中到学习和活动中去，引领他们不断进步。

课堂评价理念之四——在评价中，随时关注学生的发展，发现学生的个性特长

教师的及时评价对于学生来讲，不仅可以促使学生积极主动地参与学习活动，而且能起到随时鼓励和提醒的作用。由于课堂教学是学生系统获取知识的主要途径，课堂中采用适当、适时的评价对学生的兴趣培养、主动学习有着巨大影响。如高中化学知识中包含有大量的理论知识，特别是微观世界的知识，学生有时较难理解，需要教师进行适合的即时评价，提高学生参与课堂学习的热情。下面以高中化学课堂为例，谈谈及时评价对学生参与学习活动的影响。

（1）课堂适时评价概论

所谓适时，是指教师利用恰当的时机对学生进行恰当的评价，发挥评价的最大效益，从而起到画龙点睛的作用。如果教师评价过早，会妨碍学生进行主动的探究；评价过晚，会让学生对刚刚出现的问题得不到及时的纠正，对较好的方法、思路不及时进行引导、肯定，会产生事倍功半的效果。

另外，教师课堂评价要准确地掌握全体学生的学习及参与课堂讨论等活动的情况，对学生的学习效果及学习过程进行判断。高中化学课堂即时评价一般围绕某些化学知识和操作过程展开，通过即时评价，教师可以更加具体地了解学生对这些基础知识和操作的掌握情况，并在此基础上开展巩固教学，确保所有学生都能够准确掌握相关知识。

（2）课堂适时评价的作用

① 创设和谐学习氛围，形成多元化评价机制。教师多方面进行的课堂适时评价，对掌握学生的学习情况有着至关重要的作用，尤其在高中化学的教学中，每个课时都有相应的习题，教师提前准备若干道随堂练习题，让学生进行及时讨论或解答，这是及时评价的前提和有效载体。学生学习了新知识后，在心理上渴望利用所学知识发现问题、分析问题、解决问题。在学生讨论问题、解决问题的过程中，教师以及其他同学是评价的主体，这样既能实现新知的应用及巩固，又能使学生形成良好的学习习惯。

案例 8

我校教师梁国艳在高一期中复习中执教"如何用尽可能多的方法鉴别CO_2和SO_2"时，学生争先恐后地列出了闻气味、品红、溴水、$KMnO_4$溶液、氢硫酸、$FeCl_3$溶液、澄清的石灰水、$BaCl_2$溶液等多种方法。学生通过讨论，自己否定了澄清的石灰水、$BaCl_2$溶液两种方法。在大家都想不出新的方法时，突然一个男生提出可以用$Ba(NO_3)_2$溶液。此时，全班学生哄堂大笑，梁老师立即抓住时机进行及时评价："张同学没有按老师的意图去思考，而是充分发挥自己的主动性，通过独立思考，得出了独特的见解。现在就请同学们讨论分析能否用$Ba(NO_3)_2$溶液鉴别CO_2和SO_2。"全班学生马上止住笑声，讨论立即进入高潮。有的学生认为："SO_2具有还原性，在酸性条件下可以被NO_3^-氧化为SO_4^{2-}，从而产生$BaSO_4$白色沉淀。"……顿时，课堂转为激烈的讨论，学生们在讨论的过程中，各抒己见，思路越来越清晰，课堂呈现出严肃而又活泼的氛围。

② 把握每一个瞬间，为了学生的明天。在合适的时间、合适的场景下，对学生进行科学的评价，不仅能够提高学生的学习热情，而且能在很大程度上培养学生的创新意识。

案例 9

梁国艳老师在"化学反应限度"这节课的授课中，由于可逆反应的平衡状态比较抽象，学生较难理解，所以在讲完基本特征"逆、等、动、定、变"后，梁老师给出一张拔河比赛的图片，让学生将化学平衡态的这几个特征和拔河比赛的绳子受力进行联系，学生出于好奇心和求胜欲，表达出了自己的见解。重要的是，梁老师对每一个想法都及时做出了辅助分析和肯定，学生最后得出以下几个结论：一是红色旗帜不动时，两边绳子受的力都不为零；二是两方绳子的受力大小相等，方向相反。拔河比赛时，绳子的受力与化学可逆反应平衡时的$v_正=v_逆\neq 0$有着相似性，学生们借此解决了对平衡特征难理解的问题，也在心理上得到了放松，这无形当中开发了学生的联想思维，并实现了理论与实践相结合的教学目标。

③ 提升学生学习兴趣和成就感。高中化学的学习内容具有一定难度，因为达不到百分之百的理解和完全掌握，有些学生在学习过程中会逐渐失去兴趣，这给高中化学的教学带来不少困难。

不过实践证明，中学生的独立思维能力越来越强，他们喜欢探究问题的来龙去脉，搞清楚事物发展的前因后果。所以，教师在开展即时评价时，如若能给他们留有适当的思维空间，并通过及时引导和即时评价，培养他们的逻辑推理能力，就能及时发现学生在学习过程中遇到的问题，并对学生进行帮助，使他们克服这些困难，不断提升学习兴趣和成就感。

案例⑩

教师可先将习题投放出来，让学生大胆构思，激发学生运用多种方法自己去解决这个问题，然后教师就学生在思考过程中出现的问题进行恰当引导和点拨，学生在解题时会体会到灵感迸发的喜悦，自身的魅力亦得以展示，这是教学的最高境界。

④ 让学生在自我评价中提高成绩。在日常教学中，学生可能还会遇到诸如此类的问题。学生学习化学知识时会遇到知识零碎难识记、难应用的问题。如何解决这些问题呢？经过我校任课教师总结，我们认为较为有效的方法就是在习题课上，将化学知识进行联想类比、概括与整合，这种方法不仅便于学生对知识的理解和掌握，而且还能使学生感到学习化学有规律可循，举一反三，化零为整，学习效果大大提高。

案例⑪

学完元素周期表和元素周期律，教师设计了下列习题：让学生根据自己了解的知识画出元素周期表，背写出主族元素的符号（能写多少就写多少），定位其在元素周期表中的位置，推断单质及其化合物的性质。学生写完之后，自己设计和画出元素周期表，并评价自己的不足和收获。这种设计表面看起来内涵不深，但对于学生而言，不仅在书写上不能出现问题，而且在回顾知识的时候还要总结出元素性质差异，思维和知识容量之大显而易见。这种教学方法培养了他们的推理和总结能力，使他们对知识的认识和理解加深，为之后的学习打下了良好的基础。再如，为了培养学生善于反思和联想总结的能力，在学完"化学键"后设计习题：让学生写出Na、O、H、S元素的任意两个或多个原子能构成的物质（写化学式），概括说出这些物质中各含何种化学键，看这4种元素形成的物质中所含化学键类型多不多，形成的物质多不多。结果学生能写出很多种，特别是看到4种元素形成了这么多的物质后，马上对近一百种元素构成世界上数不清的物质，有了极为深刻的理解。

课堂教学是一个动态生成的过程，常常会出现一些意料之外的情况。教师如果能及时捕捉这些意外，并进行巧妙的评价处理，往往会有意外的收获。

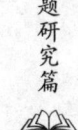

在课堂教学中，不管采用哪种评价方式，都要注重每个学生的感受，让学生在评价中交流，在交流中学习。

4. 课堂评价策略的创新：评价主体的多元化、评价方式的多样化

新课程突出强调了"课程整合""自主学习""合作教学""探究学习""行动研究"等新的理念，这就要求教师要增强新的课程意识，转变教育理念，从被动的课程使用者转变为主动的课程开发者，从知识的权威者转变为学习的组织者和引导者。在课堂教学中，教师要在新课程观念的指引下，积极进行教学改革，摒弃积习已久的"满堂灌""一言堂"的教学习惯，自主寻求多样化的教学方式，创造性地运用"讨论式""合作式""探究式"等各种教学方法，使教学形式由单一转变为多样，教学内容与教学过程由预设和封闭走向生成和开放，并促使学生由单向思维转向多向发散性思维，有效提升课堂教学效率，全面提升教育教学质量。为此，课题组结合学校学情，共同研究制定了适合校情的"四步七环课堂教学模式"，改变课堂教学评价策略，从教学规律、教学方式、教学方法等角度来指导教师付诸教学实践，在实际操作中体悟新课改理念在课堂教学中的有效落实，高效率、高质量地完成教学任务，促进学生全面发展。

因此，在课堂教学评价上，要特别关注以下几方面：第一，要关注教师在与学生的交往中，是否尊重和信任学生；是否创设了民主宽松的教学氛围，使学生都能大胆发言，提出问题，甚至提出与教师不同的观点；在实现这个目标的过程中，学生是否主动参与并积极思考。第二，要关注教师是否能够依据课程标准的要求和学生的实际情况，科学合理地确定课堂的三维教学目标。第三，关注教师采用的教学方法是否符合教学内容、适合学生，在"讨论式""合作式""探究式"等教学方式中，设置的问题是否具有探究性和拓展性，使学生能够深入思考，通过"讨论""合作""探究"等方式真正发现问题，解决问题，从而提高自己的思维能力和解决问题的能力。第四，教师是否能在教学中适时跟进、监测、反馈、拓展，以多种方式巩固学生的学习成果，使三维教学目标的达成度更高。

课堂评价策略之一———表现性评价

表现性评价作为一种灵活开放的课堂评价方式，在教学过程中逐渐发展成为评价学生学习的重要手段。表现性评价是在学生完成一定知识的学习或通过完成某一项具体任务之后，教师了解学生对于知识掌握的程度以及实际解决问题的能力的评价。表现目标、表现任务和评分规则是表现性评价的三个要素，表现性评价在课堂教学中的应用能逐步培养学生搜集和处理科学信息、获取新知识的能力，培养及考查学生分析和解决问题的能力，促进学生的全面发展。

（1）表现性评价的内涵

国际教育成就评价协会把表现性评价定义为"利用综合的实践作业评价学习的内容知识和程序知识，以及学生运用这些知识进行论证或解决问题的能力"。美国国会技术评价处将表现性评价界定为"通过学生自己给出问题答案和展示作品来判断学生所获得的知识和技能"。Sax和Newton认为，表现性评价是要求被试执行的一项任务而不是回答问题的测验。Hart认为，表现性评价是基于学生的表现或表现样本及既定的标准而进行的直接、系统的观察和评价。

① 表现性评价的目的。表现性评价是区别于纸笔测验的一种评价方式，其能够按照所制定的评价标准对学生在真实情境中完成任务的过程和具体表现进行观察和判断。表现性评价的目的包括确定适合学生参与的课程和学习经验，以及学生在课堂真实或接近真实的情境中的表现，制订教学目标和学生任务，评价学生在整个过程中的表现。

表现性评价以学生为主体，鼓励学生进行自我评定和自我修正，这能够更好地激发学生的学习兴趣，让学生参与学习、主动学习，并为学生的学习和发展反馈有效的信息。与此同时，良好的表现性评价的实施对教师的教学也有重要意义。在表现性评价的实施过程中，教师可以根据所搜集的信息，了解学生对知识的掌握情况并根据学生完成任务的情况判断学生实际解决问题的能力及存在的问题，进而能及时反思自己的教学行为并调整教学计划和教学策略，满足学生学习和发展的需求。

② 表现性评价的内容。表现性评价将任务完成过程中学生的操作情况和表现作为评价的主要内容。表现性评价的内容首先要符合课程标准，内容的设定应该尽可能地包含课程标准的各个方面，能够评价学生的知识与技能，情感、态度与价值观等。表现性评价不仅可以利用综合作业来评价学生运用相关知识解决问题的能力，也可以通过学生所给出的问题答案和完成的作品或任务来评价学生已经掌握的知识和所获得的技能。教师根据制定的相关评判依据，探查学生的思维能力和技能性表现。

③ 表现性评价的步骤。明确表现性评价的步骤才能实施良好的表现性评

价，表现性评价的流程为：第一，明确评价目的，即确定在评价过程中所要考查的知识内容、技能性目标以及情感态度目标；第二，确定评价标准，这一标准可以来自课程标准、教师的专业判断和经验总结等；第三，确定表现类型，即确定学生活动的类型，以生物教学为例，可以是问题回答、实验设计、实验操作、调查等；第四，设置表现任务，即明确告诉学生任务所涉及的背景和条件以及学生需要做的具体工作，能够充分地让学生展示目标中所涉及的知识与机能；第五，制订评价规则，即制订清晰的评价标准，描述表现性标准并细化内容标准，并将评价标准进一步细化、具体化；第六，实施评价时选择案例加以分析，在完成表现性评价的过程中，制订科学的且具有可行性的评分规则是至关重要的，常用的评分规则包括分享评分规则和整体评分规则。

（2）表现性评价在高中生物教学中的实施

① 高中生物表现性评价的任务类型。在高中生物教学中适宜进行的表现性评价任务类型有：表达性任务、操作性任务和思考性任务。表达性任务常见于问题回答、小组讨论、辩论、知识竞赛等活动中，教师可以从学生的表现中了解学生知识的掌握情况、学生的语言水平和表达能力等，进而进行综合评价。操作性任务常见于生物教学中的一些操作性活动，例如，显微镜的使用、花生种子徒手切片的制作、DNA双螺旋模型的制作和生态缸的制作等，教师可以通过学生的操作过程进行评价，重点考查学生的动手操作能力。而思考性任务则常见于对概念性知识的理解、分析和运用的思维活动，这类任务又可以分为分析性任务、综合性任务、评价性任务和问题性任务，教师在此类任务的实施过程中可以考查学生对知识的掌握程度、思维过程和产生的结果，从而培养学生的逻辑思维。

② 高中生物教学中表现性评价的实例。以"拒绝毒品，慎用心理药"为例。

确立表现性评价的目标，即确定所要考查的知识，技能和情感、态度与价值观。"拒绝毒品，慎用心理药"这一内容让学生了解毒品的基本知识、常见类型、心理药类型，探究吸毒成瘾的原因及心理药成瘾戒断问题，并认清吸毒的危害，从而远离毒品、慎用心理药，提高自身拒绝毒品的心理防御能力和自觉性。本节内容的表现性评价注重学生活动过程，通过学生的汇报过程，对学生资料分析运用情况以及小组合作讨论情况等各个方面进行综合评价。

学生在本节内容的活动中，通过"拒绝毒品，慎用心理药"的学习，了解到毒品对个人、家庭和社会所造成的巨大危害。本节内容表现性评价的任务是学生根据毒品对人体、家庭和社会的危害，自由组合并分组讨论，每组6人，自选题目，查找毒品相关资料，完成课件制作并进行课堂汇报。

该表现性评价活动的内容对学生知识性记忆及重现等要求较低，重点在于学生拒绝毒品、珍爱生命、慎用心理药的情感、态度与价值观的构建上。活动让学生以小组合作的形式查找资料并完成汇报，培养了学生的综合能力。教师制定详细的评价标准后，在班级中分配学习任务并进行课堂实施，收集所有评价并做出信息反馈。教师针对小组的汇报内容、材料、汇报语言、声音、时间和综合表现等做出点评。通过本次活动，增强了学生搜集分析资料的能力、合作交流的能力和表达能力，培养了学生远离毒品、珍爱生命的情感、态度与价值观。

以"调查家族中双眼皮的遗传方式及其概率"为例，具体说明。

在整个暑假假期中，每位学生调查自己家族的双眼皮状况，并绘制相应的遗传系谱图。学生明确调查内容，并详细记录家族中每个人的单双眼皮状况。

一般情况下以父母亲为基准线，调查上三代或者下三代每个人的单双眼皮状况（具体情况应根据家族状况有所变化）。具体设计的框架图如图1所示。

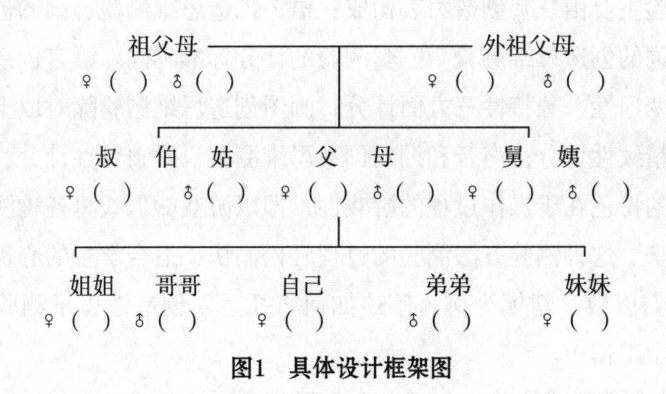

图1 具体设计框架图

全班分成五个小组，分别汇报调查结果，教师依据小组汇报情况进行表现性评价。该方式有利于培养学生的自主研究、合作探究能力。

在高中生物的教学中运用表现性评价，教学效果显著。教师始终坚持以学生为中心，充分体现了学生的主体地位和教师的主导作用，能使学生最大限度地参与课堂学习，成为课堂的主人。表现性评价不仅能引发学生的对错思维，而且能培养学生批判性思维、逻辑思维、解决问题等高层次的认知技能，是一个学生了解自己学习能力的过程。

表现性评价作为一种课堂教学的方式，不仅能促进学生能力的提高，还可以改变教师的教学方式。学生完成表现性任务的具体表现可反映出学生对知识的掌握情况，对学科内容的应用层次以及解决问题的能力，使教师对学生的学习效果做到心中有数，进而重新审视自己的教学，调整教学思路和教学策略，改进教学。

课堂评价策略之二——测验评价法

（1）托兰斯创造性思维在高中教学中的应用

测验法是教学中最常见的评价方法。人们通常对测验的理解就是教师对学生一个教学单元、一个学期或一个学年的学习情况的简单检查。一般是通过闭卷或开卷考试的形式来考查学生的学习能力，同时也检验了教师的教学效果。随着教育的发展，教学内容和方式都发生着巨大的变化，教师要用先进的教育观念、教学方法来适应新时代的教学。下面主要阐述如何将托兰斯创造性思维理念融入传统的测验评价法，以便更好地对高中教育教学工作起到检验和提高的作用。

美国明尼苏达大学心理学教授托兰斯在1966年创造了托兰斯创造性思维测验。这个测验主要由三套创造力表构成：语言创造思维测验、画图创造思维测验、声音和词的创造思维测验。三套测验的计分标准不同。语言创造思维测验从流畅性、变通性、独特性三方面计分；画图创造思维测验除对以上三方面计分外，还对精致性计分；声音和词的创造思维测验只对独特性计分。托兰斯创造思维测验的特色在于操作过程的游戏性，即以游戏的形式将各种测验的内容有机组织起来。这种测验方法测验的过程轻松愉快，适合学生的心理特点。

下面我们以数学建模为例，阐述如何将托兰斯创造性思维测验应用到高中的教育教学工作中。

①语言创造思维测验，包括七个分测验。

提问题——要求列出他对图画内容所想到的一切问题。题目给出一幅兰州中山桥的图，让学生提出凡能想到的数学问题，如大桥的跨度多大，大桥的高是多少，雨水多发季节大桥会不会被水淹没，桥墩的半径是多少，高达到多少时，才能撑得住整个大桥，等等。

猜原因——要求列出图画事件的可能原因，如桥墩的半径、高度、跨度会影响桥的承受力。

猜后果——要求列出图画中所发生的事情的各种可能后果，如雨水多发季节，大桥被淹没或冲垮；有大型重力车会压垮大桥等。

产品改造——要求对一个玩具图形列出所有可能的改造方法，如学生用所学内容进行建模或计算，尽可能给出相关数据。

非常用途——其原理与吉尔福德的第五分测验相同，如对所研究目标的实际用途进一步进行数据验算。

非常问题——要求对同一物体提出尽可能多的不同寻常的问题，如对一些自然灾害所造成的后果更要考虑在内，是否有抗震力，抗震等级应达到几级，这些对所用建桥的材料和尺寸又提出了新的要求。

假想——要求推断一种不可能发生的事件将出现的各种可能后果，如学生发挥自己的想象力，尽可能地罗列出现的后果，建桥过程中因气温的变化造成的各种数据的微调。

②图画创造思维测验，由三个分测验组成。

图画构造——呈现一个蛋形彩图，让被测试者以此为基础去构造富于想象的图画，如学生根据上述过程中产生的数据，结合二次函数的理论知识，精准勾画施工队需要的草图，以供建桥设计者参考。

未完成图画——向被测试者提供10个由简单线条勾画出的抽象图形，让他们完成这些图形并加以命名，这部分可有选择地进行。

圆圈（或平行线）——共包括30个圆圈（或30对平行线），要求据此尽可能多地画出互不相同的图画。这部分可以有选择地进行。

③声音和词的创造思维测验，由两个分测验组成。

音响想象——采用4个被测试者熟悉或不熟悉的音响系列，各呈现3次，让被测试者分别写出所联想到的物体或活动。

象声词想象——采用10个模仿自然声响的象声词各呈现3次，让被测试者分别写出所联想到的事物。

托兰斯创造性思维测验的第三套——声音和词的创造思维测验，主要用于语言性学科的检测，如语文、历史学科等。

结合中山桥的建桥方案，托兰斯创造性思维测验中的前两套测验就是考查学生数学方面的知识，给我们命了一个数学建模考题。就这一考题来说，它有深度、有难度、有区分度地将二次函数的所有理论知识考查完整。

教师掌握了托兰斯创造性思维测验理论的测验法，才能将数学知识与现实生活相结合，使学生做到学以致用，有效地解决实际生活中的数学问题。将托兰斯创造性思维测验的这种理念运用到高中数学检测中，对教师的教学有很大的帮助和指导意义。

（2）问题情境测验评价策略（以高中数学为例）

① 创设问题情境，精心设计，创造学生参与的机会。教学目标的达成：在一定的时段内，学生学到了什么？学生是如何学的？学到了什么程度？学完以后兴趣如何？教师创设的问题情境应以有利于达成教学目标为出发点，让学生积极参与。

案例12

在进行任意角的教学时，可创设如下有趣的问题情境，引入任意角的概念。

设问：

a. 体操中有转体两周或转体两周半，如何度量这些角度呢？

b. 跳水运动员向内、向外转体两周半，这是多大角度？

c. 经过1小时，秒针、分针各转了多少度？

d. 在齿轮转动中，被动轮与主动轮是不是按相反方向转动的？

e. 一条射线绕其端点旋转，既可以按逆时针方向旋转，也可以按顺时针方向旋转。你认为将一条射线绕其端点，按逆时针方向旋转60°所形成的角，与按顺时针方向旋转60°所形成的角是否相等？

这种有趣的问题设置激发了学生的好奇心和学习兴趣，让学生分组讨论，讨论后各小组进行成果汇报，师生共同点评。师生在合作、交流、探究的学习过程中，能有效地实现教学目标。

② 尊重学生个体差异，创设学生展示自我的情境。在创设问题情境时要尊重学生的个体差异，能够使所有学生都有展示自我的机会。在数学教学过程

中，我们可以在课前五分钟开展演讲活动，比如，介绍数学史、讲有关数学家的故事、介绍数学解题方法等。通过活动，让每个学生都有展示自我的机会，这不仅激发了学生学习数学的兴趣，而且也培养了学生的口头语言表达能力。

案例⑬

在讲任意角的三角函数时，教师创设情境，让学生在课前演讲。

学生演讲：三角学起源于对三角形边角关系的研究，始于古希腊的喜帕恰斯、梅内劳斯和托勒密等人对天体的测量，在相当长的时期里隶属于天文学。直到1464年，德国数学家雷格蒙塔努斯的著作《论各种三角形》对三角知识做了较系统的阐说，才使三角学独立于天文学之外；14—16世纪，三角学曾一度成为欧洲数学的主要内容，研究的方面包括三角函数值表的编制、平面三角形和球面三角形的解法、三角恒等式的建立和推导等。1631年，三角学传入中国。三角学在中国早期比较通行的名称是"八线"和"三角"。"八线"是指在单位圆上的八种三角函数线，即正弦线、余弦线、正切线、余切线、正割线、余割线、正矢线、余矢线。随着科学的发展，三角函数成为研究自然界和生产实践中周期变化现象的重要数学工具，它在测量、力学工程和无线电学中有着广泛的应用。

学生通过演讲，更好地了解了数学史，也深刻认识到数学魅力，即"生活离不开数学，数学离不开生活"。正如科学家克莱因所说："唱歌能使人焕发激情，美术能使你赏心悦目，诗歌能使你拨动心弦，哲学能使你增长智慧，科学能使你改善物质生活，但数学能给你以上的一切。"新课标强调数学教学要与现实生活相结合，要求数学教学从学生熟悉的生活情境和感兴趣的事物出发，让他们有更多的机会从周围熟悉的事物中学习和理解数学，感受数学的趣味，而且还要培养学生运用数学解决实际问题的能力，做到学以致用，使数学生活化，同时让学生感受"数学之美"。像以上这样引入课题，不仅调动了学生的学习积极性，拓宽了学生的知识面，而且激发了学生探究科学奥秘的勇气和信心。

课堂评价策略之三——师生反思，共同进步

教师的反思是指教师在教育教学实践中，对自我行为表现及行为进行重新审视，发现问题、调整策略，进而不断提高自身教育教学效能的过程。作为学生，在学习中也要不断反思，在反思中寻找不足、发现问题、改变思维方式，在反思中客观地认识自我，经历认知过程，不断完善自我。现代教育家杜威就曾提出"反省思维"的概念，认为"反思性思考"对培养学生创新能力具有重要作用。可见反思在提高学生学习效率、培养创新能力中具有重要意义。

（1）教师反思，自我提升

美国心理学家波斯纳提出了教师成长的公式：成长=经验+反思。教学反思是教师进步的阶梯，是教师进步的重要途径。教师通过教学反思能够不断提高自我教学监控能力，提升专业素质和教育教学水平。教学反思有助于教师逐步培养和发展自己对教学实践的判断、思考和分析能力，从而进一步深化自己的实践性知识，直至形成比较系统的教育教学理论。

教学反思涉及的内容比较多：可以对自身的专业素养进行反思，也可以对教学环节的设计进行反思；同时，教学反思的来源也不是单一的，可以是教师自身的总结性反思，也可以从学生的反馈信息中，对自己的教学过程进行反思。例如，英语既是一门记忆与实践紧密结合的语言学科，又是一门包罗万象、涉猎广泛的知识学科。教师在教学过程中要培养学生"听、说、读、写、看"的能力，而我校部分教师在实际教学中忽视了某一方面的能力培养，导致学生综合运用英语的能力较差。正是由于这样的原因，教师在教学过程中需要不断反思，调整教学策略。新课程标准对高中英语教学提出了更高的要求，教师要不断地反思自己的教学观、教学设计、教学过程及教学评价，完善自己的教学行为，培养国际化的英语人才。

① 反思教学观。传统的课堂教学主要以"教师讲、学生听"这种单向信息的传输方式进行。课堂教学的目标、内容、方法、环节、质量等均由教师决定。学生在教师的监控下完成学习任务，提高应试能力。新课程标准提出了"核心素养""学生主体""全面发展"等新的理念。因此，教师在课堂教学中要充分尊重每个学生的主体地位；要促进每个学生的个性发展，为他们的终身成长铺垫坚实的基础。

教育改革不断深化，客观上要求教师必须与时俱进，及时更新教学观念。就高中英语学科来看，新课程标准指出，高中英语教学应"侧重培养学生的阅读理解能力""使学生在学习过程中受到思想品德、爱国主义和社会主义等方面的教育""激发学生的学习兴趣""增进对外国文化的了解""发展学生的智力，提高他们的观察、注意、记忆、思维和想象等能力"。英语教师应该以这些标准为依据，不断反思自己的教学观，正确修正自己的教学行为。

然而，在新课程教学实施过程中，由于传统教学方式的"惯性"影响及高考应试的现实需求，教师往往为了提高考试成绩，"一言堂"的情况比比皆是，知识点的讲授、应试技能的传授等占据课堂大量时间，学生自主、互动、训练、展示的时间相对较少，"听、说、读、写、看"的能力没有得到培养。为了改变这种现状，教师要更新教育观念，不断改进教学方法，创设生动、逼真、真实的英语语言氛围，为学生提供更多"听、说、读、写、看"的机会，以此提升学生的英语素养。

我校高二年级学生英语水平相对薄弱，尤其是"听、说"能力比较差。为了解决这个问题，英语教师要摈弃以传授知识为主、注重讲解传授教学法的封闭型传统教学模式，树立"以学生为本"的教学观，以"学生的主体活动"为基本依据来考查课堂，从学生"听、说、读、写、看"等方面入手，注重基础训练，针对每个学生在不同方面的优劣表现，制订"个案培养"策略，激发学生英语学习的兴趣，让学生"爱学""会学"，并能持之以恒，逐渐提高英语成绩。

② 反思教学设计。教学设计是教学文本到课堂实施的一个关键环节，教师认真研习教学文本（教材），结合学情，设计切实的教学方案（教案），然后依据教学方案，在课堂上利用恰当的教学方法，完成教学目标。由此可见，教学设计直接影响着课堂教学的效果。

反观目前高中英语教学设计，有些教师不重视教学设计，课堂随意性较大。他们认为，上好一堂课的关键在于教师的业务水平、专业素质，与教学设计的关系不大。例如，有个别教师在教学中，导入新课的时间占了15分钟，新课的文本解读过程却是"蜻蜓点水"，一闪而过，解析了几个True/False句子，播放了一段相关音频，在最后2分钟匆匆做了一道练习题。另外，教学设计还存在设计意识欠缺、教学"照本宣科"的问题。例如，有的教师在做教学设计时只关注词汇、短语、语法和句子结构，没有考虑在教学过程中落实新课程标准。

针对教学设计，我们应该着重从以下几个方面进行反思：第一，反思师生行为的预设是否体现了新课标要求，是否能达成教学目标；第二，反思教学实施过程是否关注学生学习策略和方法的培养，强调学生语言综合运用能力的提高；第三，反思教学过程教师的主导作用是否充分发挥，教师是否有效地掌控了整个课堂活动的开展；第四，反思课堂主阵地的作用是否充分；第五，反思教师是否"吃透"教材，教材是否得到拓展等。针对教学设计中的问题，教师要在反思的过程中，认真领会新课标，分析理解文本内涵，结合学情设计出切实有效的课堂实施方案，正确引导课堂的师生行为，达成课堂教学预期目标。

③反思教学过程。教学过程是教学活动的启动、发展、变化和结束在时间上连续展开的程序、结构。反思教学过程，就是对已完成的教学活动的反思总结，既可以反思一节课的得失，也可以反思教学过程中的一个环节的实施、一个预设目标的达成，甚至一个难点的突破等。不断反思教学过程，对丰富教学内涵、拓展教学思维具有一定的现实指导意义。

例如，在高三英语教学过程中，教师应当从下列方面进行反思：

第一，复习过程中应注重心理疏导，树立学生信心。在高三复习过程中，有的学生下了很大的功夫，但成绩并没有提高，因而焦灼苦闷、无所适从。教师在教学过程中就应多与学生进行沟通，和学生一起分析、查找失败的原因，降低学习目标，改变学习方法，制订适宜的对策，帮助学生克服其心理障碍，树立起学好英语的必胜信心，促使他们不断进步。

第二，教学过程中要注意因材施教，注重培优补差。在学习过程中，一般会出现有潜力懒惰型、进步缓慢型、偏科型三类学生。教师在授课的过程中，应当根据每个人的不同性格，采用不同的方式与学生进行交流，促使他们认识到学好英语的重要性，然后在教学中多关注和鼓励这些学生。如在课堂上多提问、在课后多指导、在考试后多谈话，帮助他们分析学习中存在的问题，纠正他们的不良学习习惯，激发和培养他们的学习兴趣，使他们取得更大的进步。

第三，在英语教学过程中，教师要勤督促、多检查。在授课过程中，应当精讲多练，强化督促与检查力度，防止学生偷懒。在复习过程中，要适当地降低复习题的难度，多抓基础题的训练，强化专题练习，查漏补缺。让学生在复习的过程中整理归类错题，详细记录教师的分析过程，及时回顾反思。

第四，在学习过程中不能盲目做题，要懂得及时总结归纳。很多学生认为高考复习实际上就是题海战术，做得越多效果越好。其实不然，方法才是关键。正确的做法应该是及时归纳总结，找到共性的问题和方法，同时也要及时记忆，一环紧扣一环，任何一个环节都不能缺少。教师在授课的过程中也要帮助学生进行归纳，教会学生正确的记忆方法。

第五，在英语的学习过程中，归纳总结是非常有必要的。学过的知识只有马上得到应用，才能够有效牢记知识点。教学过程中，教师应当多提供学生展示的平台，如英语演讲、英语课本剧表演、英语微视频录制等，通过这些活动的锻炼，学生的口语表达能力就会得到很大的提高。

④ 反思教学评价。教学评价是依据教学目标对教学过程及结果进行价值判断并为教学决策服务的活动，是对教学活动现实的或潜在的价值做出判断的过程。教学评价是研究师生教学价值的过程。教学评价一般包括对教学过程中教师、学生以及教学内容、教学方法、教学环境、教学管理诸因素的评价，但主要是对教师教学工作过程和学生学习效果的评价。传统教学评价注重结果而忽略过程性的实践意义，新课程标准注重过程性评价，有利于教师全面客观地了解学生。教师反思教学评价，应该结合教学内容和学生的学习情况，从情感认知、互动交流、合作运用、语言表达等方面反思评价的过程性和全面性；根据学生的学习需要，反思教学评价的激励作用和促进作用，最大限度地激活他们的学习主观能动性，挖掘他们的潜在能力。

教学评价一定要真实、有效。从教师层面看，要针对教学目标的确定、导入点拨与激励、技术手段的运用、情境气氛的创设、师生互动的过程等环节，进行真实的有效性评价。从学生层面看，要针对自主运用时间、合作交流、思维探索、过程生成、表达阐述、情感体验、活动训练、总结反思、目标达成等方面，进行真实的有效性评价。无论哪个层面，都应以学生为根本，体现新课程标准的理念。

（2）学生反思，自我提升

学生自我反思性评价的内容有很多，如日常行为举止、课堂听讲、讨论发言情况，课后作业情况，各种活动的收获等情况。在学期的不同时间段如期中、期末之后，教师引导学生以评价者的角色，及时反思学习、生活、思想等方面的情况，尽可能地整理成书面材料，逐步培养学生自我反思和自我教育的良好习惯。同时引导学生在反思过程中也要认识到自己的长处，促使学生树立"我能学好"的自信心，认识自我潜能，明确发展方向和目标，激励自己向着更高的目标努力。

① 梳理学习过程，培养反思意识。培养学生反思学习过程的习惯，使学生提高自我评价水平，是提高学习效率、培养学科素养行之有效的方法。一般情况下，学习过程包括课前预习、课堂认知及课后巩固。课前预习，在疑难之

处做好标注并准备在课堂上解决这些问题；课堂学习，双向接收与反馈、培养思维等；课后巩固，做好知识误区的分析，找出课前与课后的偏差，做好纠错工作。学生不断梳理学习过程，可以形成良好的反思习惯。

在课前预习中，对于语法知识点，建议让学生以小组形式进行讨论，学生自行解决简单问题，汇总共性问题，预备在课堂上解决，这样做使课堂教学活动更具有针对性，就能让每个学生参与到课堂教学中来。不仅提高学生自主学习的能力，也能培养他们的学习兴趣，提高课堂的教学质量。

在课堂学习中，应要求学生仔细倾听每一位同学对于教师提问的回答。教师在学生回答之后，随机提问其他学生以验证学生听讲情况，同时可以就同一个问题进行补充或者指正。这既能让学生学会听讲，也能督促每一位学生都参与到课堂教学中来。

案例⑭

题目：Is this work shop_____once you worked at?

备选答案：A. where， B. that， C. which， D. the one。

师生分析：句子的题型，可能考查的知识点。

教师引导：思考句型，将题干语句还原为陈述句"This work shop is_____once you worked at."学生解答：正确答案是the one。

这个教学过程主要是引导学生分析。学生在反思中如果能针对这一点进行梳理，并且在以后的类似问题上主动去反思，自然就可以形成良好的反思意识。

② 成功情感体验，激发反思热情。学生自我评价是影响学生学习的一个很重要的非智力因素，关系到学生能否拥有良好的自尊和心态进行学习。如果学生经常在学业上获得成功，且经常得到他人的良好评价，他的自我定位就比较高，就有可能以良好的心态进行学习。但如果不对自己这种评价的合理性进行反思，就很容易导致骄傲自满的情绪，反而会影响自己的学习。相反，如果学生经常遭受学业上的失败，且很少得到教师的良好评价；或者平时是成功的，一旦学业上受挫，就可能导致自卑心理，失去学习信心。因此，引导学生对自我评价进行反思显得至关重要。

案例⑮

杨老师是一名英语教师，所教的班级学生英语很差，针对因学习策略问题而产生的英语学困生，他采取以下方法进行教学。

首先，安排难度适当的学习任务，督促他们按时完成。其次，给予他们方法策略上的指导。如音、字形、释义、情境相互结合的识记方式，通过联想或构词法记忆单词的方法；通过诵读法提高阅读理解水平，整体把握文章的单词、语法及构思；通过片段书写训练提高写作能力。再次，在课堂教学实施过程中，设置符合这些学生水平的教学活动，让这些学生积极参与并顺利完成任务，给予他们良好的评价，让他们能够获得成功的情感体验，这样会增强他们的自信心，让他们始终保持学习的热情。最后，随着他们自我定位的提升，他们可能会滋长骄傲自满的情绪，也要适当施加压力，激励他们要坚持不懈，不要轻易放弃。

通过一学期有针对性的教学，他所教的班级的学生英语成绩大幅度提升，学困生逐渐减少，班级平均成绩由全年级倒数第一上升为正数第二。

③ 辨别分析错误，提高反思能力。在教学过程中，过度地防错避错、不允许错误出现，可能会减少学生拓展认知范围、发现新知识的机会。教师对学生出现的错误不能随意指责甚至严肃批评，应该充分利用学生发生的错误，掌握学生的认知状况，以此判断师生的教学成效，生发新的教学情境，及时引导学生利用错误进行积极思考、探究。以学生实际存在的错解问题为出发点，按照"出现问题——分析问题——解决问题——提高能力"的思路对待学生认知过程中出现的问题，认真查找错误根源，教师和学生共同纠错。教师及时调整教学策略，答疑解惑；学生及时纠正解答思路，明晰问题症结；师生共同达成课堂教学目标。

案例⑯

语法填空题：She said _____ （firm）...

学生答案：firming, to firm, firms, firmly...

教师指导过程：首先，分析错误原因，或许是语法知识薄弱，或许是不明白括号内单词的词性，或许是不认识firm这个词……

其次，针对错误原因，分别对学生进行相关策略技巧的指导，或语法知识、单词的词性、识记认知这个单词等，引导他们对错误进行反思总结，形成反思习惯，提高英语学习能力。

四、本课题的研究思路、研究方法、技术路线和实施步骤

（一）研究思路

通过分学期、分年级对我校课堂教学状况的调研，课题组发现课堂教学评价方面存在的问题，针对主要问题探索有效的教育教学模式，以期提高学生水平，提高全体学生的综合素质。

本课题组试图有目的、有计划地按照"制订方案——调查研究——课题论证——交流总结——实践研究——申请结题"的程序进行。先对我校课堂教学现状做全面了解，明确研究的内容、方法和步骤；再组织本课题组成员学习研究的内容、明确研究任务和具体的操作等步骤；树立恩玲中学课堂教学评价理念，确定评价体系，激活我校课堂教学。

（二）研究方法

（1）现状调查法：选定研究对象，制订调查问卷，通过问卷调查等方法调查、分析与课堂教学相关的各种现状，如学生现有学习水平、课堂学习状况以及教师课堂教学的基本情况等，为课题的深入研究准备基本素材。

（2）资料研究法：通过搜集资料，总结实验学校、优秀教师的研究成果及教育教学经验，及时了解同行的研究动态和特色，充分吸取已有的宝贵经验，为本课题的研究打下基础。

（3）行动研究法：积极参加课题研究的实践验证活动，根据研究目标与策略反复进行实践，边实践边反思，不断完善具体教育教学行为，优化课堂教学评价策略。

（4）个案研究法：在课堂实践中及时发现"个案"或"另类"，深入分析其中所体现的特征与规律，从而以点带面，推而广之，达到整体推进的效果。

（5）经验总结法：从大量的教育教学实践中提炼、总结出与研究目标、内容相契合的信息，形成富有指导意义且可操作的经验或策略。

（三）技术路线

主要采取调查研究，厘清问题——分析归纳，制订对策——实践尝试，不断完善——总结经验，形成结果——指出不足，提出今后设想的技术路线并开展研究。

（四）实施步骤

研究分四个过程，周期为一年（2017年10月至2018年12月）。

申报阶段（2017年10月）

主要工作：成立课题组，认真学习研究新课程标准中关于课堂评价的阐述，结合我校课堂教学评价的实际情况，精心选题并了解课题研究相关的文献资料，确定课题研究的目标与内容、意义与价值、方法与步骤、预期成果等；根据课题组成员的具体情况进行恰当的分工；制订课题研究方案，向上级提出申报。

主要负责人：白军志。

主要成果：确定课题研究方案。

准备阶段（2017年11月）

主要工作：根据研究方案，进行相关问卷调查、个别访谈、召开座谈会；初步制订课堂教学模式并进行实践探索。

具体做法：课题组成员根据课题研究方案，设置调查问卷并进行调查，深入分析，对课堂教学评价中出现的实际问题及时反馈与总结，形成调查报告。积累课题实施中的各种典型案例，在不同班级不同学科的课堂教学过程中实施课堂教学模式，最后形成"双向四步七环"课堂教学模式。

主要负责人：白军志、魏振国、白瑜厚、金玉成、王庆财、白小军、于兰。

主要成果如下。

1. 形成恩玲中学"双向四步七环"课堂教学模式

"双向"是指作为课堂主体的学生和主导的教师之间的互动交流；"四步七环"是指教学过程中的"预习质疑—对话交流—实践练习—拓展提升"四个步骤中包含七个环节。"预习质疑"包括"学生预习、教师导学"环节，"对话交流"包括"学生探究、教师参与，学生展示、教师点评，教师讲解、学生领悟"三个环节，"实践练习"包括"学生练习、教师指导"环节、"拓展提升"包括"教师引导、学生拓展，师生总结、达成目标"两个环节。结构图如图2所示。

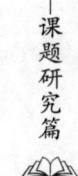

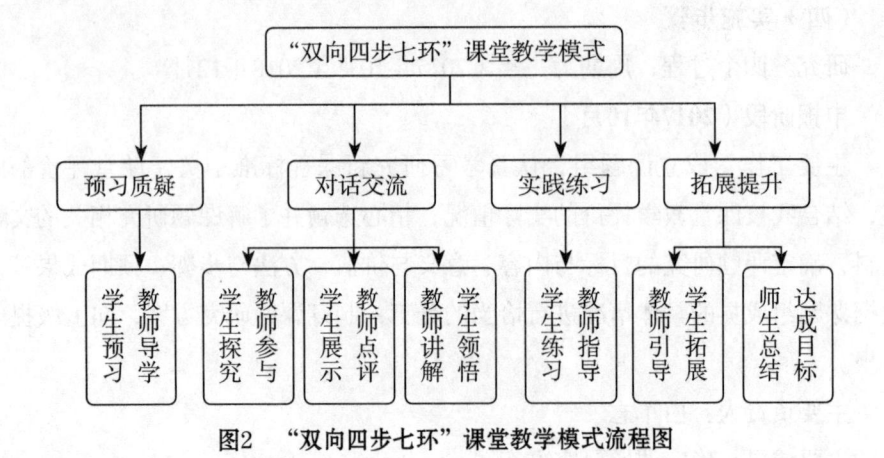

```
                    "双向四步七环"课堂教学模式
                              │
      ┌──────────────┬──────────────┬──────────────┐
      ▼              ▼              ▼              ▼
   预习质疑        对话交流        实践练习        拓展提升
      │              │              │              │
  ┌───┴──┐   ┌───┬───┼───┬───┐   ┌──┴──┐      ┌───┬──┴──┐
  学  教    学   教   学   教    学    教      教   学   达
  生  师    生   师   生   师    生    师      师   生   成
  预  导    探   参   展   点    练    指      引   拓   目
  习  学    究   与   示   评    习    导      导   展   标
                          讲解                              总
                          领悟                              结
```

图2　"双向四步七环"课堂教学模式流程图

"双向四步七环"课堂教学模式流程的详细阐述参见附1（榆中县恩玲中学关于基于翻转课堂理念下的"双向四步七环"课堂教学模式说明）。它强调应用"双向四步七环"课堂教学模式时应注意的四个方面：转变观念与角色，抓好学习小组建设，布置好课前预习内容，认真备课。

2. 设置调查问卷，形成调查分析报告

（1）调查问卷的形成

我们通过文献梳理发现，对师生实证调查，没有现成的标准量表和调查工具可以直接采用。课题小组通过查阅文献，初步形成有关课堂评价的指标，尤其是在促进学生发展的评价方面进行了大量的文献梳理，借鉴了相关理论和方法。在此基础上，形成了调查问卷。

为了解本问卷的真实性和有效性，课题组于2018年3—5月先后两次赴西北师范大学和兰州市教育科学研究所请教专家。根据专家的建议，课题组进一步修订问卷，确定了问卷的有效性，并于2018年6月开展问卷调查。

附：

问卷调查表（学生卷）

指导语：你好！这份问卷的目的在于了解目前学校学生评价行为的现状，调查结果仅供教学研究用，因此填写时不要有任何顾虑。研究结论的科学性取决于你回答的真实性。请你根据自己的实际情况，在下列各题中选择一个与你平时最符合的选项。这份问卷大约需要10分钟来完成。谢谢合作！

1. 性别：（　　）。

　　A. 男　　　　　B. 女

2. 你所在的年级：（　　）。（选"高一"请做第3小题，选"高二"和"高三"请做第4小题）

　　A. 高一　　　　B. 高二　　　　C. 高三

3. 你喜欢学习（　　）。

　　A. 理科　　　　B. 文科　　　　C. 还不确定

4. 你现在学习的是（　　）。

　　A. 理科　　　　B. 文科

5. 你的成绩在年级中的排名（　　）（请综合考虑、客观填写）。

　　A. 靠前　　　　B. 中上　　　　C. 中等　　　　D. 中下

　　E. 靠后

6. 你认为一名学生"学习好"是指（　　）。

　　A. 考试分数高

　　B. 会运用所学知识解决一些实际问题

　　C. 在实验及探究过程中积极合作，主动探索

　　D. 敢于提出自己的观点，敢于对诸如老师这样的权威质疑

7. 你认为现行的教学评价方式是否合理？（　　）

　　A. 很合理　　　B. 基本合理　　C. 不合理　　　D. 很不合理

8. 你认为你的学习情况主要依据（　　）来评价。

　　A. 考试成绩　　B. 平时表现　　C. 任课教师的印象

9. 你认为你的学习情况主要由（　　）来评价。

　　A. 任课教师　　B. 家长　　　　C. 同学　　　　D. 自己

10. 你认为你的学习情况的评价方式主要是（　　）。

　　A. 考试分数　　B. 等第　　　　C. 素质报告书

11. 你更希望看到你的成绩形式是（　　）。

　　A. 等第　　　　B. 分数　　　　C. 评语

12. 你认为现行的教学评价方式能不能较好地评价你的各项能力？（　　）

　　A. 能　　　　　B. 基本可以　　C. 不能

13. 现行的教学评价方式能不能评价你的非智力因素（如学习态度、学习毅力等）？（ ）

　　A. 能　　　　　B. 基本可以　　　　C. 不能

14. 你认为你的学科成绩评价应该是（ ）。

　　A. 考试分数

　　B. 考试分数、实验能力、课堂表现、创新意识、探究水平、合作质疑等的综合评价

　　C. 没想过

15. 现有的教学评价对你的学习是否有作用，有何作用？（ ）

　　A. 有，激励

　　B. 有，接受现实（如"我反正是学不好了"）

　　C. 没有

16. 你认为老师和家长更看重你的（ ）。

　　A. 考试分数　　B. 学科素养　　　C. 合作意识、探究精神等

17. 你认为现有的评价体系对学生的评价是否公正、全面？（ ）

　　A. 公正，分数能全面反映学生的学习情况

　　B. 不公正，很多学科素养无法通过考试量化

　　C. 公正，通过考试可以少一些个人主观因素的干扰

18. 你认为学习的目的是（ ）。

　　A. 升学

　　B. 谋职

　　C. 完善自身修养，形成良好的发现问题、解决问题的能力

19. 你认为学校的教学评价方式能不能促进你的全面发展？（ ）

　　A. 能　　　　　B. 基本可以　　　　C. 不能

20. 你认为学校的教学评价方式是单向的（只有教师对学生的评价）还是多向的（教师、同学和家长多渠道评价）？（ ）

　　A. 单向的　　　B. 多向的

21. 你认为家长、同学以及自己是否有必要与学科教师一起参与自己的学习评价？（ ）

　　A. 有必要　　　B. 没有必要　　　C. 无所谓

22. 你认为学校的评价方式是否注重学生的成长过程？（　）

　　A. 是　　　　　B. 否

23. 你是否了解档案袋评价方式？（　）

　　A. 是　　　　　B. 否

24. 你感觉档案袋评价的有效性如何？（　）

　　A. 很有效　　　B. 有一定效果　　　C. 基本没效果　　　D. 完全无效

25. 你认为现有的评价体系需要改善吗？（　）

　　A. 需要　　　　B. 不需要　　　　C. 无所谓

26. 你认为老师对于男女生的评价应该一样吗？（　）

　　A. 当然，因为男女平等嘛

　　B. 应该有区别，男女生的思维优势毕竟不同

　　C. 没想过

27. 你最喜欢老师以什么方式评价，为什么？（　）

　　A. 分数，因为这样更直观且更容易量化操作

　　B. 等第，因为这样比较粗线条且不易让自己沮丧

　　C. 评语，这样不仅易于了解自己的状况，还能从老师的评语中得到鼓励或肯定

28. 你经常会得到老师对你的评价吗？大约多久一次？（　）

　　A. 经常，有时每天，至少每周有一次

　　B. 还行，大约每月一次

　　C. 不经常，通常每学期一次

29. 对于老师给你的评价你认可吗？（　）

　　A. 认可

　　B. 有些还行，有些不认可

　　C. 不认可，大部分是有偏见的或者片面的

30. 如果你经常受到老师较高的评价，一次评价较低，你会有什么样的反应？反之一贯受到较低评价，一次评价较高会有何反应？（　）

　　A. 情绪低落，积极找原因下次避免；反之，会异常兴奋，争取保持

　　B. 胜败乃兵家常事，没关系，不会对自己的情绪产生太大影响；反之，也不会太兴奋

　　C. 一蹶不振，认为自己彻底失败了，从而失去学习的兴趣；反之，会认

（2）问卷的分析

① 问卷的信度检验。信度检验也就是对问卷在发放过程中所具有的可靠性，主要为了保证问卷在重复发放时所调查的结果失误率小及稳定。对于一份好的问卷，如果在对问卷进行重复调查的过程中，问卷所显示的误差很小，就会认为这份问卷比较可靠。误差越小，问卷的可靠性就越强；误差越大，说明问卷的可靠性就比较低。因为我们在做数据调查时，要保证调查结果的科学、准确，所以在设计教学问卷时，问卷内部的一致性具有重要的意义。对问卷的信度进行分析，系数的高低是决定问卷信度高低的重要指标。信度系数越大，表明测量的可信程度越大。一般认为，信度系数在0.80以上表示非常好，为0.60~0.80表示较好，低于0.6时不可信，应对评价指标进行修改。信度的系数与测量样本的数量有关，测量的样本越多，可靠性越好。信度系数还与量表题目数量的多少有关。

在本文的研究中主要对学生问卷进行信度检验，来算出Cronbach's Alpha系数。对学生问卷的结果见表1。

表1　可靠性统计量

Cronbach's Alpha	基于标准化项的Cronbach's Alpha	项数
0.812	0.836	30

通过对学生问卷进行信度检验以后发现，学生问卷的信度系数都在0.80以上，Cronbach's Alpha系数为0.812，基于标准化项的Cronbach's Alpha系数为0.836，从总体上看，该学生问卷的内在信度是比较理想的，可以展开后续的调查以及对问卷的研究分析。

② 问卷的效度检验。对问卷进行效度检验，就是为了保证这份问卷在进行科学研究之前是可行的，是有效度的，保证科学研究的准确性；主要是为了衡量测验目的与测验是否具有一致性。问卷的效度检验主要用KMO与Bartleet进行，求出检验值。KMO的取值范围在0和1之间，标准主要为：当KMO的值大于0.9时，认为此问卷的效度非常好；当KMO的值大于0.8小于0.9时，认为此问卷的效度合适；当KMO的值大于0.7小于0.8时，认为此问卷效度一般；当KMO的值大于0.6小于0.7时，认为此问卷不太适合；当KMO的值小于0.5时，认为此问卷不具有有效性。

在本文的研究中主要对学生问卷进行效度检验。对学生问卷检验的结果见表2。

表2　KMO和Bartleet的检验表

取样足够度的KMO度量		0.867
Bartleet的球形度检验	近似卡方	2741.944
	自由度	435
	显著性概率	0.000

一般认为问卷的值大于0.5时，说明问卷的设计是有效度的。对本次的学生卷的效度进行检验得出，KMO的检验值为0.867，大于0.5，说明本次学生卷调查样本数据是有效的，并且Bartleet的球形检验的结果近似卡方值为2741.944，自由度为435，检验的显著性概率为0，说明问卷的设计是具有有效性的。

实施阶段（2017年12月至2018年11月）

学校成立新课标下课堂评价领导小组，加强对课堂评价工作的具体指导；同时加强教师的相关培训培养，全体教师认真学习新课程和标准，着重深入领会课程标准中有关"课程评价"的内容；课题组成员总结课堂教学评价的研究结果，初步形成"评价标准"，并以此为基础，从不同评价者的角度出发，初步制订"教师之间""师生之间""学生之间""家校之间"评价表；将1个标准、4个评价表"投放到"师生之中，开展实践验证，广泛征求师生建议，对实践验证中出现的各类问题及时反馈与总结；以新课程标准为参照，注重细节，反复修正"评价标准"及"评价表"中的"各个要素"，尽可能地做到科学合理、全面客观、质性与量化结合；最终形成切实有效的"课堂评价标准"与"课堂评价表"。

主要负责人：白军志、魏振国、金玉成、白瑜厚、王庆财、白小军、于兰。

主要成果如下。

1. 形成1个评价标准，4个评价表

1个评价标准，4个评价表即《恩玲中学新课程课堂教学评价标准》《恩玲中学教师课堂教学评价表》《恩玲中学学生对教师课堂教学评价表》《恩玲中学学生课堂表现评价表》《家长对教师课堂评价反馈表》。

（1）《恩玲中学新课程课堂教学评价标准》

《恩玲中学新课程课堂教学评价标准》包括一级指标3条，二级指标9条，同属一、二级指标1条，三级指标（具体评价标准）30条。一级指标包括"教师素养""教师教学行为表现""学生学习活动表现"，对应的二级指标是"教师素养"对应"专业素养、人文素养"，"教师教学行为表现"对应"教学基本理念、教学情境创设、教学内容处理、教学基本技能"，"学生学习活动表现"对应"自主性、探究性、合作性"。"教学目标达成情况"同属于一、二级指标；三级指标具体标准参见附件。

该标准紧扣新课程标准，从教师素养、基本理念、基本技能及课程处理几方面要求教师，从自主、探究、合作考查学生课堂的能动体现，最后以"课堂真实、高效，'三维目标'得到顺利实现；不同层次的学生都有所收获，师生共享学习成功的快乐"的标准判断课堂教学的成功与否。

（2）《恩玲中学教师课堂教学评价表》

《恩玲中学教师课堂教学评价表》包含"评价项目、教育教学观、评价内容、权重、评价分值、项目得分"六部分，重点是"评价项目、教育教学观、评价内容"。"评价项目"包括"教学目标、教学思路、教学方法、情感发展、专业素养、教学效果、个性特长"六项，分别对应"教育教学观"的"目标意识、主体意识、训练意识、情感意识、技能意识、效率意识、特色意识"，对应这六个层面的"评价内容"共有23条。最后有两项评价项目是"综合评价"和"教师点评"。其中"综合评价"不设定具体内容，由听课教师书写，"教师点评"包括"教学精彩环节"的表述、"教学改进建议"的提出以及定性评价的确定（优秀、良好、一般、较差）。

该评价表项目全面，涉及目标的达成、思路的拓展、方法的选择、情感的培养、专业的体现、效果的呈现、个性的发掘等。既有个项评价，又有综合评价；既有量的评价，也有质的评价。在"教育教学观"中，充分强调了目标、主体、情感、特色以及训练、技能、效率七个方面。前四个方面体现出新课程标准的要求，后三个方面结合我校学生实际情况，强调技能、训练和效率。

（3）《恩玲中学学生对教师课堂教学评价表》

《恩玲中学学生对教师课堂教学评价表》主要包含10项内容，即课前能认真预习，希望老师能给予我展示的机会；老师能创设教学情境，使我对本节课产生强烈的学习兴趣；老师上课循循诱导，同学们能主动地、积极地思考、发言；老师讲解精练、透彻，突出重点、难点，做到化难为易，练习有质量，我掌握了所学的内容；老师用我们生活中熟悉的事例，引导我们去学习、探究和理解，并鼓励我们表达自己的见解；老师提问有针对性、趣味性，同学之间围绕问题开展讨论、交流、合作学习；课堂中老师能平等地对待每一个学生，关注每个学生的学习状态，培养学生的非智力因素；老师对我的评价以肯定、鼓励、表扬为主，我在学习上有成就感，对以后学习更有信心；老师知识丰富，语言准确，教态亲切，有感染力，板书美观，条理清晰；老师重视直观教学（实验演示），能熟练地运用现代教学手段。

该表从换位角度出发，由学生从各个方面提出评价建议。"质""量"评价相结合，尤其"质"的评价中"我最赏识的方面""我觉得不如意的方面""我的小小建议"能激发学生课堂"主人翁"的自觉意识，从而激发学生的课堂情绪、创设活跃的课堂情境，最大限度地发散学生的课堂思维。

（4）《恩玲中学学生课堂表现评价表》

《恩玲中学学生课堂表现评价表》以自评、同伴互评、师评三种方式开展评价，对应评价项目包括13项，每一项采取类似"A.好，B.较好，C.一般，D.较差"四个层次的质的评价。

如自评包括本节课预习掌握情况；本节课独立思考的习惯；体验到学习成功的愉悦，理解其他人的思路，有与同伴交流、合作的意识；在知识、技能、情感等方面发展的程度。

同伴互评包括本节课发言的次数、本节课回答问题的质量、本节课课堂练习的正确性。

师评包括上课听讲的专心程度，参与教学活动的程度，课堂发言反映出的思维深度，课堂发现问题的角度，学、思、悟、践的综合能力。

该评价表切合学校实际，很接地气，适合我校课堂教学实际，有较大的实用性，能促进课堂教学的改革。

（5）《家长对教师课堂评价反馈表》

《家长对教师课堂评价反馈表》包括两个方面，即"对教师课堂教学的评价""对班级及学校管理等方面的意见和建议"。前者主要针对课堂教学中教师的表现进行评价，后者从教育管理的角度，向家长征求意见，体现出"家校共建"的管理理念。

2. 论文发表

白军志《新课标理念下高中课堂教学评价的关键要素与策略》（《华夏

教师》，2018年第2期)，魏振国《新课标下评价研究》(《甘肃教育》，2018年第14期)，白瑜厚《赏识、沟通、理解、尊重——也谈新课标下对高中生的评价》(《甘肃教育》，2018年第49期)，于兰《新课标下高中生自我评价能力的培养》(《甘肃教育》，2018年第14期)。

（1）白军志《新课标理念下高中课堂教学评价的关键要素与策略》

本文从设定多元评价标准、丰富评价方式、兼顾过程与结果三个层面来讨论新课标下高中课堂教学评价的有效策略。

作者认为，教师可从设定多元评价标准、丰富评价方式、兼顾过程与结果三个方面设计与实施高中课堂教学评价活动。

在"设定多元评价标准"过程中，教师可依据新课改"三维目标——知识与技能，过程与方法，情感、态度与价值观"确定评价标准，从知识、能力、情感三个角度来分析高中生的学习表现。评价并不是只针对学生，教师设计的教学情境、提出的问题、组织的学习探究活动、开发的学习资源等教学技能发挥出的教学效果如何也是评价的对象，同时也要重点评价课堂教学。另外，教师的教学水平与课堂管理水平的优劣最终也是通过学生的学习效果体现出来的，这就需要多元化评价，具体体现为三维教学目标的落实效果。

针对"评价方式"，作者认为，教师应以学生自评、小组评与师生互评这一完整的评价主体结构为主，应针对考试评价中出现的不足，及时改革教学评价、弱化考试评价，同时也可以运用课堂观察记录表、学生成长档案袋等多种评价手段，以便促进发展性评价更有效的落实。另外，教师要求学生在成长记录袋中收集课堂观察记录表或错题记录卡片，使学生形成自主探究和自我体验的意识，激励学生通过实践去探索、积累和领悟，这是个体认知以及元认知建构的过程，也是学生在教师的引导下自我发展、超越、升华的过程。同时结合学生在校期间的进步与学习成效，以及学科成绩对学生进行全面评价。

同时，对于"兼顾过程与结果"方面，作者分析认为，兼顾过程与结果是新课标所提倡的教学评价手段，也是发展性评价的核心理念。这种评价对班级后进生十分重要，对学生有较大的激励与促进作用，能真正发挥教学评价的诊断、激励、调节、发展等多种功能。

文章最后提出希望与要求：作为高中教师都应该掌握新课标的理念，用发展的评价理念来全面评价教育教学活动的过程、效果，客观评价教育教学对学生全面发展起到的积极作用，从而使学生在合理的教学评价引导下更有效地完成学习任务，提升学习素养，为终身学习发展打好基础。

（2）魏振国《新课标下评价研究》

文章认为新课标下的评价强调评价的教育功能，强调评价的目的在于让学生自我反思，自我成长，走向终身发展，所以这种评价应该是一种"爱"的教育方式。要实施这种"爱"的评价，必须做到两点：一是转变评价理念，以促进学生终身发展；二是改变评价方式，让学生体会教师的关怀。

在评价方式的论述中，作者认为应该了解学生出现问题的原因，发现学生的闪光点，信任理解学生——"关爱中"评价，让理解如同春雨润物；应该走进学生心灵，捕捉学生信息，与学生交心——"坐下来"评价，用平等构筑爱的基石；应该打破刚性评价结构，尊重学生的主体独特性——"变方式"评价，让赞美走近学生心灵。

文章最后谈到，新课程期待更为合理的评价方式，重视学生的终身发展，关注学生身体和心理健康，强调学生的个体差异。教师的评价是和风，是甘雨，润物无声，通过帮助学生学习成长，使教师自身在教学中享受工作带来的幸福。

（3）白瑜厚《赏识、沟通、理解、尊重——也谈新课标下对高中生的评价》

文章提出了新课标背景下对高中生评价的"八字方针"，即"赏识、沟通、理解、尊重"。

在"赏识"评价中，作者针对学困生提出的具体评价是，或针对或避开"问题"而正面引导，适时适当地进行鼓励表扬；要了解他们产生"问题"的心理因素，耐心细致地进行交流沟通；要减少批评，赏识优点，对优点"热处理"，对缺点"冷处理"。

有位名人曾说过，"推心置腹的谈话就是心灵的展示"。教师与学生沟通时要把握两点：一是善于把握学生的思想动态，二是帮助学生正确认识自己现阶段的首要任务。唯有这样才能有积极的评价效果，才能达到师生"推心置腹"沟通的境界。

对于"理解"性评价，作者提出"适度""倾听""换位"的观点，有一定的现实意义。

作者还认为，教师尊重学生，其实质就是教师由衷地、真诚地信任学生、平等友好地对待学生、适时适当地激励学生。激励不仅是表扬，也不只是物质奖励，更重要的是和学生共同分享进步、胜利、成功的喜悦，总结落后、失利、失败的原因，让他们感受到老师因为他们而快乐，而自豪，和他们是一体的。

（4）于兰《新课标下高中生自我评价能力的培养》

本文根据新课标提出"实施评价，应注重教师的评价、学生的自我评价与学生间互相评价相结合""加强学生的自我评价"，阐述了学生评价中"自我评价"的相关问题，旨在让自评成为学生学习过程中的一种自发意识，促进学生的学习和发展，使学生学得轻松，学得主动，享受成功的喜悦，激励学生学习的信心。

作者认为，学生的成长关键在于学会自我教育——发挥自身的主体作用，让学生参与教育，参与评价，做到自信、自制、自强、自立。针对培养高中生自我教育与自我评价能力的措施，作者提出了四点看法，即理论上引导，确立正确的自我评价理念；策略上指导，形成客观、全面、准确的自我认知；实践中培养，提高自我评价能力；情感上激励，激发其开展自我评价的兴趣。对于如何在实践中培养，作者认为要把握好三个环节：一是创设成功机会，培养自信心；二是利用集体力量，激发上进心；三是发挥舆论作用，熏陶好品质。

文章的最后，再一次强调引导学生学会自我评价非一朝一夕之事，而是一个日积月累的过程。海不择细流，故能成其大；山不拒细壤，方能就其高。只有自我评价在平时的课堂上随时发生，学生自我实现的愿望才能日渐丰润。

总结阶段（2018年12月）

主要任务：在继续进行研究的同时，总结成果，以论文汇编、总结、个案分析、实验报告或论著等形式公布研究成果，并申请上级专家鉴定。

主要负责人：魏振国、白军志、白瑜厚、金玉成。

主要成果：研究报告《新课标下对课堂教学评价理念和策略的研究》。

五、本课题的研究成果

一年来，课题组成员按照既定的课题研究方案，以新版课标为基本要求，立足校内教育教学实践，借鉴兄弟学校相关研究成果，紧盯课堂教学活动，遵循"调查研究——实践尝试——不断完善——形成成果"的技术路线，顺利完成了本课题确定的各项研究任务，达到了课题研究的目的，取得了相应的研究成果。

（一）确立了课堂教学模式，促使课堂教学的形式规范有序

有关"双向四步七环"课堂教学模式的研究，在我校一直处于探索阶段。本课题组成立之后，总结以往经验，改正之前的不足之处，不断完善并深化模式内涵，最终确定"双向四步七环"课堂教学模式为我校课堂教学的常规模式。

（二）制定了课堂教学评价标准及方式，促使课堂教学评价系统化

1. 制定了课堂教学评价标准

课堂教学评价标准即《恩玲中学新课程课堂教学评价标准》，从教师素养、基本理念、基本技能、课程处理与自主、探究、合作等方面分别考查教师、学生的课堂体现，为课堂教学的具体实施指明方向，促使师生按照该标准实施课堂教学行为，使课堂真实、高效，顺利实现"三维目标"；使不同层次的学生都有所收获，师生共享学习成功的快乐。

2. 制定了各项课堂教学评价表

课堂教学评价表包括《恩玲中学教师课堂教学评价表》《恩玲中学学生对教师课堂教学评价表》《恩玲中学学生课堂表现评价表》《家长对教师课堂评价反馈表》。

这四张评价表体现了新课程标准的多元化评价理念，形成"师师""师生""生生""家校"评价的体系，充分体现了评价者的民主性、能动性，切合高中学校尤其是我校的实际情况，可操作性强，有利于课堂教学水平的提升。

（三）完善了课堂教学的实施过程，促使师生课堂行为获得显著成效

在本课题组有关课堂教学评价课题研究后，学校师生的课堂教学观念、行为都发生了很大变化，尤其是许多年轻教师，通过对课堂教学评价——各类评价表的认真学习、分析研究，课堂教学发生了质的变化，教学水平在短时间内得到了极大的提升。

（四）规范了课堂教学的行为，促进学校长足发展

课堂教学的成功与否，直接影响着学校的发展。课堂教学的管理是学校管理非常重要的组成部分。课题组有关课堂教学评价的研究，厘清了以往课堂

教学评价的种种形式，形成了完整系统的评价体系，以"一个标准"引导课堂教学行为，以"四个评价表"具体规范课堂教学行为，促使课堂教学行为严谨有序，极大地发挥了课堂教学的阵地作用，从而提升了课堂教学的效率，促进学校长足发展。

2018年县教育局为我校制定的应届生高考二本以上的目标为120人（不含艺术生），而我校以二本上线213人的喜人成绩超额完成了上级部门制定的高考目标任务，在2018年12月兰州市教育局召开的教育教学质量总结大会上，学校荣获兰州市市级示范性高中教育教学质量一等奖。

（五）引领课堂教学的研究，促使教师理论水平得到提高

在课题研究的一年中，全体教师聚焦课堂教学评价的研究，总结课堂教学的实践活动经验，踊跃开展相关课题的研究活动，积极撰写论文，并在不同级别的刊物上发表。其中课题组成员有4篇论文发表在省级刊物上，验证了课题研究的深度。

课题组负责人白军志在《华夏教师》（2018年第2期）上发表《新课标理念下高中课堂教学评价的关键要素与策略》，课题组成员魏振国在《甘肃教育》（2018年第14期）上发表《新课标下评价研究》，课题组成员白瑜厚在《甘肃教育》（2018年第49期）上发表《赏识、沟通、理解、尊重——也谈新课标下对高中生的评价》，课题组成员于兰在《甘肃教育》（2018年第14期）上发表《新课标下高中生自我评价能力的培养》。

课堂教学是教师教育思想、教学技能、教学经验、教学智慧、教学风格的综合体现。所以，新课标下的课堂教学评价要以新课程理念为指导，以新的视角关注教师的课堂教学行为和学生的学习方式，通过全新的评价方式，引导教师创造性地运用现代教学理论，重建课堂教学文化，关注教与学两方面的关键要素，使课堂教学从教师权威走向师生平等，从封闭走向开放，从学科走向学生，从单一走向多元，从预设走向生成，最终促进教师专业水平的提高和学生的全面发展。在实际的教学过程中，只有把课堂评价作为一项制度长期执行，一个学校的教育教学的质量才能够稳步提高，教师的专业化发展、学生的核心素养及创新能力提升才能够有效有序地推进。因此，课堂教学的有效性评价在一个学校发展的战略过程当中具有举足轻重的作用，应常抓不懈。

六、本课题的研究结论

根据新课标要求，在本课题研究的基础上，形成了恩玲中学"双向四步七环"课堂教学模式，制定了《恩玲中学课堂教学评价标准》《恩玲中学教师课堂教学评价表》《恩玲中学学生课堂表现评价表》《恩玲中学学生对教师课堂教学评价表》《家长对教师课堂评价反馈表》。

通过本课题的研究，初步得出"41667"的结论："4"指目前的高中课堂教学评价中存在着4个主要弊端，"1"指新课标下课堂教学评价的1个理念——以学生的"学"评价教师"教"，第一个"6"指新课标下课堂教学评价中"教"的6项关键要素，第二个"6"指新课标下课堂教学评价中"学"的6项关键要素，"7"指新课标课堂教学评价应采取的7项有效策略。

（一）目前的高中课堂教学评价中存在着以下4个主要弊端

1. 评价功能单一

评价过分强调甄别与选拔的功能，忽视改进与激励的功能。如考上大学便是成功者，考不上者便是失败者。

2. 评价标准单一

评价以高考升学率为标杆，评价的内容过分注重学生成绩，而忽视综合素质的评定和全面发展的评价。

3. 评价方法单一

评价过分注重量化，缺少体现新的评价理念的方法和手段，评价结果不客观、不全面。

4. 教育评价主体"错位"

评价主体单一，忽视了评价多元、多向的价值取向。现行的学校评价中，学生一直处于被动、从属地位，学生的主观能动性得不到很好的发挥，这些弊端都是应试教育理念下产生的评价结果。

（二）新课标下课堂教学评价应该坚持的1个理念——以学生的"学"评价教师"教"

教师的教学思想支配着他的教学方案的设计与实施，也影响着教学评价，并由此指导着课堂教学实践。所以我们应该明确新课标下课堂教学评价的指导思想是什么。由于新课标下的课堂教学最大的特点是以学生的发展为中心，培养学生的综合素养，教学评价理念应是以学生的学评价教师的教。传统的课堂教学评价以教师为中心,"以教评教",忽视学生的全面发展。因此,为了促进学生的全面发展,培养学生的核心素养,在课堂上真正体现以学生为主体,我们必须对传统教学评价内容进行改革,实施"以学论教"的教学评价机制。"以学论教"的教学评价强调以学生在课堂学习中呈现出的状态、效率为关键要素来评价课堂教学的质量,从而改变传统教学评价的弊端。为此,我们在课堂教学的评价中,应突出以下几方面的评价目标:第一,面向全体学生;第二,学生全面发展;第三,提高学生自主学习能力和自我发展能力;第四,关注学生的核心素养和未来发展。通过实施评价主体多元化、评价内容广泛化、评价标准具体化、评价方法多样化,促进学生全面发展,促进教师改进教学方式,提升教学质量。

(三)新课标下课堂教学评价中"教"的6个关键要素

1. 教育理念

教师的教育理念决定着教学行为的方向,它主要包括坚持以人为本,促进人的全面、和谐发展观;坚持开放、自由的教学观;坚持学科与其他学科的有机整合的原则;坚持学科与实际生活密切联系的原则;坚持不断探索与创新的原则。

2. 人文素养

教师在教学中保持良好的精神风貌,时时处处潜移默化地影响学生;能平等地对待学生;能引导学生学会与他人、社会和谐相处。

3. 教学思路

教学目标切合实际,信息量科学合理,体现目标要求和学科特色;课程开发利用意识强;作业布置适量,具有开放性和探究性;注重学习习惯的培养;能指导学生学会学习。

4. 课堂组织

激发学生学习兴趣,培养学生学习的自信心;课堂注重创设情境,吸引学生注意力;课堂结构疏密有致,各环节衔接有序。

5. 教学智慧

能灵活处理偶发事件;控制自身不良情绪;善于发现学生的闪光点,鼓励学生积极进取。

6. 专业素养

学科教学基本功扎实,能熟练地运用各种现代教学媒体;有较强的驾驭教材的能力；知识传授准确无误。

（四）新课标下课堂教学评价中"学"的6个关键要素

1. 注意状态

观察学生上课时的一举一动，学生的回答是否针对教师所问，倾听是否全神贯注。

2. 参与程度

观察学生是否全程参与学习，是否积极投入思考或踊跃发言，是否积极讨论、交流，是否饶有兴趣地进行阅读、训练。

3. 交往表现

观察学生之间在学习过程中是否有友好的合作，观察课堂教学气氛是否民主、和谐，观察师生之间、生生之间互动交流是否建立在互相尊重的基础上。

4. 思维发展

观察学生思维的敏捷性，是否善于用自己的语言解释说明所学知识；观察学生思维的批判性时，主要看学生是否敢于质疑，提出有价值的问题；观察学生思维的独特性、创造性时，看学生的回答或见解是否标新立异，是否具有自己的思想或创意等。

5. 情绪体验

观察学生是否有良好的学习情绪，能否自我控制、自我调节情绪；在整个课堂教学中能否始终保持兴奋、愉悦的学习状态。

6. 生成过程

观察学生是否在自主、合作、探索中不断提升自我认识；是否伴有满足、成功、愉悦等体验，并对后续学习增强信心；观察学生在课堂教学中是否有创新意识，是否能提出深层次的问题，与师生共同探讨。

（五）新课标课堂教学评价应采取的7项有效策略

1. 评价者树立全新理念，提高自身的素质，尽可能消除评价的误差

评价结果的客观与公正，一方面受到评价指标体系的制约，另一方面受到评价者主观因素的影响。这就要求评价者树立新课标课堂教学评价理念，熟悉课程标准及教材，懂得教学规律，掌握评价的标准和方法，增强客观、公正评价的责任感和使命感，消除评价中可能产生的晕轮效应误差、中央趋势效应误差、系统偏见误差、时间差效应误差等。因此，评价者要由具有较高课堂教学水平的教师或者管理者来担任，因其自身课堂教学水平很高，所以评价意见往往中肯、具体，有建设性。

2. 评价教学目标的确立是否合理、目标是否有效落实

要弄清一堂课、一个单元教学的目标是什么，离不开钻研《课程标准》，离不开钻研教材，更离不开了解学生。在一堂课中，既要落实基础知识和基本技能的目标，同时也要落实思维与情感的目标，还要关注教师采用的教学方法是否符合教学内容，是否适合学生的实际水平。在"讨论式""合作式""探究式"等教学方式中，设置的问题是否具有探究性和拓展性，使学生能够深入思考，通过"讨论""合作""探究"等方式真正发现问题、解决问题，从而提高学生的思维能力和解决问题的能力。

3. 评价学生的主体作用是否突出、学习方式是否发生转变

教学中调动学生的主体性关系到学生是否能改变被动接受的学习状况，它的目的就是在教学过程中，让学生获得探索、尝试、创新和思考的机会，而不是单纯的模仿。教学要从学生的实际情况出发，而不是从"本本"出发。课堂教学要"以学生为本"，这是有效开展教学的基础，为此，教师要处理好两方面的关系：一是教师与教材的关系。教师要能够驾驭教材，不做教材的奴隶。二是发挥学生的主体作用，即调动学生的主动性。简单地说，课堂教学不是教师的展示，而是学生在教师指导下的学习过程的展示。转变学生的学习方式是新课程改革的焦点，就是要改变过去单一的、被动的学习方式，提倡、推动多样化的学习方式，特别是通过自主、合作与探究的学习方式，使学生的主体意识、能动性和创造性不断得到发展。因此，课堂教学评价要关注学生的学习状态和学习方式的转变，具体包括以下几方面：第一，关注学生的参与状态。学生是否都参与了学习的全过程，是否全身心地投入了学习的全过程。第二，关注学生的交往状态。学生之间是否有良好的合作，师生之间、学生之间是否有较多的信息交流和信息反馈。第三，关注学生的思维状态。学生是否敢于质疑，敢于提出具有挑战性和独创性的问题并展开讨论，创新性思维是否得到发展。第四，关注学生的学习生成状态。学生是否能生成非预设内容，得到意外的收获且产生强烈的求知欲。

4. 坚持发展性的评价原则

有些学者把这一原则看作是教学评价最重要的原则，因为追求人的全面发展是当今基础教育课程改革的出发点和最终归宿。在新课标理念下的课堂教学目标，理所当然地追求学生的全面发展。那么，与之相适应的课堂教学质量评价也必须以发展作为参照标准。在评价的过程中，不仅要关注教师和学生的现实表现，更要重视教师和学生在当前水平上的未来发展方向和程度。这一转变，从评价"过去"和"现在"转变为评价"将来"和"发展"。教育家加德纳曾说："考试往往用来找出人的弱点而非长处。"而发展性评价希望被评价者能够认识自己的优势，激发自己的发展潜能。所以，评价者要用发展的眼光看待、评价教师教的行为和学生学的行为，以激励师生自我追求、自我发展、自我完善。

5. 采用开放性、多元化的评价方式

课堂教学行为不是墨守成规的模式，由于参与双方尤其是学生一方所具有的巨大的创造力，不可避免地决定了课堂教学中会有大量的不确定性。试图用一个固定的评价标准来评判所有的教学行为肯定是不恰当的，这就必然要求评价的标准具有一定的开放性。开放性评价要求评价具有多元性，而多元性的评价又涵盖了诸多方面的内容，如评价主体的多元化、评价价值的多元化、评价方式的多元化等。

6. 注重课堂教学评价的连续性和整体性

课堂教学内容丰富而复杂，教学方法各有千秋，教师的教学能力和教学水平不可能在一节课中全部体现出来。因此，评价教师要通过连续多次的评价，综合每一次评价的结果及反馈改进的情况，在一个完整的发展阶段综合评价一个教师的课堂教学水平。这样做不仅客观、公正、全面，而且也符合评价的动态性原则，同时也关注了教师的成长。

7. 做到定量评价与定性评价相结合

所谓定量评价，是指一种侧重于量的方面的分析评价，主要是通过收集数据（如数量、图表）等资料，采用百分制或等级制的方法，做出量化结论的评价。毫无疑问，基于数据的定量分析有助于评价的客观性、准确性与严密性，在一定程度上弱化了评价过程中的主观性与随意性。然而，教育视野下这种主要以数字形式显示评价结果的方式过分地强调了对认知领域的评价，淡化了对"过程与方法，情感、态度与价值观"的评价。如果说定量评价是指通过数量指标测量与判断教育现象，那么，定性评价则是以非数量指标来判断教与学的性质、厚度、深度、效益的因果关系，它是一种侧重于"质"的方面的分析评价，主要根据评价者对被评价的客观对象平时的表现、状态或文献资料的

观察和分析，直接对评价对象做出定性结论的价值判断。又因其主要采用描述性语言（如文字、图片、现场记录等）进行评定，所以会涉及定量评价难以测评的内容或领域，如学生的意志、兴趣、态度、创造力等。从课程目标的角度来看，定性评价的范围其实主要指向"过程和方法""情感、态度与价值观"这两个维度。

　　教育是一种特殊的社会现象，如果没有量的分析做基础，那么任何质的评价只能像无源之水一样，从而导致评价的"模糊、不确定"。反之，定性评价有助于确定并加深量的分析与判断，有助于补充完善定量评价可能忽略或弱化的评价内容与领域。总之，合理的教学评价，应让定量与定性融合在一起。只有两者有机结合起来，才有可能"全面、准确、客观地"把握评价对象，进而使教学评价成为促进教与学的有效手段。

　　附1：

榆中县恩玲中学关于基于翻转课堂理念下的"双向四步七环"课堂教学模式说明

一、"双向四步七环"教学模式的框架

　　（1）"双向"是指作为课堂主体的学生和主导的教师之间的互动交流。

　　（2）"四步七环"是指教学过程中的"预习质疑——对话交流——实践练习——拓展提升"四个步骤，其中包含七个环节。

　　a."预习质疑"是指"学生预习、教师导学"环节。

　　b."对话交流"包括三个环节："学生探究、教师参与""学生展示、教师点评""教师讲解、学生领悟"。

　　c."实践练习"是指"学生练习、教师指导"的环节。

　　d."拓展提升"包括两个环节："教师引导、学生拓展"和"师生总结、达成目标"。

　　结构图如下图所示。

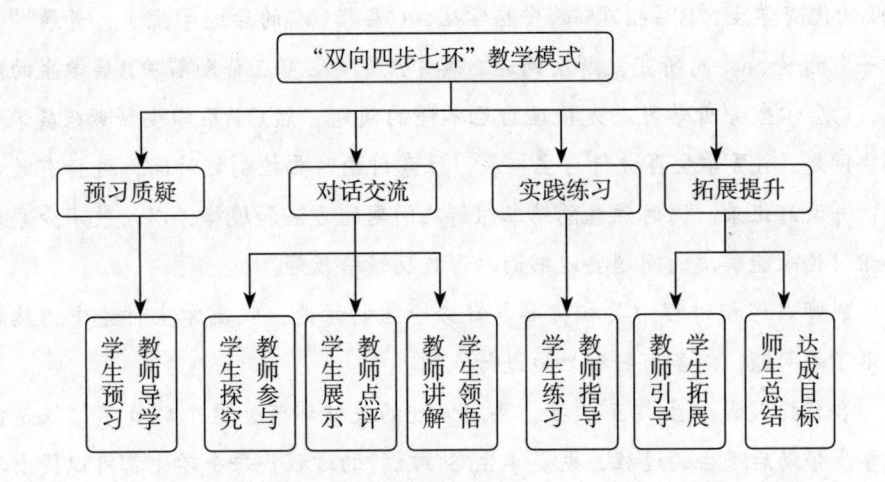

```
                    "双向四步七环"教学模式
         ┌──────────────┬──────────────┬──────────────┐
      预习质疑      对话交流       实践练习       拓展提升
         │         ┌────┼────┐        │         ┌────┤
      学生预习   学生  学生  学生    学生      学生  达成
      教师导学   探究  展示  领悟    练习      拓展  目标
                 教师  教师  教师    教师      教师  师生
                 参与  点评  讲解    指导      引导  总结
```

二、双向四步七环教学模式流程的阐释

第一步：预习质疑

环节一：学生预习、教师导学

教师根据教学需要提出预习要求，学生根据学习目标在规定时间内自主完成预习内容，要求学生静下心来，认真预习，自主分析解决问题。大部分内容中等水平以上的学生通过自学后都能完成，学生预习有疑问的部分，要求用红色笔标注出来，以便在课堂上集中精力听教师讲解，集中精力解决问题、疑惑，提高学习效率。

课前预习内容的选择遵循以下原则。

1. 基础性

紧扣课程标准要求，突出对基础知识、基本规律、基本内容的掌握。

2. 适度性

内容的难度适中，让绝大部分学生通过预习解决问题。

3. 适量性

要求学生课前预习的内容要适量，每节课课前预习时间控制在半小时左右。

第二步：对话交流

环节二：学生探究、教师参与

教师呈现学习目标，提出问题；学生在合作探究自主学习过程中，记录出现的问题和需要课堂探究的问题。

合作探究规则：合作学习前，由教师规定合作学习的时间和要求，由小组长控制好讨论的进程，先在小组内分层（可分成A、B、C三个层次，A层指

20%的优秀学生，B层指70%的中层学生，C层指10%的后进学生），开展"一对一"讨论，共同研究，解决问题。其中A层学生重点帮助解决B层学生的问题，C层学生旁听学习或先梳理自己不懂的问题，然后B层学生帮助C层学生解决问题，A层学生再进行自主拓展。注意讨论时要控制好时间，进行有效讨论，并做好记录。同时注意总结本组解决问题的方法和规律，以便展示分享。小组讨论未能解决的问题要以书面的形式反馈给教师。

教师在巡视过程中要积极参与部分小组的讨论，收集学生讨论中仍然解决不了的问题，以备有针对性地进行点拨。

合作探究是学生相互学习、共同促进的关键环节，这个环节不仅仅是优秀学生帮助后进生的过程，也是学生思维碰撞的过程，每个学生都可以提出不同的观点。在合作探究中，做到师生、生生互动；形成师教生、师评生、生评师、生教生、生评生的学习、交流、评价的良好氛围，做到思维有深度，探究有高度，问题基本得到解决。

环节三：学生展示，教师点评

（1）分组展示。由于课堂时间的限制，学生不能一一展示，根据不同的问题，指派一个组选一名代表展示。总体原则是：B层学生展示，A层学生点拨，C层学生继续学习提升。若各组任务不同时，可让小组按顺序展示汇报，在展示的过程中，其他小组成员负责补充。若各组任务相同时，可利用激励机制，让组与组之间展开竞争，并把竞争结果作为评价依据。各组任务互补时，未参加展示的学生将自己的成果写在学案上，相邻两个小组成员之间互相交换并给对方修改和批阅。学生在批阅的过程中既学习了其他同学的优秀创意和思维方式，又可以注意到自己容易出错的地方，这种展示方法可用于检查训练的习题。

（2）教师负责控制展示时间，调节好课堂氛围，并及时记录出现的典型问题和新生成的预设内容，为精讲点拨做好准备。

（3）教师针对各组的展示情况进行及时评价，可用分数、掌声、口头表扬等多种形式进行评价。

环节四：教师讲解、学生领悟

首先，小组通过讨论交流，把自己构建的知识体系或提炼的典型解题思路，展示到黑板上，展示完毕后，教师首先进行点拨；其次对学生模糊不清的疑惑问题做出准确的答复；最后对重难点问题进行点拨讲解，归纳方法、规律，讲解透彻，化难为易，使学生都能理解、掌握。精讲点拨准确有效的前提是教师应具备准确把握课标、教材的能力，能够准确地了解学生的学习情况。

第三步：实践练习

环节五：学生练习、教师指导

课堂练习是巩固知识的重要途径，是运用新知识解决实际问题的体现。当堂独立练习既能促使学生将学到的知识加以应用，在应用中加深对新知识的理解，又能暴露出学生对新知识在应用上存在的不足，明确自己努力的方向。

要设计有效的课堂练习，可以从以下几个方面入手。

1. 依据课程标准，把握练习的层次性

由于学生的个体差异，同一水平的练习很难收到良好的效果，同一问题对于优秀学生可能索然无味，优质的课堂练习的设计应具有差异性。练习要求不能太高，也不能太低，既要让基础较差的学生"吃好"，又要让优等生"吃饱"，以适应不同层次、不同知识水平学生的学习需求。

2. 精选练习内容，发挥教师的主导作用

练习一般分为"巩固性练习"和"综合性练习"。这两种练习形式的不同点就在于"巩固性练习"注重基础练习和专项练习，而"综合性练习"则较注重深化练习和发展练习。它们的相同点就在于两者都必须说明练习的要求及达到的目标，最后总结评讲。

精选练习应坚持"以练为主，适当指导"的原则，做到"导、练、议、评"相结合，这样有利于发挥教师的主导作用和学生的主体作用，有利于学生掌握学法。而在练习中，教师主导作用主要体现在教师的精心设问和巧妙引导上。教师应当做到：①在重点练习题的解题依据处设问；②在解题的错因处设问；③在提示知识内在联系、探求知识规律处设问；④在易混知识处设问；⑤启发学生如何综合运用新旧知识；⑥引导学生进行思维转化；⑦在各个环节的衔接处做到承上启下。

3. 注意练习形式，追求练习设计的内涵

练习设计应与教材习题紧密结合，练习要做到以"课本习题为主，课外习题为辅"。具体做法是：以教材上的习题为主，根据教学内容、教学目标、学生实际，可将教材习题进行适当的组合。在综合性练习当中，可以适当提高教材习题的难度，进行综合训练。当教材习题太少时，可以根据学生反馈的信息与教学实际，适当补充一些有价值的训练习题。

第四步：拓展提升

环节六：教师引导、学生拓展

知识拓展是对原有知识的延伸或者对原有知识进行补充、强化、巩固。将课内与课外有机地结合起来，将课本知识与课外知识结合起来，加强教与学的横向联系，实现课内到课外的横向迁移。

环节七：师生总结、达成目标

回顾、总结是一节课的重要环节，这是师生共同梳理知识的过程，也是加深理解知识的过程，可以起到备忘录的作用，又能提高课堂教学效率。课堂总结首先让学生根据自己的感悟小结本课知识点，也可以由教师提出启发性的问题让学生小结，甚至可以把生生间的互评带到课堂总结中来，最后，教师进行点评、总结。

三、应用"双向四步七环"课堂教学模式应注意的几个方面

（一）教师要转变观念，转换教育角色

教师要做学生学习的引领者、组织者、参与者和欣赏者，充分信任学生，放手让学生自己学习、思考、质疑、合作、讨论、提升。

（二）抓好学习小组建设

（1）每组六人，分上中下三个层次，首先分层"一对一"讨论，然后分层解答疑问。

（2）担任小组长的学生不一定是学习最好的，但一定是最热心、最有责任心、组织管理能力最强的学生。

（3）培训好组长，发挥学习小组长的管理、组织、协调作用。

（4）创新小组评价机制，防止出现为评价而评价的倾向。用恰当的评价促进小组积极思考，深入研究，高效学习，最大限度地发挥评价的积极作用。

（三）布置好课前预习内容

课前的自学环节是指在教师讲课之前，学生独立地对学习的内容进行阅读思考，初步理解学习内容，预测学习目标的达成度，梳理出重点和疑点，为上课做好准备的过程。古语说："凡事预则立，不预则废。"强调了预习的重要性和必要性。为了收到良好的预习效果，应该注意以下几点。

1. 明确预习的针对性，提高预习效果

不打无准备之仗，为了避免学生在课堂中学习的盲目性，教师应该课前

设置预习的学习环节，提出合理、明确、有可操作性的预习目标要求，使学生预习时有章可循。

2. 分层预习学习内容，增强学习信心

在指导学生课前预习时，可以根据不同学生的知识基础和认知水平把学生分成几个不同的层次，针对学生的学习层次布置不同的预习作业，预习效果会更好。

第一层次布置浅显性预习作业，对基础差的学生增加一些基础知识的作业量，减少有难度知识的作业量，鼓励其掌握基础知识。

第二层次布置理解性预习作业，对中等生在确保完成基础目标的基础上，对知识进行一定的再加工，努力完成发展目标。

第三层次布置探究性预习作业，使学生能拥有足够的时间去探究问题，做一些综合性的练习题，培养思维能力。

（四）认真备课

按"双向四步七环"课堂教学模式的七个环节，精心设计，确保课堂容量大、节奏快，围绕学习目标，加大课堂信息量、思维量、训练量；每一个目标下的学习内容，教师都要对时间、方法、过程有明确、具体、严格的要求，使学生能够承受每堂课的容量和强度，力求取得最佳的效果。

附2:

榆中县恩玲中学新课程课堂教学评价标准

一级指标	二级指标	评价标准
教师素养	专业素养	1. 熟悉新课程标准，秉持正确的教学理念。 2. 精通所教学科的基础性知识和技能。 3. 熟悉了解该学科的思维方式和方法。
	人文素养	1. 具有较强的教育使命感和责任心。 2. 师德良好，知识渊博，具有良好的情趣。 3. 以学生的生存和发展为本。
教师教学行为表现	教学基本理念	1. 重视"三维目标"的落实，关注学生已有经验。 2. 面向全体，兼顾差异。 3. 激发学生学习兴趣，尊重、关爱全体学生。 4. 有效组织学生进行自主、合作、探究学习。

续表

一级指标	二级指标	评价标准
教师教学行为表现	教学情境创设	1. 以问题为中心，强调学生参与。 2. 重视合作交流，指导学生学习方法。 3. 营造民主、平等、和谐的学习氛围。 4. 肢体语言丰富，恰当运用现代化教学手段。
	教学内容处理	1. 准确把握教材，突出重点、难点，化难为易。 2. 挖掘教材内涵，落实过程与方法，情感、态度与价值观教育。 3. 重视联系生活实际，开阔学生视野。 4. 帮助学生建构合理的认知结构。
	教学基本技能	1. 有效调控课堂，灵活处理问题。 2. 教学用语准确，板书清晰工整。 3. 教态自然大方，有亲和力和凝聚力。 4. 实验操作规范，培养学生实践、创新能力。
学生学习活动表现	自主性	1. 主动展示预习成果。 2. 主动参与教学活动，主动思考问题，积极发言。
	探究性	1. 积极开展探究学习，积极发现问题，敢于质疑。 2. 感悟知识的形成过程，尝试总结结论。
	合作性	1. 善于与人合作，善于表达交流。 2. 善于倾听他人的意见，重视同伴、教师的评价。
教学目标达成情况		1. 课堂真实、高效，"三维目标"得到顺利实现。 2. 不同层次的学生都有所收获，师生共享学习成功的快乐。

附3：

榆中县恩玲中学教师课堂教学评价表

授课教师		年级		学科		课型	
教学内容				时间		听课教师	

评价项目	教育教学观	评价内容	权重	评价分值		项目得分
				分值	得分	
教学目标	目标意识	1. 目标准确、简明、清晰，符合课程标准要求、教材和学生实际。	10	5		
		2. 重点、难点处理得当，化难为易，重点内容得到强化和突出，所教知识准确无误。		5		

续表

授课教师		年级		学科		课型		
教学内容				时间		听课教师		

评价项目	教育教学观	评价内容	权重	评价分值		项目得分
				分值	得分	
教学思路	主体意识	3. 课堂结构严谨、思路清晰,学生充分展示预习及合作学习成果。	35	6		
		4. 面向全体,体现差异,以学生为中心,促进学生全面发展。		4		
		5. 有效地组织学生进行自主、合作、探究学习,传授知识的量及训练的度适中,突出重点,抓住关键。		9		
		6. 引导学生关注问题情境,提出高质量的问题,让每个学生都有主动参与、讨论、质疑、探究的机会。		6		
		7. 在传授知识的同时,注重学法指导,注重培养学生的实践、创新能力。		5		
		8. 体现知识形成过程,结论先由学生自悟、总结,然后教师进行点评、概括。		5		
教学方法	训练意识	9. 精讲精练,以思维训练为重点,教学活动有利于达成目标。	15	5		
		10. 能应用信息技术搜集和处理信息,教学方法灵活多样,注重培养学生学会学习的能力。		3		
		11. 教学信息多向交流,反馈、矫正及时。		2		
		12. 积极动脑、动口、动手,指导学生有效进行巩固性练习和综合性练习,使不同层次的学生在训练中都有收获。		5		
情感发展	情感意识	13. 营造民主、平等、积极、和谐的学习氛围。	8	4		
		14. 注重培养和训练学生的动机、兴趣、习惯、信心等非智力因素。		4		

续表

授课教师			年级		学科		课型		
教学内容					时间		听课教师		
评价项目	教育教学观	评价内容				权重	评价分值		项目得分
							分值	得分	
专业素养	技能意识	15. 语言规范、流畅、简练、准确。				12	2		
		16. 教态自然大方，有亲和力和凝聚力。					2		
		17. 板书工整规范、层次清楚、言简意赅，富有启迪性。					2		
		18. 能熟练运用现代化教学手段。					2		
		19. 组织、调控课堂教学能力强，肢体语言丰富，能有效地营造和谐高效的课堂，课后分层布置作业，作业量科学、合理。					4		
教学效果	效率意识	20. 学生参与度高，课堂气氛活跃，师生共享学习成功的快乐。				20	6		
		21. 学生学会学习，思维得到发展，敢于质疑问题。					6		
		22. 课堂真实、朴实、扎实，达成预设目标；课堂内生成非预设内容，教师能有效进行处理，课后学生有强烈的求知欲。					8		
个性特长	特色意识	23. 加分项：教学有个性，形成特色与风格。				2	2		
综合评价						总分			
教师点评	1. 教学精彩环节								
	2. 教学改进建议								
	3. 定性评价	＿＿＿＿（优秀90分以上，良好89～80分，一般79～70分，较差69分以下）							

附4:

榆中县恩玲中学学生课堂表现评价表

教师姓名		学科		班级			
教学内容				时间			
评价方式	评价项目	评价等级				评价者	
		A	B	C	D		
自评	对本节课预习掌握情况。	好	较好	一般	较差		
	本节课独立思考的习惯。	强	较强	一般	较弱		
	体验到学习成功的愉悦。	多	较多	一般	较少		
	理解他人的思路，有与同伴交流、合作的意识。	好	较好	一般	较弱		
	在知识、技能、情感等方面收获的程度。	高	较高	一般	较低		
同伴互评	本节课发言的次数。	多	较多	一般	较少		
	本节课回答问题的质量。	好	较好	一般	较差		
	本节课课堂练习的正确性。	高	较高	一般	较低		
师评	上课听讲的专心程度。	高	较高	一般	较低		
	参与教学活动的程度。	高	较高	一般	较低		
	课堂发言反映出的思维深度。	强	较强	一般	较弱		
	课堂发现问题的角度。	多	较多	一般	较少		
	学、思、悟、践的综合能力。	强	较强	一般	较弱		
评价说明	在评价等级下，相应的栏只选一项，打"√"						

附5:

榆中县恩玲中学学生对教师课堂教学评价表

教师姓名		学科		班级		
教学内容			时间			

评价内容	权重（分值）			
	A	B	C	D
	9~10	7~8.9	6~6.9	5.9~1
1. 课前能认真预习，希望老师能给予我展示的机会。				
2. 老师能创设教学情境，使我对本节课产生强烈的学习兴趣。				
3. 老师上课循循诱导，同学们能主动地、积极地思考、发言。				
4. 老师讲解精练、透彻，突出重点、难点，做到化难为易，练习有质量，我掌握了所学的内容。				
5. 老师用我们生活中熟悉的事例，引导我们去学习、探究和理解，并鼓励我们表达自己的见解。				
6. 老师提问有针对性、趣味性，同学之间围绕问题开展讨论、交流、合作学习。				
7. 课堂中老师能平等对待每一个同学，关注每个同学的学习状态，培养学生的非智力因素。				
8. 老师对我的评价以肯定、鼓励、表扬为主，我在学习上有成就感，对以后学习更有信心。				
9. 老师知识丰富，语言准确，教态亲切，有感染力，板书美观，条理清晰。				
10. 老师重视直观教学（实验演示），能熟练地运用现代教学手段。				
合计				
总分				

我想对老师说的话：	我最赏识的方面：
	我觉得不如意的方面：
	我的小小建议：

附6：

榆中县恩玲中学教学开放周活动
家长对教师课堂评价反馈表

尊敬的家长：您好！

为了加强学校与家长的交流和沟通，增进家长对学校教育教学工作的了解，使教师获得多方面反馈信息，从而更好地改进自己的教育教学工作，学校举行"课堂教学开放周"活动，恳请您积极参与并提出宝贵的意见和建议。填写此表后请交门卫室，学校将根据您提出的意见和建议，逐一分类反馈给相关教师，帮助教师提升教学水平；对学校管理等方面存在的问题，我们将进行认真整改，全力提升学校管理水平，提高教育教学质量，努力办好学生、家长满意的学校。

谢谢您对学校工作的支持！

教师姓名		班级		节次	
科目		教学内容		时间	
对教师课堂教学的评价	优点： 改进的意见和建议： 				
对班级及学校管理等方面的意见和建议					

学生姓名：_____   家长签字：_____   联系电话：_____

附7：

榆中县恩玲中学开展课题研究后课堂发生的变化

一、教师的感受及变化（节选）

实施课堂教学评价的一点感悟

地理组　赵芳芳

时间飞逝，岁月如梭，自2016年10月份参加工作至今，已有两年半的时间了，在这两年半的教学过程中，我收获甚多。因为在研究生阶段，学习了地理教学的相关内容并进行实习，所以对高中地理教学有了初步的了解。但是真正进入教学环境，我也明显地意识到理论运用在实践中需要灵活、变通，并且教学需要的能力很多，单纯依靠学校里的教学理论知识是远远不能解决在实际中所遇到的问题的。通过备课、上课、听课及教研活动，我对高中的课堂教学有了一定的掌控能力，能灵活自如地处理课堂中出现的问题。

通过这一次的课堂教学评价，我对自己的课堂又有了新的认识，自我的评价与学生的评价大体相同，但也有一些不同。在教学目标上面，还是比较准确的，符合课程标准要求、教材及学生的实际。重难点突出，但不是特别明确。主体意识方面，课堂结构、学法指导、点评等方面都相对比较到位，但是对于分层次布置作业还是做得不够。在训练意识方面，对于学生不是很放心，所以精讲精练做得不是很到位，但努力在改进。情感意识方面，因为是年轻教师，所以和学生的关系还是比较好的，也有意识地从思想上引导学生努力上进。技能意识方面，语言规范、教态大方、能熟练应运现代化的教学手段，有意识地去调动学生的学习主动性，但板书写得不够规范。在教学效率方面，大部分的学生能从授课当中获得知识和技能，但效率意识还有待提高。

通过对学生的课堂评价表的分析，我认识到自己教学中还存在很多不足，需认真改进，具体讲就是要抓好教学实践的三个环节。

备课环节：做好上课前的准备。备课主要从六个方面做准备：备课程标准、备课本教材、备学生、备信息、备方法、备教具。

授课环节：把握好课堂教学45分钟。一是应学会灵活应对课堂上的突发事件，具有教学机智。二是课堂举例应恰当，符合学生的认知水平。三是应学会在课堂中进行正确提问。在提出问题以后，给学生一定的思考时间，学生回答完毕以后，应及时评价，然后归纳总结。提问语言要简练，不随意。

课后反思：高度概括教学总结。主要从课的内容、形式、课堂活动、学生反馈、教学效果等方面反思与总结，不断提升自身教学水平。

实施课堂教学评价的一点感悟
英语组　姚凤超

新课程标准强调建立学生全面发展的评价体系。课堂教学评价具有促进学生发展和教师专业成长的双重功能，随着新课程改革的深入，教学评价日益趋向"以学定教，以学促教"，评价课堂教学成败，不仅要关注教师的教，更重要的是关注学生的学。因此我认为英语教师应做好以下几点。

1. 注重教法转变，促进学生会学、学会

教师备课过程中要注重教学活动的设计。新课程标准倡导的学习方式是自主、合作、探究。这要求教师更多地成为学习情境的创设者、组织者和学习活动的参与者、促进者。所以，一堂好课就在于教师遵循学生全面发展的原则进行设计，要从单一的、严密的、封闭的、程序化的教学模式走向多元的、灵活的、开放的教学模式。

2. 课堂上应对学生实施多元化、多样式评价，发挥学生学习的主体作用

（1）评价要客观、准确，公正评价每位学生，激励全体学生的不断发展。在课堂评价中要尽量避免诸如你"最棒了、好极了、没人比得上了、一辈子没出息、无药可救了"等极端性的语言，诚恳的评价既要让学生感受到成功的喜悦，又要让学生扬起努力的风帆；既要让学生尝到认真学习得来的甜头，又要让他们认识到在学习中存在的不足。

（2）课堂上尊重学生的评价权利，鼓励他们大胆评价，使他们敢评、敢学。多给学生评价的机会，使其积极参与教学活动，如"你认为老师说的对不对？""你能看出甲同学的错误之处吗？""你是怎样看待这件事的？"等，从而打破以往单一的评价方式，使学生敢于挑战偶像和权威，敢于提出问题，增强他们的创新意识和创新能力。

（3）教师应拓展学生的评价空间，调动学生学习的积极性，让学生会评、会学。学生自我评价和相互评价可以在平时的教学活动中进行，还可以在其他社会实践活动中进行，让他们充分体验成功的喜悦、学习的乐趣。

实施课堂教学评价的一点感悟

体育组　闫随义

课堂评价是提升教师教育教学技能的一项有效手段，通过教师、学生对自己课堂教学的评价，才能发现问题、提出问题、解决问题。

我校课堂评价的标准主要分为三大类：第一，教师素养。教师素养包括专业素养和人文素养。第二，教师教学行为表现。主要评价教学基本理念、教学情境创设、教学内容处理、教学基本技能。第三，学生学习活动表现。主要评价学生在学习过程中的自主性、探究性、合作性方面的表现。第四，课堂标准达到的预期目标：课堂真实、高效、"三维目标"得以顺利实现；不同层次的学生都有所收获，师生共享学习成功的快乐。从教师到学生，这套课程评价标准的内容比较全面，对教师各个方面的素养提出了较高要求，对提升学生的各方面能力起到了很好的指导作用。这样培养出来的学生既是高素质的新一代，也是适应现代社会发展的新一代。

教师课堂评价内容明确、详细、全面，在评价体系中，首先是教师的教学思路，其所占比重最大，其次是教学效果、教学目标等，这充分说明作为教师要有较清晰的教学思路，它是一节课是否成功的关键。通过实施新的课堂教学评价标准，教师不仅关注到自身的教学素养的提升，而且更关注教法和学生的学法指导。

学生对教师的课堂评价又是从另外一个角度审视教师的教。说到底，教师的教学不管自己认为多优秀，最终要得到学生的认可，不被大多数学生接受的教法一定要去反省。教师所有的努力是为了学生学会学习，提升学生能力、素养。学生对教师的课堂评价，对教师的教和学生的学同等重要。通过学生对教师课堂教学的评价，使教师准确认识到自身在教学过程中是否以学生为主体，一节课结束后，教学是否达到了预期的教学效果，学生的评价最直观，也最真实。学生对教师课堂教学的评价是提升教师自身能力、教育教学质量的一个有效途径。

二、学生的感受（摘录）

通过对课堂表现自我评价，我对自己的学习情况有了更全面、更客观的认识。学习不仅仅是课堂上仔细听讲，认真完成课后作业，还包括对每节课独立的思考，与老师、其他同学的思想交流、合作对话以及对课堂内容的深入探讨等，这对我今后的学习有很重要的指导作用。在以后的学习过程中，我要注重与老师的交流，与同学的合作，纠正一些不当的学习习惯和学习方法，勤思善思，多问多评，积极参与课堂教学活动，争取更大的收获和进步。

——高一（9）班曹静

以前我认为判断一个老师是否优秀的标准是其学生考试成绩的高低，但是，通过学生对老师课堂教学的评价，我发现自己的认识是多么肤浅。老师的知识、语言、教态、感染力等都是评价老师的内容。老师不仅仅是"传道授业解惑"的人，更是我们思想、情感、行为的关注者和引导者。老师对教学内容的设计、授课方式的探索以及课堂上与学生的互动交流，都让我在心底对每一位老师产生了深深的敬佩和感恩之情。老师的认真负责让我感动，也让我对每一位老师有了更全面更深入的评价。为了那份师生情，我应该更加努力地学习。

——高一（10）班王佳星

老师在课堂上循循善诱，不厌其烦地为我们讲解重难点，我们也能在老师的引导下大胆说出自己内心的想法和感悟；老师在课堂上能够营造浓厚的学习气氛，创设教学情境，引导我们去学习、探讨和理解，并鼓励大家勇敢表达自己的观点、见解。在这期间，我们也有了很大的变化，很多同学能够变被动学习为主动学习，课前能够认真预习。每一个同学在课堂上都跃跃欲试，积极发言，很好地展示自己。课堂活动中，我们会在老师的引导下积极配合，完成当日的学习任务。我们每天上课都很有活力，学习效率很高，师生互动亦很完美。

——高二（14）班彭心怡

自评能有效地帮助学生了解自己学习的优劣方面，使学生有意识地改进并逐步找到适合自己的学习方式和状态。在预习、复习以及课堂中更有针对性地进行学习。通过互评，以旁观者的角度看待自己的表现，更客观、更全面，可以弥补被自己忽略的方面，与自评互补。同龄人给自己提出建议，更容易接受，更有利于改进。通过师评，从老师的角度评判，更强有力地展现学生的真实表现，有效地促进学生的全面发展。方便学生与教师沟通，发现并自主解决问题，提高课堂参与度。从整体出发来评价，将自评、互评、师评三者相结合，全方位、多角度地分析，有利于提高学生的自我认知能力，促进学生改正

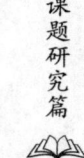

自己的缺点，营造教学相长的浓厚氛围。

——高二（13）班张莹

　　学生课堂表现评价表给予我很大的帮助，自评、同伴互评、师评三种评价方式能让自己清楚地认识到自己的不足。评价项目让自己查漏补缺，知道自己的不足和长处，改正不好的地方。评价等级让自己切身体会到自己课堂学习的参与程度。个人认为评价表带给我们的好处很多，在自评中，自己会反思在本节课预习方面做得如何，是否还需改进；能够仔细地回味本节课的内容，是否进行了独立思考，能否在每节课中体验到学习成功的愉悦。

——高二（16）班金文

　　学生课堂表现评价表可以让我及时发现自己的不足，能及时改正缺点，了解自己的长处，弥补自己的短处，使自己变得更加优秀。

　　通过同伴互评，我可以知道自己的不足。有些事情，自己并不一定看得到，而旁人却看得很清楚，了解自己在课堂上发言的次数，回答问题的质量和课堂中练习的正确性。

　　通过师评，我们可以了解到自己上课听讲的专心程度，上课是否走神，参与教学活动的程度，课堂发言反映出的思想深度，课堂发现问题的角度，了解情况后，有针对性地进行改进。

——高三（13）班杨国君

　　通过学生课堂表现评价表的自评、互评以及师评，我认识到了平常自己在上课时的表现以及出现的一些问题。以前上课从未评价过自己，所以看到评价表上的自评项目时，我在选择选项时犹豫了，因为我并不知道自己在课堂中的表现怎么样，一节课下来又收获了什么。但是看见同学和老师对我的评价后，我发现了自己在课堂上的哪些方面表现得好，哪些方面做得不够好。例如，在上课时，我发言的次数不是很多，思考问题也不是很深入，但在上课时能做到专心听讲以及参与教学活动；在课堂上，我不能多角度地发现问题，但能与同伴积极合作。

——高三（1）班许媛

三、学校的变化及喜悦

山重水复疑无路，柳暗花明又一村

——恩玲中学实施"新课程课堂教学评价标准"带来的喜悦

近年来，随着生源质量的下滑，我校教育教学质量受到了前所未有的挑战。2016年9月，正当学校面临困境之时，学校新的领导班子在白军志校长的带领下，开启了恩玲中学的奋进之路。

短短两年时间内，学校在校容校貌、校风校纪等方面都发生了极大的变化，然而在2017年的高考中，学校取得的成绩并不乐观。榆中县教育局为我校制定高考二本上线目标为108人（不含艺术生），我校完成138人，勉强完成了县教育局的既定目标。学校领导对这一成绩并不满意，同时也陷入深深的思考之中——恩玲中学的出路到底在哪里？

学校领导班子通过理论学习、外出培训、实地参观等方式，了解了一些教学质量高的学校，研究它们有着怎样先进的办学理念，有着怎样有效的教学方法。经过一系列的调研分析，结合我校实情，白军志校长提出了构建适合校情的"高效课堂教学模式""改变课堂教学评价方式"的基本思路，带领学校领导班子开启了探索之路。

之后的一年多时间里，学校领导经常深入课堂，了解师生课堂教学的现状及效果。经过调研，发现教师在课堂上还没有真正突出学生的主体地位，教学方法单一，而学生被动消极，甚至厌学睡觉。针对存在的突出问题，白军志校长成立了课题研究小组，以"新课标下高中课堂教学评价理念和策略的研究"为研究内容，进行了深入的探索与研究。对于课堂教学模式的研究，没有跟风，没有作秀，而是结合我校实际学情，反复研讨，根据新课程课堂教学的理念，制定了"双向四步七环"课堂教学模式。"双向"即学生与教师之间的互动交流，"四步"即"预习、对话、实践、提升"，"七环节"即"自学检测、合作探究、展示分享、重点讲解、巩固练习、知识拓展、课堂小结"。这种模式将传统教学中注重的"预习、讲解、练习"与新课程教学提倡的"合作、探究、拓展"有机结合起来。课题组根据该课堂教学模式，重新修订了新课程课堂教学评价标准，制定了"四个评价表"，并在全校开始实施。经过一段时间的教学实践，无论教师，还是学生，都真切地感受到课堂有了巨大的变化。教师在教学过程中能平等地关注和尊重每一位学生，给他们提供了主动参与教学活动并发展能力的机会，充分尊重学生并凸显其主体地位，肯定学生的每一个闪光点，极大地调动了学生学习的积极性，对他们在学习过程中的失误和错误采取宽容的态度，帮助学生树立自信心。学生在课堂上不再是萎靡不振、兴趣不高，而是都能积极地参与到课堂中来，感受课堂带来的乐趣，有时候发困打瞌睡就会主动站起来或走到教室后边去听课。同时，教师分别从课堂评价、作业评价、活动评价、考试评价等层面进行多角度评价的尝试，通过分层教学为学生搭建学习的阶梯，让不同层次的学生体会到成功的快乐，在教师评价的引导下迈入更深的学习层次。"多鼓励，少批评"已经贯穿课堂教学评价过程的始终。课堂上学生的自评、互评尽管不等于考试，但有利于提高学生的学习积极性。课堂上教师更注重对学生参与的态度、独立思考的习惯、合作探究的能力、资料搜集的兴趣等多方面进行鼓励性的评价，以欣赏、赞美、鼓励学生为出发点，促进学生的个性发展，让每位学生都体验到成功的快乐。课堂发生了可喜的变化，教学效果也有了明显的提升。

2018年，榆中县教育局给我校确定的高考二本上线目标为120人（不包括艺术生），而我校以二本上线213人的优异成绩超目标完成了上级部门制定的高考目标任务。在2018年12月兰州市教育局召开的教育教学质量总结大会上，我校荣获兰州市市级示范性高中教育教学质量一等奖。

开展课题前后（2017、2018）两年高考二本上线人数比较			
年度	下达目标（不含艺术生）	完成目标（不含艺术生）	超额人数
2017	108	138	30
2018	120	213	93

成功路上，我们找到了前进的方向，获得了前进的动力。在今后的教育教学工作中，我们将不断完善课堂教学评价策略，促进教师专业成长，促进学生全面发展，全力提升教育教学质量，努力办好人民满意的学校。

四、课题研究中存在的不足、保障措施及下一步工作打算

研究规划课题"新课标下高中课堂教学评价理念和策略的研究"有效提升了教育管理的质量，对我们来说是一次尝试和探索。该课题的研究成果有效地提升了我校课堂教学效率，促进了学生成长、教师专业发展。当然，本课题研究至今，也存在一些缺陷和不足，课题组也希望在后续研究中进一步聚焦相应的问题，完善本研究课题。

（一）存在的不足

1. 课题研究中研究人员的理论水平不够高

课题研究人员虽然都是教学管理一线的校长、副校长、教务主任等，富有管理经验，但毋庸置疑的是这些成员的教育管理的理论水平还不够高，难免影响课题研究的厚度和深度。

2. 时间有限，研究不够充分

课题研究人员都是一线领导和教学一线教师，常常忙于学校日常管理工作以及教学工作，虽投入了一定的时间，通过系统的课题研究和实践，取得了可喜的成绩，但对课题研究还是不够充分，广度不够。

3. 教师在引导学生进行自评、互评中做得不够到位

在有效的课堂教学中，教师在引导学生进行自评、互评的过程中，不能灵活地给予适当的点拨、启迪，不能使学生在评价中受到鼓励，增强自信心。

4. 评价标准和策略有待于进一步完善

课题组没有区分教师的年龄、学科、性别、职称等，统一制定了的评价标准，导致评价不够科学；忽视了教师不同发展阶段的特性，忽略了教师在教育教学过程中创新精神和实践能力的评价。这就需要我们进一步完善评价标准和策略，深化理解，运用发展性教学评价的理念来评价教师的教学工作。

（二）保障的措施

（1）本课题的研究目标明确，针对性强，最适合我校的教育教学现状。

（2）本课题的研究、确定符合素质教育和现有课程改革的需要，具有非常现实的实践意义。通过研究能够解决我校在教育教学中存在的很多实际问题。

（3）研究者是我校教育教学一线的优秀教师，教龄较长，教学经验丰富，工作热情高，能力强，关爱学生，多次受到学校奖励。对学生类别及心理有着充分的掌握，便于操作研究。

（4）学校教研气氛浓厚，学校领导高度重视各种类型的课题研究，能够提供各方面的大力支持和帮助。

（三）下一步工作打算

1. 加强理论学习，提升研究水平

"问渠那得清如许，为有源头活水来。"作为课题研究人员，我们一定要加强相关理论的学习，用先进的教育理论做指导，采用科学有效的评价方法

解决学校发展、课堂教学、教师发展、学生成长等各方面的问题和困惑，总结课堂教学评价中的成功经验，帮助教师反思自己的教育教学行为，促进学生全面发展。同时积极推广应用成功的研究成果，提高教育教学实践活动的实效性，从而使教学工作逐步向最优化方向发展，使师生的自身素质快速得到提升和飞跃。

2. 让每一个教师树立正确的评价观，评价力求客观、公正

首先，树立正确的评价观，即端正评价思想，让每一位教师认识到评价不是目的，而是手段。对学生学习进行评价，从宏观目标来说，就是全面实施素质教育，提升学生的核心素养，提高教学质量；从微观目标来说，就是为了改进学生的学习方式，提高学生素质，促进学生全面发展。其次，进行客观评价，即去除定式心理，做到客观公正评价。如在教学中，有一些教师在评价时常常带着一种心理倾向："好的学生"被一种耀眼的光环所笼罩，其自身的一些缺点被掩盖；如果被认为是后进生，即使有精彩表现，教师也很难给予恰当的激励评价。因此，教师评价学生，必须克服心理定式的影响，以事实为依据，客观公正地进行评价，即站在受评者的角度，设身处地思考评价的合理性、可接受性。

3. 打破常规思维，注重学生自评、互评

在课堂教学中，学生是学习的主人，是课堂的主体，而教师则是学生学习的组织者、引导者与合作者。针对学生反馈的信息，教师不要急于给出肯定或否定的简单评价，而要引导学生进行自评、互评。作为教师，要充分发挥学生在评价中的主体作用，在处理自评和他评的关系时，遵循"自评为主、互评为补"的原则，一方面强调自我评价、自我反思、自我完善、自我发展；另一方面，通过同伴评价帮助学生发现优缺点，不断完善自我，发展自我，超越自我。

4. 运用发展性教学评价的理念，帮助教师实现自己的发展目标

发展性教学评价要以尊重教师为前提，促进教师不断进步、不断发展。发展性教学评价一方面能够有效地发掘教师的潜能，提升教师的职业道德、业务能力和创新素质；另一方面，通过建立发展性教师教学评价的科学运行机制，有效地促进教师关注学生的潜能，促进每一个学生主动发展。因此，课题组一定要根据发展性价值观和教育评价理论、原则和方法，采用多种方式和手段，对教师实现发展目标的过程和状态进行全面、有效的监控与指导；同时，

对取得的成果做出客观评价，使教师正确认识自我，不断发展自我，逐步实现不同阶段、不同层次上的发展目标。在评价方向上，要立足教师的过去、现在和未来，评价不仅要重视教师的现实表现，而且更要注重教师的未来发展，使各级各类教师在不同的发展层面、不同的发展阶段上取得更大的成功，让每一个教师享受职业的幸福。

参考文献

[1]王少非.新课程下的教师专业发展[M].上海：华东师范大学出版社，2015.

[2]王丽娟.学生学习有效评价研究[M].上海：华东师范大学出版社，2011.

[3]裴娣娜.新高考制度下深化普通高中课程改革的几个问题[J].中小学管理，2015（6）.

[4]沈玉红.发展性课堂教学评价的调查与探究[J].教学与管理，2015（31）.

[5]裴昌跟，宋乃庆.基于核心素养的优质高效课堂教学探析[J].课程·教材·教法，2016（11）.

[6]乔丽.课堂评价中莫失对学生的关爱[J].职业教育（下旬刊），2010（2）.

[7]夏章洪.高职英语教学中师生关系调查和分析[J].中国外语教育，2009（2）.

[8]邹晴晴.教师课堂评价用语对学生心理发展影响的案例分析[J].青年文学家，2011（7）.

[9]李全民.在数学教学中培养学生自我反思能力[N].江苏教育报，2011（2）.

[10]李淑华.高中新课程：更有效的评价细节[M].重庆：西南师范大学出版社，2009.

[11]徐建平.你的教育智慧[M].南昌：江西人民出版社，2013.

[12]王鉴.教师与教学研究[M].兰州：甘肃教育出版社，2013.

农村学校发展规划制定与实施的实践研究

课题负责人　白睦锦

一、课题提出的背景及意义

1. 本课题核心概念的界定

（1）农村学校，指地处农村地区，招收对象主要是农民的学生的学校。

（2）学校发展规划，是学校发展的指导性方案，是学校发展的共同目标和聚焦点，是提高学校办学水平和教育教学质量的重要管理工具。

（3）制定，是指在学校发展规划制定工具与技巧的理论支撑下，紧密联系学校实际情况，以问题为导向，科学研制学校发展规划。

（4）实施，是以学校发展规划的科学制定为前提，在此基础上将学校发展规划有效落实的过程性工作。

2. 国内外研究现状评述

（1）国内研究现状

学校发展规划在国际学校管理改革的背景下，也开始走进我国。在我国，学校发展规划发展的历史较短。2011年教育部正式引进学校发展规划，国内学者开始对此进行研究。上海、北京、甘肃等地采用这种方式，尝试学校管理改革，以提高学校效能、促进学校发展，均取得了较好的效果。学校发展规划的推广和应用，对提高我国中小学的办学水平和学校管理效能产生了积极的影响。大多数学校目前处于实践探索阶段。

（2）国外研究现状

20世纪40年代，英国已经出现与学校发展规划有关的内容，但真正意义上的学校发展规划是20世纪80年代由哈格里夫和霍普金明确提出的。20世纪90年代，英国科学和教育部颁发了《学校发展规划实践指南》，呼吁全国中小学推广这一方法，从而使SDP（学校发展规划）项目在英国成为一个全国性的学校管理改革项目。随后，爱尔兰、澳大利亚、新西兰、丹麦、美国等国家也开始推广这一项目，使其产生了持续的国际性影响。联合国儿童基金会等国际组织也积极推荐"学校发展规划"这个项目，旨在通过校本管理、社区参与以及提高学校的自治能力，来提高各国中小学的综合办学水平和教育质量。

3. 选题意义及研究价值

学校发展规划是多方参与、注重不同群体声音、自下而上、面向实际、展望未来、注重可持续发展、共同合作的发展目标。学校发展规划是学校自主管理、校本管理、民主管理的工具。学校发展规划的制定与实施能够调动参与者的积极性，获得参与者的广泛认同，其目的是解决学校发展中的具体问题，满足学校发展、教师专业发展、学生发展的现实需要。第一，学校发展规划是学校立足实际，向纵深方向发展的有力抓手。第二，学校发展规划是民主管理的途径。第三，学校发展规划是办学的蓝本。第四，学校发展规划便于找准学校发展的方向和目标。

二、课题研究的理论和实践意义

1. 理论意义

为了改变农村学校管理水平较低、办学效益不高的现状，课题组选定"农村学校发展规划的制定与实施实践研究"这一课题进行研究，想通过我们的实践研究，努力把研究成果上升到推动农村学校可持续发展的高度，具有较强的指导性和实践性的意义，使农村学校从经验管理走向规范管理，从规范管理走向精细管理，从精细管理走向个性管理。以期收到良好的社会效益。

2. 实践意义

（1）研究探索出学校发展规划制定的方法与技术，以便找准学校发展中的优势、劣势、机会和威胁，明确学校发展的方向和目标。

（2）研究探索出学校发展规划的实施策略，以便规范学校管理，加快教师专业发展和学生健康成长的步伐。

（3）研究探索出学校发展规划制定与实施的成功做法，办出植根于传统、结合学校实际的特色学校。

（4）研究探索出学校发展规划制定与实施的成功做法，在县域范围内推广应用，为更多学校的发展助力。

三、课题研究思路

本课题以实地调研摸底为基础，以实践探索为重点，从调研摸底信息中分析农村学校在学校发展规划的制定与实施中存在的不足和问题，梳理其原因所在，在学习借鉴国内外学校发展规划工作中的研究成果的基础上，结合学校自身实际，实践研究学校发展规划的制定与实施工作。在此基础上，总结适合农村学校的学校发展规划的制定与实施的成功做法，形成较为完整的理论体系，来指导农村兄弟学校的发展。简言之，就是实地调研摸底——现状分析——实践研究——阶段性研究工作总结——再实践——完善总结——推广应用。

四、课题研究的理论依据和基本原则

1. 理论依据

学校发展规划是以学校发展状况为基础，确定需要解决的问题，以此来确定目标和措施；以学校发展为核心，是实现学校发展的抓手。学校发展规划体现的是学校管理的思想，也就是从被动管理转为主动发展。制定和实施学校发展规划是通过诊断学校发展中存在的问题，调动广大教师积极参与学校管理的积极性，争取社会力量的支持来实现学校发展的手段和途径。学校发展规划以问题入手，以解决问题为手段，以基于现状不断进步为目的。它在学校管理中能聚集人心、形成合力，是提升学校管理水平、提高教育教学质量的技术方法。

2. 基本原则

（1）客观性原则

课题的研究一定要坚持实事求是的态度，紧紧围绕农村学校的客观实际来寻找学校发展规划的制定与实施的有效做法。

（2）实践性原则

课题组成员要在各自的学校管理中认真开展调查研究，以真实、可靠的第一手调查资料为依据开展研究，以学校管理的实践为素材整理资料、分析问题、解决问题。

（3）实用性原则

我们的研究目的是为农村学校找到提升管理水平、提高办学效益的途径和方法，研究成果要在农村学校能够推广，助推农村学校的发展。

五、课题研究的基本内容、重点和难点

1. 基本内容

对农村学校制定和实施学校发展规划的现状进行调查研究，找出该项工作的误区和弊端，以问题为导向，以破解问题为切入点，实践研究学校发展规划的制定方法与技术，探索学校发展规划的实施策略，总结归纳出农村学校发展规划制定与实施的成功做法，在一定范围内加以推广。

2. 重点

（1）对农村学校发展规划制定与实施的现状进行调查、分析和梳理。
（2）探索总结农村学校发展规划制定与实施的有效做法。

3. 难点

（1）制定农村学校发展规划的文本。
（2）学校发展规划的实施。
（3）制定与实施学校发展规划的推广应用。

六、课题研究方法

本课题研究的主要方法有文献研究法、调查研究法、实践研究法、经验总结法等。

1. 文献研究法

文献研究法就是通过学习国内外学校发展规划工作研究成果，借鉴成功经验，为该课题的研究提供理论和现实依据的研究方法。

2. 调查研究法

调查研究法就是通过有计划、有目的的摸底调查、前测和后测、实践效果等调查分析，为研究措施的制定和实践提供理论和现实依据的研究方法。

3. 实践研究法

实践研究法就是在学校发展规划的制定与实施工作中大胆实践，在实践研究中不断总结的行动研究法。

4. 经验总结法

经验总结法就是在探索、实践、反思的基础上，注意总结农村学校在学校发展规划制定与实施方面的成功经验。

七、课题实施步骤

（一）准备阶段（2016年1—7月）

1. 拟定课题，确立课题组成员，制定课题研究方案，对课题组成员进行相关培训，分配主要研究内容

学校发展规划对于一所学校而言，是推动学校又好又快、可持续发展的必由之路和必然选择。同时，农村学校在学校管理、办学效益、师生发展等方面都相对薄弱和滞后，且农村学校在全县各级各类学校中所占比例较大，为了让农村学校走上规范、科学、健康的发展之路，为了让农村学校找到新的发展途径，课题组在广泛实践和充分论证的基础上，试图以学校发展规划的制定与实施作为抓手，来提升农村学校的办学水平和教育教学质量，以期达到助推农村学校发展之目的。农村学校发展规划的制定与实施这一课题的研究空间大、前景好，所以我们选定"农村学校发展规划的制定与实施的实践研究"这一课题进行研究。

为了能够在"农村学校发展规划的制定与实施"这一课题的研究中取得实效，我们高度重视课题组研究成员的组成。对积极参与课题研究的申报者进行了认真遴选：有多年从事学校管理工作的金城名校长白军志校长、金兴荣校长、魏振国校长，有多年从事学区管理工作的学区校长白睦锦，有多年从事学校中层管理工作的教研室主任赵军、德育主任王在军，有多年从事班主任工作的黄连花、谢治辉、白彪龙、宋延冬。应该说，所选的课题组研究成员有着较为丰富的管理方面的实践经验，在管理、教学等方面也都进行过大量的研究，有一定的研究能力，且大家来自不同的学校，研究的成果具有广泛的普遍意义。

2016年4月上旬，课题组开展了课题研究方案的拟定会、研讨会，对课题研究的内容、方法、原则、步骤进行了深入研讨。其间，本课题的负责人白睦锦校长参加了由甘肃省乡村教师培训志愿者联合会和兰州文理学院主办的"2016年教师专业发展与学校发展乡村校长培训班"的学习，为课题研究的顺利进行提供了理论支撑和方法指导。可以说，这是我们课题研究的及时雨。培训一结束，白睦锦校长就立即召开了课题组成员的课题研究培训会，培训以NSDP（新学校发展规划）的工具与技巧为主，为大家今后的研究工作提供了方法和途径。

2. 采用文献研究法和调查研究法，采用集中和分散相结合的方法学习国内外有关学校发展规划工作的研究成果，掌握现行农村学校发展规划制定与实施工作的现状

（1）国内研究现状

学校发展规划在我国的发展历史比较短，教育部于2011年将学校发展规划引入国内，一些学者才开始对此进行研究。研究成果较为突出的有上海市、北京市和甘肃省等地。研究过程和研究成果对学校规范管理、发展改革都产生了积极作用，对于进一步提高学校办学效益、提升学校全面能力发展方面均产生了积极的影响。但对农村学校而言，目前在学校发展规划研究成果的推广和应用上还存在针对性不强和实效性不高的现状。作为农村学校的教育者，我们有必要加强实践探索和研究。

（2）国外研究现状

学校发展规划的提法和相关内容最早在20世纪40年代的英国出现，可以说是学校发展规划的雏形，但真正意义上明确提出学校发展规划的是20世纪80年代的哈格里夫和霍普金。英国科学和教育部在20世纪90年代正式颁发了《学校发展规划实践指南》，并在全国推广SDP项目。该项目成为英国的一个全国性改革项目，在国际上产生了较大影响。随后，爱尔兰、澳大利亚、新西兰、丹麦、美国等国家也开始推广这一项目。

（3）我县农村学校制定与实施学校发展规划的现状

我们设计了"关于农村学校制定与实施学校发展规划现状的调查问卷"，分头行动，在不同的学校进行问卷调查。调查对象主要分为学生、校长、教师和社会人士。通过对问卷调查情况的认真梳理，我们撰写了调查报告，调查结果如下。

① 制定学校发展规划的参与人员不够全面。我们在调查中发现，大多数农村学校在制定与实施学校发展规划的工作时，只有70%的班子成员参与，有44%的教师参与，几乎所有家长、学生、当地乡（镇）村和社会相关人士没有参与制定学校的发展规划。制定学校发展规划的人员不够全面，数量不够多，这就导致制定学校发展规划的内容不够全面。

② 制定学校发展规划的板块不够完整。在调查问卷所列的6个板块中，只有10%的人认为学校发展规划要涉及6个方面，且大多数是学校的领导班子成员。有65%的人所选的选项只涉及了2～3个板块，还有25%的人觉得还可以

从其他方面着手。

③ 制定学校发展规划内容不够全面。我们在调查问卷中所列的6个内容中，有90%的人认为制定学校发展规划应该促进学生全面发展、引领教师专业发展、提升教育教学质量，有60%的人认为应该是促进学生全面发展、引领教师专业发展、提升教育教学质量、营造和谐安全环境、建设现代学校制度。这就导致在规划制定的过程中涉及的内容不全。

④ 工具和技巧应用不足且规划周期太长。我们在调查中发现，78%的人认为没有必要运用任何工具与技巧，大多数人认为主要靠领导的意志来制定学校发展规划，导致学校发展规划操作性不强，且绝大多数教师和学生不能认同。

调查发现，有80%的人认为学校制定和实施发展规划的周期应该在3~4年。有20%的人认为制定规划的时间应该是2年，他们给出的原因是如果时间太长，其一，农村学校人员流动快，新的人员又对学校规划不太熟悉，导致规划没有进展。其二，时间太长，就会使规划的实施力变弱，导致规划变成一纸空文。其三，时间太长，会使规划得不到充分的更新和补充。

⑤ 检测评估机制缺失。调查发现，90%以上的人认为，对学校发展规划的实施缺少相应的检测机制，导致规划不能很好地实施，并且学校领导一换，规划基本就停止了，或者，规划制定了，但是学校的日常还是照旧。

⑥ 我们在调查中还得出这样一个结论：有近95%的教师认为制定规划应该是学校的事情，与其他人无关，所以家长、学生、社会各界人士没有必要参与到规划的制定中来；85%的人认为，制定规划是校长的事情，教师参与了也是白参与，校长一个人说了算；60%的人认为学校制定规划只是一种形式，是给上面的领导看的，对学校的实际发展没有太大的帮助。

（4）聘请课题研究顾问，为本课题的研究做把脉、指导工作

我们诚邀榆中县教育局教研室主任马良彪，甘肃省人民督学、西北师范大学附中原党委书记姬维多担任我们课题研究的顾问，为我们的课题研究把脉指导。

2016年7月16—19日，课题组负责人白睦锦校长参加了"2016年教师专业发展与学校发展乡村校长培训班省级分享会"。在会上，白睦锦校长做了题为"坚守山区教育，探寻发展之路——2016年学校NSDP实施情况汇报"的交流发言，得到了与会专家的肯定和指导。其间，姬维多先生就我们课题组的课

题研究方案进行了分析诊断，并提出了很好的指导意见，这对于我们开展下一阶段的研究工作具有很强的指导意义。

（二）研究实施阶段（2016年8月至2018年7月）

1. 召开课题研究开题会，明确研究主题，研讨研究方案，细化研究流程

2016年8月下旬，课题研究组召开了课题研究开题会。会上，课题负责人白睦锦校长对姬维多先生对我们课题组研究方案的指导意见进行了传达，会议一致认为，姬维多先生的指导有很强的针对性和指导性，是我们开展研究工作的方向性指导。为了研究工作的顺利进行，大家经过讨论进一步明确了研究的主题，总的来说就是农村学校发展规划的制定和实施；具体来说，制定是前提，实施是关键，制定是实施的基础，实施是制定的延续。就制定这一层面而言，首先面临的问题是如何制定学校发展规划，这是本课题研究的一个重点。就实施这一层面而言，如何将学校发展规划的实施抓实抓细，让实施过程真正落地，是本课题另一个研究的重点。

同时，开题会研讨认为：第一，我们要以从准备阶段的问卷调查中梳理出的问题入手，在研究中要努力探寻解决和克服问题的方法策略。第二，为了不限制课题组成员的研究思路，学校发展规划的文本格式和内容构成由各成员在各自的学校自行设计和创新，暂时不做统一安排。第三，所有的研究都要围绕"诊断问题、解决问题、寻求进步、不贪多贪全、要抓小抓实"的原则进行。

2. 确定研究对象，就学校发展规划的制定与实施进行实践研究

我们把研究对象确定为课题研究组成员所在的学校，分别开展相关研究。下面我们以课题组负责人白睦锦校长所在学校榆中县吕家岘小学开展课题研究的情况为例，对我们的研究过程进行阐述。

（1）成立学校发展规划小组

针对在问卷调查时分析出的参与学校发展的人员不够全面的问题，我们在成立学校发展规划小组时特别吸收了当地镇政府副镇长、学校所在村吕家岘村村主任、当地卫生院院长、家长代表、学生代表加入规划小组。

思想决定行动，理念决定方向。为了能够把学校教师、学生家长、社会人士的认识和思想统一起来，达成共识，我们通过进行学习心得交流、召开学校家长会、走访相关人员、邀请社会相关人士参观学校等途径，搭建交流平台，促进沟通交流，也借此机会向他们讲清楚我们的办学目标和愿景，并诚恳邀请他们为学校的发展提出宝贵的意见和建议。不做不知道，一做吓一跳。一时间，我们听到了从未听到的不同思路、不同角度的意见建议。教师拾起了丢失已久的主人翁意识，家长激起了参与和关注教育的热情，社会力量萌生了献言献策的内驱力。猛然间，我们觉得浑身有了很多力量和勇气，倍添许多信心和智慧。"团结就是力量"，有了这些力量的汇聚，我们坚信，我们一定会在研究的道路上取得好的成绩。

（2）座谈共话现状图

我们抢抓"乘雨好种田，乘水好和泥"的时机，召开了学校有史以来规模最大、别开生面的会议，邀请家长代表、社会相关人士和全体教师一同参加学校发展座谈会。或许是我们对学校愿景的讲述打动了他们，或许是我们的激情感染了他们，或许是我们的思路拓宽了他们的思路，或许更是我们的方法引领了他们，或许是我们的交流拉近了彼此的距离，在我们的引领下，参会人员畅所欲言。我们利用SWOT分析法深入分析了学校发展的现状。

就学校内部自身条件而言，我们的优势有：①小班额教学，教师能够关注到每个学生，有利于学生的发展；②教师队伍年轻，有创新精神；③学校和榆中四中相邻，可以进行师资力量和教育资源的共享。我们的劣势是：①教师队伍调动频繁，师资队伍不稳定，年轻教师所占比重较大，缺乏教育教学经验；②学校地处榆中县北部山区，地域环境差，学生外流现象严重，招收的生源整体素质较差；③学生家长素质较低，家庭教育重视不够，家校共育的结构不对称，学生的教育教养的责任大部分落到教师身上；④学校管理制度不健全，执行力度不够。

就学校外部环境而言，学校发展的机会有：①学校是兰州市教育科学研究所扶贫帮扶点，教师在教研教改、课堂教学等方面能得到培训、指导；②近年来教育主管部门对教师培训的力度加大，有利于教师专业发展；③凭借兰州市标准化学校的建设，有利于极大地改善办学条件；④学校位于榆中县北部山区区域中心，发展前景相对乐观一些。学校发展面临的威胁有：①城镇化建设步伐的加快，导致很多适龄儿童跟随父母涌向城市上学，学校生源急剧减少；②教师调动过于频繁，年龄结构失衡，女教师占绝大多数，请产假人数多，严重制约着正常的教育教学质量的提高；③学校地处乡镇中心地带，人口结构复杂，社会上一些人的不良社会习性对学生影响较大；④教师培训机制和模式不适应时代需求。

猛然间，真有"柳暗花明又一村"之感——我们知道了长处，铆足了劲乘势而上；也明确了短板，意识到如何规避不足。

（3）寻找学校发展存在的问题

这里所说的问题，是指在学校发展过程中亟待解决的矛盾和疑难，或者说是学校现实状态和目标状态之间的差距。我们召开教师、家长代表、社会人士代表联席会议，通过应用头脑风暴法、问题树等方法制定学校发展规划的工具与技巧，从与人文美德有关的问题、与教师能力有关的问题、与学生成长有关的问题、与学校管理有关的问题四个维度寻找制约学校发展的诸多问题，再通过应用SWOT分析法、优先排序法对诸多问题进行梳理排序，把每个维度里面排名最靠前的三个问题列为当年要解决的主要问题。

与人文美德有关的问题中的主要问题：一是没有组织过教师体检；二是学校与家长沟通交流少，不利于学生的成长教育；三是学校领导与教师沟通交流少，不利于学校工作的开展。

与教师能力有关的问题中的主要问题：一是90%的班主任没有外出培训的机会；二是2/3的教师在作业量控制上严重超标；三是在教育教学工作中，很少倾听和征求学生意见。

与学生成长有关的问题中的主要问题：一是学生没有课前预习等良好的学习习惯，不利于课题教学的开展；二是学生学业水平评价方式单一，不利于全面评价学生的整体素质；三是没有配备专业的艺术教师。

与学校管理有关的问题中的主要问题：一是学校重大事务未在教务会议上进行民主决策，二是涉及教职工切身利益的重要事项未提交教代会讨论通过，三是教师考核评价机制不利于激发教师的积极性和创造性。

通过应用SWOT分析法、问题树、优先排序法等方法，对学校发展存在的问题从四个维度罗列出12个主要问题，之后学校的发展工作将围绕破解这12个问题展开。

（4）依据问题定目标措施

我们坚持问题导向原则，紧扣四个维度里面的前三项问题，再通过研讨会，逐个对问题利用问题树的方法写出导致该问题产生的原因和造成的影响。此时我们发现，每一个问题产生的原因都是多方面的，造成的影响也是多元的。我们根据问题确立目标，根据问题产生的原因和造成的影响寻找解决的办法，再根据问题的大小难易列出时间图，根据问题的性质找出负责人。这样坚持下来，每年能够解决12个左右大家普遍认为较为突出的问题。我们坚持"不求多，逐项做"的原则，持之以恒地解决矛盾和难题，将现实状态和目标状态之间的差距逐步缩小。

（5）突出优势抓特色

通过集思广益，我们找出了有利于学校发展的优势和机遇，这时候要抢抓机遇，乘势而上，将我们的优势做大做强，使其成为学校的特色。学校的发展目标一定要结合学校实际、因地制宜，不跟风、不追从。目标既不能定位太高，也不要没有高度。如何判断这个目标的高度是否适宜呢？如果用用劲，跳起来刚能摘到果子，那么这个果子的高度就是较为适宜的目标高度。只要找准学校的优势，准确定位发展目标，再有强有力的推进措施，这个优势就会慢慢发展成为学校的特色。

3. 根据研究方案，定期对课题研究的实施情况进行检测

如果说做完上述工作，就把学校发展的工作做完了，那就错了。实质上，所有的工作实效如何，关键在于是否真正落实下去了，这个关口至关重要。因此，学校发展规划的制定与落实情况如何，还要有检测评估这一环节，要对规划的实施情况和实施效果做出及时的评估检测。这项工作我们采用双线并进的办法，也就是说，对于学校发展规划的制定与实施情况及效果采取内部评价和外部评价的双线评价措施，即由学校内部组成的评价组和家长、社会力量组成的外部评价组分别对年初的规划实施情况、完成效果进行评估。这样既避免了学校内部松懈的可能性，也可以强化社会力量经常参与学校管理。我们采用半年一评，年终总评的方法，既便于及时发现问题和漏洞，又争取到了改进和弥补的时间，这成为阶段性的工作落实的有效抓手。

4. 及时收集研究信息，不断完善操作过程

我们收集整理一学期的研究资料，及时对一学期的学校发展规划实施情况进行了总结。

2017年1月15—18日，课题负责人白睦锦校长参加了由甘肃省乡村教师培训志愿者联合会和阳光辅成乡村教育工作室共同举办的"教师专业发展与学校发展2017年乡村校长培训及学期总结会"。此次会议的主题就是对学校发展规划实施一学期来的总结反思。会上，各发展规划实验学校对各自学校一学期来的做法进行了总结和交流。此次会议是对我们学校发展规划项目一学期来工作的及时把脉和准确判断。结合一学期的研究工作，我们有以下收获和启示：

（1）"四个不可低估"：教师的情绪不可低估，学生的潜力不可低估，家长的期待不可低估，社会的资源不可低估。

（2）学校是一个生态系统：①校长的专业化水平决定着学校发展的效益。校长的专业化水平由职业认同、勤于反思、终身学习、行动研究、角色认知、内驱发展等因素决定。在学校发展工作中，校长就是一个放风筝的人，即要做到"五有"：胸中有天空、眼中有目标、手中有分寸、脑中有方法、脚下有土地。②教师的专业化水平决定学生成长的质量。教师的专业化水平来自五大智慧：人格智慧、课程智慧、教学智慧、管理智慧、成长智慧；教师专业化水平的提升有三条途径：专业阅读、专业写作、自我反思。③社团活动是学校教育的主要途径。

（3）家庭教育是真正的终身教育，家庭教育的作用大于学校教育。

5. 举办阶段成果汇报，写好阶段性研究总结

2018年2月下旬，我们组织召开了榆中四中、贡井学区和哈岘学区各学校校长、教务主任会议，对近一学期来的学校发展规划研究工作进行了总结，同时，也对参会人员进行了学校发展规划的制定与实施的经验介绍和相关培训，希望和要求相关学校走以学校发展规划为抓手的学校发展之路。

（三）总结阶段（2018年8—10月）

1. 总结阶段性的研究成果和存在的问题，并进行实践研究

认真总结阶段性的研究成果和存在的问题，对研究成果在一定范围内推广，针对存在的问题继续进行实践研究。

（1）农村学校制定与实施学校发展规划的现状

对农村学校发展规划制定与实施的调查、走访和检查结果显示，农村学校在学校发展规划的制定与实施过程中，存在以下不足和误区。

①现状梳理。

a. 参与人员不够全面。在制定与实施学校发展规划的工作中，70%的学校只是领导班子成员参与，不到50%的学校让全体教师参与，很少有让家长、学生、当地乡（镇）村和社会相关人士参与制定学校的发展规划。参与制定学校发展规划的人员不够全面，使得制定出的学校发展规划难免存在顾此失彼，主观臆断强化、客观实际弱化的不足与弊端。

b. 规划板块不够完整。制定学校发展规划，要从学校发展规划概况与愿

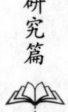

景、学校发展现状、学校发展存在的主要问题、确定的目标与推进措施、特色发展目标与推进措施、发展规划制定与实施情况检测评估六大板块入手,才能制定出较为完善、科学的学校发展规划。调查发现,65%以上的学校仅仅涉及上述六大板块中的2~3个板块,导致制定出的学校发展规划板块不全,难以取得实效。

　　c. 涉及内容不够全面。制定学校发展规划,内容一定要涉及平等对待每位学生、促进学生全面发展、引领教师专业发展、提升教育教学质量、营造和谐安全环境、建设现代学校制度六个方面的内容。调查发现,在制定学校发展规划时,90%的学校仅涉及上述三个方面的内容,60%的学校涉及四个方面的内容。规划制定过程中,涉及的内容不全,使得规划的意义难尽其能。

　　d. 工具和技巧应用不足。工欲善其事,必先利其器。农村学校在制定与实施学校发展规划时,70%以上的学校几乎没有应用制定学校发展规划的工具与技巧,仅靠校长和中层人员的感性认知来完成。如此制定的学校发展规划客观性不强,主观臆断多,操作起来自然差强人意,实效性自然不言而喻了。

　　e. 规划周期太长。80%以上的学校制定的学校发展规划周期是3~5年,时间过长,不便于及时监测评估,也不便于与时俱进。学校领导班子成员早已变动,规划依旧,久而久之,使其仅为案头束之高阁、无人问津的一纸空文,对学校发展丝毫没有实际价值和意义。

　　f. 检测评估缺失。通过调查发现,对于学校发展规划的制定与实施,检测评估这个环节大多数主要由一份总结替代。一年下来,草草总结,不论成败,即使论成败,也仅仅是一份总结了事,使得规划的制定与实施得不到落实。

　　② 误区梳理。

　　a. 学校发展规划理应由学校来制定。近95%的教师和80%的校长认为制定学校发展规划就应该是学校的事情,怎么能让外人来参与呢?外行不懂教育,能制定出学校发展规划?让他们参与学校发展规划的制定,岂不要把学校搅黄了?

　　b. 制定学校发展规划是学校校长之责。我们在调查中发现,在农村学校中高达85%的教师和70%的校长认为制定学校发展规划是学校校长的事情,教师参与制定学校发展规划是超越自己职责之事。

　　c. 学校发展规划是让领导们看的。近半数教师和40%的校长认为学校发展规划在实际工作中没有什么价值，只不过是做给领导看的，对学生的发展和教师的成长压根儿没有作用。

（2）农村学校在制定与实施学校发展规划时的做法

自从2016年参加了甘肃省2016年教师专业发展和学校发展第三期乡村校长培训的学习，聆听了专家们富有哲理、蕴含思想、依托工具、切中要害的报告，校长们案例鲜活、眼见有章、耳听有法、催人奋进的讲座后，我们深深地认识到自己以前的想法和认识是多么可笑和无知。回到学校，我们便开始把学校管理的主要精力集中到学校发展规划的制定上来，开启了学校发展规划的新征程。我们的主要做法梳理如下：

① 抓理论学习，转变观念。学校集中力量从两个层面着手进行学习和培训。一是从学校教师层面就学校发展规划在国内外的研究现状和取得的研究成果进行培训学习，让广大教师接触学校发展规划这一概念，进而从学校发展规划在学校发展过程中的意义和作用、学校发展规划制定的途径、参与人员等方面进行讲解培训。二是通过家校联席会、家委会等形式对社会层面进行学校发展、学校工作应该是在社会力量关注和参与的基础上才会快速发展，社会力量有权利也有义务参与此项工作方面的宣传和培训，让大家对学校发展有一个较为全面的认识和理解。

② 客观分析，寻找出路。我们根据SWOT分析法，从学校发展的优势、机会、劣势和威胁四个维度进行了大量的走访调查，获取了大量而真实的信息，并对这些信息进行了详细的归纳和认真的梳理。梳理结果令我们很吃惊——我们原有的、既定的、固化的"问题多、困难大，很少有发展优势和机会是农村学校的铁定写照"的认识是不符合实际的，我们也有很多发展的机会和优势，只是我们没有发现，更没有加以有效利用，从而错失很多发展机会。同时，梳理结果也让我们恍然大悟——之前我们单方面的学校管理和发展的认识和做法，原来是狭隘和错误的。根据SWOT分析法得出的结果，冲击了我们原有的管理观念和做法。一时间，学校的发展出路和短板浮出水面，利用发展优势、争取发展机会、规避威胁、回避劣势的思路明朗起来，一幅学校发展图很快得以绘就。

③ 咬定问题，对症下药。对于从学校发展的优势、机会、劣势和威胁四个维度的分析结果，我们以问题为切入点，依托制定学校发展规划的工具和技巧，进行了轻重缓急的进一步梳理，在众多的问题中找出重点，逐年解决。通

过头脑风暴法、问题树等方法制定学校发展规划的工具与技巧，从人文美德、教师能力、学生成长、学校管理四个维度寻找制约学校发展的诸多问题，并通过应用SWOT分析法、优先排序法对问题进行梳理排序，把每个维度里面排名最靠前的三个问题列为当年要解决的主要问题。

④ 找准病因，重点解决。对于农村学校而言，影响学校发展的问题真的很多，面对此现状，通常会出现两种情况：一种是觉得这么多的问题没办法解决，索性不去解决；一种是对这些问题都想一下子破解。前者导致问题越来越多，对学校发展影响越来越大；后者则会出现每一个问题都得不到彻底解决的问题。我们对每个问题的产生根源用问题树的方法进行分析，发现每一个问题的产生都有很多原因。只有从问题产生的具体原因入手，再找出产生的主要原因和次要原因，然后从主要原因着手，确定具体的解决办法和责任人，坚持"不求多，逐项做"的原则，以持之以恒的态度加以解决。如此做法，抓住了重点和核心，看似没有彻底解决问题，实际上是在破解主要原因的基础上，次要原因迎刃而解。

⑤ 抢抓机遇，寻求发展。事物的发展都有利弊两个方面，我们只有充分利用发展优势，才会加快发展的步伐。对于分析梳理出的有利于学校发展的优势和机会，要乘势而上，抢抓机遇，做足文章。我们只有把自己的优势进一步借力发挥，把自己的机会借力用好，再跟进强有力的推进措施，优势和机会就会成为特点和特色，也必将成为学校发展的强劲动力。在利用学校发展的优势和机会上，一定要坚持"集思广益是前提，目标定位要准确，因地制宜谋出路"的原则，才能巧借机遇，寻求发展。

⑥ 评估监测，抓好落实。所有的工作，抓好落实是关键中的关键。在学校发展规划的制定与实施工作中，上述五步虽说已经做了大量行之有效的工作，但仅有这些工作还是远远不够的。为了抓好学校发展的制定与实施的系列工作，还需要对实施情况和效果有一个合理的评价办法和措施。我们采用双线并进的办法，也就是说对于学校发展规划的制定与实施情况及效果采取内部评价和外部评价的双线评价措施，即由学校内部组成的评价组和家长、社会力量组成的外部评价组分别对年初的规划实施情况、完成效果进行评估，这样既避免了学校内部松懈的可能性，也可以强化社会力量经常参与学校管理。我们采用半年一评，年终总评的方法，既便于及时发现问题和漏洞，又争取到了改进和弥补的时间，成为阶段性工作落实的有效抓手和关键环节。

（3）农村学校制定与实施学校发展规划的思考

经过一年半的实践和探索，面对学校发生的明显变化，我们深信不疑：学校发展规划的制定与实施，只要坚持全校教师全员参与、社会力量有效参与、板块内容全面到位、制定工具有效应用、制定周期一年为宜、检测评估必须跟进的原则，就能把学校发展工作抓实、抓细，就能使学校管理从经验管理走向规范管理，从规范管理走向精细管理，从精细管理走向个性管理。或者说，使学校发展步入从人治到法治，从法治到文治的道路。

① 参与面越广，措施办法越多。如果说制定学校发展规划仅仅是校长的事情，那么它仅仅是一个人的思想和思路；如果说制定学校发展规划仅仅是学校的事情，那么它仅仅是学校内部的思路和理解；如果说让社会相关人士也参与到学校发展规划的制定与实施中来，那么参与人看问题的角度不同，得到的结论也就多元化，这样的结论更接近客观实际，而越接近实际的结论越接地气，也越容易找到达到目标的方法。从另外一个方面来说，参与的人员越广，智慧和办法就越多，解决问题的实效性就越强。

② 没有共同的参与就没有真正的家校共育。家校共育是教育界一个永恒的话题。没有家校共育的教育一定是有缺失的教育，也是有漏洞的教育。一学期开一次家长会，是家校共育的一小部分，但不是全部。通常意义上的家长会，往往是校方讲得多，家长听得多，家长的整体参与程度很低。只有学校管理让家长参与进来，彼此随时进行对教育理念的交流和碰撞，相互的认同感才会不断深化和升华。对家长而言，特别是对农村学校的家长而言，他们对教育的理解和认识才会进步和提升。越是参与，共育的效率越高，离真正的家校共育就越近。

③ 规划制定的周期以一年为宜。根据SMART目标的五大原则，即明确性、时限性、相关性、可实现性、衡量性，规划周期定为一年更合理，时间过短或者过长都不便于实施和检测。时间过短不利于很多项目的实施，时间过长就会带来检测评估不及时，容易出现难以掌控的局面。

④ 工具与技巧的有效应用是保证。制定学校发展规划的工具和技巧主要有倾听、访谈、问题树、SWOT分析法、优先排序法、SMART目标和头脑风暴法等。作为学校的管理者，一定要牢记其要领，熟知其用法，在制定学校发展规划时有效加以应用，就能收到事半功倍的效果。

（4）农村学校发展规划文本框架构成

制定的学校发展规划最终以文本的方式呈现。学校发展规划的文本主要由以下几部分构成。

第一部分：学校发展规划小组成员名单。

成员名单中除了学校应该参与学校发展规划制定与实施的人员全部参与外（校长、副校长、教务主任等中层人员和班主任必须参与），还要吸收校外的力量，主要有学校所在地的乡镇相关负责人、学生家长及其他社会人员。

第二部分：学校发展规划概况与愿景。

第三部分：本年度学校发展现状的分析。

学校发展现状主要从内部自身条件（优势、劣势）和外部环境因素（机会和威胁）进行分析。

第四部分：本年度学校发展存在的主要问题。

第五部分：本年度学校确定的目标与推进措施。

第六部分：学校特色发展目标与推进措施。

第七部分：本年度学校发展规划制定与实施情况检测评估。

农村学校发展规划的有效制定和扎实推进，在改变着校长，改变着教师，改变着学生，进而改变着整个学校的发展。当然，其中校长的变化是关键，只有校长的观念真正转变了，才能带来整个学校的发展变化。校长要由管理学校向经营学校转变，由任务驱动向主动发展转变，由关注条件向聚焦内涵转变，由注重内部向内外结合转变，由关注学生向师生共赢转变，由盲目行动向计划指向转变，由自上而下向自下而上转变，由学业成绩向全面发展转变。让我们紧握学校发展规划这一抓手，着力规划，着眼发展，为农村学校的快速、健康发展助力。

2. 收集整理资料并做好课题结题准备

收集整理研究资料和总结资料，撰写研究论文和结题报告，做好课题结题准备，准备结题鉴定申报。

八、完成研究的条件分析

（1）课题研究的负责人白睦锦2016年4月参加了"甘肃省教师专业发展与学校发展乡村校长培训班"的学习。该培训班的主要培训内容就是乡村学校发展规划的制定与实施，该培训项目有专家讲座、参观考察、实践研究、阶段性研讨和回访指导等，为我们的课题研究提供了强大的理论支撑和实践指导。

（2）包括课题研究的负责人在内的课题组成员中有6人是各学校的负责人，从事学校管理工作10年以上，既有学校管理的热情，也有学校管理的经验，有良好的开展学校发展规划制定与实施实践研究的工作条件和环境。

（3）课题组成员又是白军志名校长工作室的成员。白军志校长多年来一直致力于学校管理工作的研究，对工作室的科研工作高度重视，在工作室经费中列出专项科研经费，为课题的研究提供经费保障。

我们有信心、有理由相信在课题研究组成员的共同努力下，一定能够在农村学校发展规划的制定与实施的研究工作中总结出既植根于学校传统、立足于学校实际，又能够紧密结合义务教育学校管理标准的，具有前瞻性、实效性、可操作性的农村学校发展规划，为学校的健康、快速发展绘制出蓝本。

九、成果形式

1. 最终完成时间

2018年10月。

2. 研究成果形式

（1）开题报告。

（2）调查问卷。

（3）问卷调查报告。

（4）阶段性总结。

（5）案例、反思、论文。

（6）结题报告。

十、课题组成员

（1）课题组成员有市级示范性高级中学的校长、普通初中校长、学区校长、小学校长和学校德育、教学管理人员。他们从事着学校的各级管理服务工作，具有良好的研究基础和条件。

（2）课题研究组成员专注于学校各级管理工作，具有较强的研究意识和能力，近三年在省级刊物上发表论文15篇，在国家级刊物上发表论文1篇，完成市级个人课题研究6项,参与市级规划课题研究1项,出版专著1本,积累了较为丰富的研究经验。

(3)课题研究组成员的年龄大多为30~50岁,是一支热爱教育、年富力强、精力充沛、经验丰富的研究团队。

(该课题2016年立项为甘肃省教育科学规划课题,2018年11月结题)

问题教学法在初中思想品德课中的实践研究

课题负责人　丁兴珍

本文是兰州市教育科学规划"个人课题"——"问题教学法在初中思想品德课中的实践研究"的结题报告。文章从选择问题教学法的理论依据及必要性、教学策略的确定及研究方法、过程、研究取得的成果等方面进行了阐述。特别是具体地叙述了在研究过程中如何在初中思想品德课教学中以合作学习小组的形式开展问题教学法的实践。这是研究工作中最重要的一部分，该教学方法的成功与否就在于这一部分工作做得到位不到位。

一、在初中思想品德课教学中实践问题教学法的理论依据

建构主义学习理论认为，知识不是通过教师传授的，而是学习者在一定的情境下借助他人（教师和学习伙伴）的帮助，利用必要的学习资料和工具，通过意义建构的方法获得的。其教学设计原理强调学生的学习活动必须与问题相结合，让学生在真实的教学情境中带着问题学习，以探索问题的解决方法来驱动和维持学习者学习的兴趣和动机。所谓问题驱动，就是将所要学习的新知识隐含在一个或几个问题中，学生通过对问题进行分析、讨论，明确它大体涉及哪些知识，并找出其中的新知识，然后在教师的指导、帮助下找出解决问题的方法。

问题教学是自主学习的一种方式，是建立在人的主动性、能动性、独立性的基础上的。主动性是问题教学所必需的，它对应于学习的被动性，两者在学生学习活动中表现为：我要学和要我学。我要学是基于学生对学习的一种内在需要，要我学则是基于外在的诱因和强制。学生对学习的内在需要表现在两个方面：第一是兴趣，第二是责任。学生有了学习兴趣，学习对他来说就不是负担，而是享受。通过在一定的情境下呈现出来的问题来展开教学，使枯燥的、抽象的知识学习转变为对问题的探索和解决，从而在探索的过程中掌握方

法和知识，就成为一种享受，一种愉快的体验。如果问题由学生提出，则是一种直接的、内心产生的兴趣，更能激发学生的学习动力。学生提出问题的同时，伴随学习责任的产生。学习的责任才能真正从教师身上转移到学生身上，学生自觉地担负起学习的责任，学习才能成为一种真正的自主。

问题教学也是创造性教学的开始。创造性主要不是智力问题，而是精神状态。问题意识是人的本能，故创造性是人的本能。传统的教学模式重视的是知识的教学，轻视甚至排斥学生的问题意识，从而造成学生很少提问题，抹杀了学生的个性和特长的发展，学生也不再有对事物深层次的问题意识了。问题意识是一个人的灵魂，知识不够可以弥补，可以与他人合作解决。因此，问题意识的培养是对人的创造能力培养的核心，我们的教学从课堂开始就应该为学生提供这样的机会和条件。

二、在初中思想品德课教学中实践问题教学法的必要性

首先，问题教学法的引入是培养新型人才的客观要求。随着时代的发展，科技的进步，未来社会对人的要求越来越高，当今时代所需要的新型人才应当是具有综合素质的人。这种人才不但应具有良好的德、智、体、美、劳基础，而且要有很强的创造和适应的能力。研究结果表明，问题教学法对培养、发展学生的思维能力特别是创造性思维能力，是行之有效的。

其次，问题教学法的引入是适应初中思想品德教学改革的必然之举。近几年的兰州市思想品德会考试卷明显加大改革力度，一个重要的表现就是大大提高了考查学生知识迁移能力的题目在试卷中所占的比例。从选择题到简答、论述基本都是原理来自课本、材料来自社会生活实际，好多学生面对熟悉的生活材料无法找到合适的原理来分析。严峻的事实告诉我们：仍然使用旧的一套"注入式""填鸭式"的方法进行教学，把零散的教科书上现成的结论灌输给学生，不利于调动学生的学习积极性，也不利于培养学生主动获取、探究知识和思考问题、解决问题的综合素质与能力。

最后，通过学生问卷调查，九年级的学生比七年级的学生更容易接受问题教学法，更倾向于以合作学习小组为单位共同探讨、解决问题，学习新知识，全面提高自己。

三、在初中思想品德课教学中实践问题教学法的重要意义

1. 有利于调动学生学习的积极性，培养学生对思想品德课的学习兴趣

思想品德课尤其是九年级的思想品德理论性强，内容抽象，学生普遍反映学习枯燥乏味。通过实践我们发现，问题教学法将枯燥的教学内容情境化、问题化，极大地激发了学生的参与意识，调动了学生的学习积极性。

2. 有利于培养学生分析问题、解决问题的能力

从目前的中考试题看，思想品德会考命题体现了"以能力测试为主，考查学生所学相关课程基础知识，基本技能的掌握程度和运用所学知识分析和解决问题的能力"的主旨，通过引入当前时政材料、社会热点材料、身边耳熟能详的小事情，创设问题情境，考查学生运用知识解决问题的综合能力。从平时测试情况看，这类试题学生得分率极低，更有甚者不知从何答起。而问题教学法的有效运用将有助于培养学生分析、解决此类问题的综合能力。

3. 符合初中思想品德教材编排结构的特点，有利于教学目标的全面实现

新教材每一节都有情境导入，提供与课文有密切联系的材料，以激发学生的兴趣，启动学生的思维活动；有话题材料，通过问题的解决，学习课本所阐述的知识；有相关链接材料，进一步阐明课本知识，实现对问题的拓展，提高学生的素质。初中思想品德课教材的这种编排结构，有利于教师利用问题教学法组织教学，落实"三维"教学目标。

四、问题教学法在初中思想品德课教学中的实践步骤

1. 创设情境，提出问题

教学时，教师应重视创设问题情境，让学生感受问题、发现问题、提出问题。可从以下几个方面诱导学生寻找问题并提出问题：直接利用教材所提供的情境材料引出问题，结合学生的生活实际寻找问题，在知识的生长点上寻找问题，在新旧知识异同点上寻找问题，在知识应用上寻找问题，在解题策略多样性上寻找问题等。同时还要启发学生积极思考，诱导学生主动探索。创设具有生活气息、难易适度，贴近学生认知水平的开放性问题情境，是引导学生主动探究的关键。通过组织学生讨论、分享，营造学生想提出问题的心理倾向，为本节课要解决的问题提供了认知基础，激发了学生的求知欲望，唤醒了学生

的主体意识，为学生自主探索、解决问题营造氛围。

问题情境的设置方式尽管是多种多样的，但都必须遵循三条基本原则。

（1）必须有概括性的、新颖的和未知的东西

这是问题情境的难度标志。要使问题具有新颖性，就不能简单地根据答案直接提问，必须换个角度，换个方法，才能设计出新颖的问题。

未知的东西最大的特点是具有一定的概括性。在问题教学中，教师通过设置问题情境，组织学生对未知的东西进行探索，使学生有可能掌握更具概括性的知识。

（2）必须能够激起学生学习新知识的愿望和需要

要能激发学生的学习兴趣，调动学生的学习积极性。H. A. 多勃洛留波夫说："当学生乐意学习的时候就比被迫强制学习轻松得多，有效得多。"

（3）要适合于学生的知识和智力水平

问题情境的设置不是越难越好，应当符合学生的认识水平和能力水平。更具体地说，是要以《课程标准》为依据，正确设计问题，使之既源于课本，又高于课本；既能启发学生、培养学生能力，又能充分顾及学生实际水平。

2. 自主探究，分析问题

提出问题并不等于分析解决问题，还必须引导学生自主探究、研究信息、分析问题，为解决问题打下坚实基础。应做到以下几方面。

（1）创设自主探究的氛围

提供给学生广阔的时间和空间，让学生自主、自由地活动，唤醒主体意识，变传统的、被动的接受式学习为积极的、主动的探究式学习。

（2）在条件容许的情况下也可以创设一个实践活动环境

让学生动手实践，培养学生手脑结合的能力，使学生在主动参与知识的形成过程中学会新知识。

这个环节要求教师为学生提供探究的材料和信息，充分发挥学生的学习潜能，给学生以充分的活动时间和空间，引导学生在已有知识的基础上提出解决问题的假设。主要采用动手实践、自主探索和合作交流等有效的思想品德学习方式。在具体实施过程中，当学生分享后，教师要引导学生用独特的发散、假设的眼光提出一些社会问题，有时候教材里先提了问题，可以先引导一下，再思考还能提什么问题。然后让学生根据自己的学习经验，通过讨论提出，或单独提出。

3. 合作交流，解决问题

在这一过程中，教师要参与到各组的讨论中，及时收集信息，适时引导调控。个人或小组针对问题进行自主探究，或讨论，或实验，或摆事实，进而逐步得出结论。教师收集学生存在的共性问题、疑难问题、核心问题、难点问题，组织学生汇报、讨论、交流。

4. 实践应用，深化问题

在自主探究、解决问题的基础上，让学生运用所学知识，解决一些日常生活和社会中的实际问题，使学生不仅巩固对所学新知的理解与掌握，还把新知纳入已有的认知结构，使问题进一步升华，在完善认知结构中，达到求异创新的目的。在这一环节中，既要安排一些基础题，让学生用已掌握的知识进行解答，以达到巩固应用的目的，也要安排一些发展性习题，让学生从不同角度灵活运用已有的知识解决问题，以拓展学生的思维。同时也可以引导学生由课内向课外延伸，学以致用，解决一些生活中的实际问题，以培养学生的应用意识。结合学生知识、能力的差异，可以提供给学生难度不同的问题，让他们去解决、展示、分享，提高他们的学习积极性、主动性和自信心。

五、在初中思想品德课教学中实施问题教学法需要注意的几个问题

1. 精心构思教学设计

教学设计是教师对教学活动的预设，其核心是教师对教材的处理和对学生学习活动的安排。教学设计直接关系着问题教学的成效。教师应全面研究《课程标准》，合理安排教学内容，巧妙构思教学过程，精心设计教学结构。为了提高问题教学的针对性和实效性，对于情境的创设和问题的设置，可以打破教材原有的框题结构进行设计，重新组合或删除、添加材料，目的就是让学生更能有所体会，更有话说。以九年级思想品德第七课第二节内容"走向共同富裕的道路"为例，教材原有的导入情境材料是谈购买国债等话题，这对农村的学生而言太陌生，他们不清楚国债是怎么一回事。为了更顺利地开展课堂教学，教师在备课的时候就需重新搜集资料，设计问题，需要的时候还可以对内容的框架结构进行调整。

2. 精选案例材料，创设问题情境

问题教学法的主要特点就是通过情境引入和精心设问激发学生学习新知

识的兴趣。因此，情境材料的选取是首要问题。那么如何选取情境材料呢？首先，可以教材中的大量感性材料为基础，再补充时代发展的新问题、新材料，以增强材料的时效性；其次，材料的选取要贴近学生的生活实际，尽量符合学生的认知水平和接受能力，符合"三贴近"原则；最后，精选的材料还要符合本节课教学目标的要求，为实现教学目标做好感性铺垫。此外，在案例材料的呈现方式上采用多媒体教学，运用视频、文字、图表等，调动学生的积极性，发挥学生的主体作用。

3. 问题设置要有探究性和启发性

问题教学法实施时，问题的设置不宜过于简单直接，否则，问题教学就会变成简单的"提问题，找答案"的教学，失去了问题教学法原有的意义。问题的设置要有一定的探究性和启发性，要能够激发学生的问题意识，激起学生分析问题、解决问题的欲望，也可以根据学生的不同学习水平有层次地设计问题，然后有针对性地交给学生解决。

4. 保证充足的学习、讨论、交流时间

问题从提出到解决是一个复杂的思维过程，一般要经历回忆、试误、顿悟三个阶段。回忆是对以前所学的知识的有效提取和再现；试误是指不断尝试解决问题的各种途径，直至找到最佳方法；顿悟是指在学习中，人们对问题经过反复思考、琢磨，问题忽然明了。顿悟需要有先前的知识准备，而不是盲目机械地去试误。每一个问题解决的阶段都会遇到一定的障碍，教师要给予学生充分的探究时间，保证学习活动的完整性和有效性，不能使讨论流于形式而没有实质的价值和意义。

5. 教师对学习小组进行必要指导

小组合作学习是问题教学法开展的有效形式，学习小组的有效组织是问题探究活动成效的关键因素。首先，选择有组织能力、学习较好的学生担任小组长；其次，在确定探究问题后，小组长要有层次地分配好探究任务，使小组成员人人有任务，人人都能做好分配的任务；最后，在探究问题的结果与展示环节，要使每个学生都有展示的机会，并且增强其自信心。为了更好地调动所有小组成员参与课堂的积极性和主动性，鼓励小组间的竞争，学习小组在合作学习的过程中教师要根据评价细则进行评价。

六、课题研究取得的成果

1. 培养了学生自主学习的能力

联合国教科文组织认为，学习能力是终身发展的能力。问题教学法让学生在回答、解决问题的过程中有了很大的自主性。自主学习能力是相对于他主学习、被动学习而言的，是指学习主体有明确的学习目标，对学习内容可以自主选择，对学习过程可以自主监控、自我指导、自我强化，并对学习结果自主评价的学习方式。这一学习过程能充分发挥学生的主体作用，把学习看作学生自主性、能动性和独立性不断生成、发挥、发展和提升的过程。同时教师的指导又体现了教师的引导作用，为课堂教学的高效奠定了基础，为学生的发展提供了源泉和永不枯竭的可持续发展的动力。

2. 培养了学生的问题意识

问题意识是人们对某一事实或客观现象产生了解或处理的心理欲望，是新思想诞生的摇篮，是创新的萌芽。问题意识的强弱体现在发现问题、提出问题的情况上。通过一年的课堂实践，学生针对相关材料提出问题、回答解决问题的水平比以前有了明显提高。

3. 培养了学生的探究创新能力

课堂永远是充满生命活力和未知的地方，教师可以预设一些显性的教学目标，但无法预设隐形的教学目标，这些只能在教学过程中生成，并作为探究的研究性问题在课外解决。每节课都会有许多新颖的话题激起学生的兴趣，要完成它需要查资料，需要严密的逻辑推理能力，所以问题教学法还给学生一个提高的机会，使他们对自己感兴趣的问题持续探究，培养了探究创新能力。

4. 学生对教学内容的理解、消化、巩固和知识迁移的水平和能力大幅度提升

在初中思想品德课上运用问题教学法能够大幅度提高学生对教学内容的理解、消化、巩固和知识迁移的水平和能力，2015年6月份的中考就证明了这一点。开展课题实验的九年级4班共46人参加会考，其中思想品德会考成绩是A等级的有31人，B等级的13人，C等级的只有2人，全班没有一个是D等级的。

（此课题经专家组评审，通过兰州市2015年教育科研"个人课题"结题鉴定）

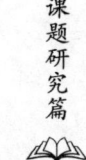

初中学生"亮点·闪光"教育研究

课题负责人　王在东

2015年5月至2017年4月，我们课题组按照市教育科学规划办的要求，结合自己的教育教学实践，对课题进行了深入的研究，现将此项工作予以汇报。

一、研究的基本观点和主要结论

"亮点·闪光"教育是一种教育思路，每个教师和家长或其他教育者均可对学生由"赏"而"能"，即通过有意识地发现学生的亮点（优势），积极认可、赏识，从而让学生认识自己并重新给自己定位，激发自信，带动个人的全面发展与提升，让亮点成为学生走向成功的起点。

1. "亮点·闪光"教育能满足学生被赏识的需要

生活学习中，学生对于自己身上存在的亮点是没有意识的，要靠教师正确地加以引导、定格，亮点才会被发现。这样，每一个学生都会在"我能行"的荣耀中健康成长，久而久之，就会对他们的全面发展起到积极的促进作用。

2. "亮点·闪光"教育是培养学生自信的金钥匙

不论什么样的学生，都希望得到其他人的好感和赞扬。因此，由外向内的正面激励能满足学生内心的积极需求。只要给他们提供各种成功的机会，一旦成功得到满足，他们就会形成自信意识。

3. "亮点·闪光"教育是德育工作的重要组成部分

苏联教育家苏霍姆林斯基说过："教育技巧的全部诀窍在于抓住儿童的这种上进心，这种道德上的自勉。""亮点·闪光"教育就是将学生的特长与创造放在首位，不断发掘他们的亮点，并创造机会让他们的亮点"闪光"，通过多次成功沉淀、积累，逐步形成健康、积极的道德行为。

二、研究的过程、方法、主要特色与创新

1. 研究的过程

本课题的研究分三个阶段进行：

一是准备过程（2015年5—6月），主要工作有：完成开题报告；确定研究人员，统一思想，制订研究计划；选择班级、学生，开展前期教育实践，获得初步的材料。

二是实施过程（2015年7月至2017年2月），主要工作有：参与实验的教师结合自己的教育教学开展本课题的实践研究；举行"亮点·闪光"教育观摩、交流活动；召开课题研讨会，反思行动，交流看法，总结经验，撰写论文。

三是结题过程（2017年3—4月），主要工作有：整理研究资料，分类归档；总结研究成果，完成结题报告；整理成果集，完成课题的鉴定。

2. 研究方法

（1）行动研究法

在班主任工作与教学实践中引导学生发现自身的闪光点，同时也使学生善于发现其他人身上存在的闪光点，并且将这些闪光点放大、培养，形成学生成长过程中的优势力量，最终形成简单有效的"亮点·闪光"教育策略和方法。

（2）案例研究法

对本课题中的案例进行研讨，也包括与本课题研究相关的音像、文本，尤其对个别学生成长案例进行研究，将课堂内外的研究有机结合起来。

（3）调查研究法

通过对学生的优势、特长进行问卷调查，为课题组的实验研究提供支持。

3. 特色与创新

在课题研究的框架内，我们努力突出学生的主体位置，尊重学生个性化发展。在课题研究的框架内，我们努力发掘和利用学生的优势、特长并予以重视和培养，使他们拥有自豪感、荣誉感，从而享受成长的快乐与幸福，增强自信心，主动发展，快乐成长。

（1）追踪学生成长经历，发现学生亮点

教师要学会运用不同的"照顾"策略，在学习过程中、在班务工作中发现学生的"亮点"，寻找他们最好的发展方向。

（2）后进生的亮点也精彩

搭建平台让后进生的亮点也闪光，使他们有施展才华的机会。在这种背景下，学习成绩的优劣只是表象，任何学生都有可能被调教成社会需要的合格人才。

（3）亮点需要持续发光才能受益终身

对于学生个体而言，亮点的坚持将会成为他身上的一种优秀品质。对于集体，这将会成为班级积极向上的正能量。教师和学生的共同坚持，对学生人生观、价值观的形成都具有深远的意义。

（4）在实践的基础上，总结"亮点·闪光"教育的有效途径和科学方法

从学生入学开始，就进行亮点的发掘、培养。这个过程就是学生成长的过程。当亮点发掘到一定阶段，教师对学生的各种亮点予以展示，最终形成学生自身的优势。

三、研究的主要进展（新思路、新举措、新观点、新发展）

1. 探索了"亮点·闪光"教育的意义、作用

"亮点·闪光"教育首先是帮助学生不断发掘自己的优势，将他们的特长与创造力放在首位，同学间互相学习、相互感染，逐渐形成取长补短、积极向上的良好态势。同时，教师创造机会让他们的亮点"闪光"，通过多次肯定自我的沉淀，逐渐积累学生的成功感。

2. 总结了实施"亮点·闪光"教育的方法措施

（1）用理解找寻学生的亮点

理解学生，就是充分尊重学生的意见和要求、尊重学生的人格，平等对待每一位学生。当我们学会理解、学会倾听时，会发现不同的学生拥有着让人心动的、独特的优势，当这种亮点被认可时，学生会获得巨大的满足感，他的缺点就会逐渐被修正。

（2）用信任助长学生的亮点

传统教育中，教师是知识的传递者，是学生行为的楷模。教师总是以自我的认识教育学生。实际上，学生有其独特的发展潜能，这就需要教师以朋友的身份与学生相处，相互关心、相互信任、相互理解。如果你能给予学生朋友般的感觉，学生就会摆脱心理隔阂，更愿意接受你的引导，最大限度地发挥出潜能。

（3）用爱心使亮点熠熠生辉

春秋时期，孔子就提出了因材施教的教育理念，注意到学生会有气质、智力、性格、才能、志向等方面的差异。他根据学生的不同亮点施以不同的教学方法，使颜回长于德行，子贡长于言语，子路长于政事，子游长于文学。

教师每天面对的是个性不一的学生，在学习上我们不可能做到一刀切。如果一味地用自己的要求去衡量学生，培养学生，过于追求完美，就只能培养一部分优等生，离面向全体的教育目标越来越远。教师应学会用爱心去打开学生的智慧之门，用爱心去发现他们身上的闪光点。每天，用温暖的目光注视他们，用爱心撑起他们希望的绿荫，从他们的幸福成长中获得幸福。

（4）定格亮点，使之成为成功人生的起点

教师除了用理解、爱心、信任让学生的亮点闪光，还要学会让亮点定格。在运动会上、在文艺会演中、在演讲比赛时，甚至在搞卫生时，教师都可以让学生的这些亮点定格下来。当这些亮点汇集在一起，学生的荣耀感就会油然而生，促使他们一步一步走向成功的人生。

四、成果的社会影响

（1）课题"初中学生'亮点·闪光'教育的实践与研究"引起了县教育局的关注和重视，在榆中县"新教育"实验校论坛上，课题组负责人向与会领导和榆中三中、榆中四中等兄弟学校的教师做了题为"给孩子一份赞美和微笑——浅谈初中生亮点闪光教育"的报告，受到大家的一致赞誉。

（2）"初中学生'亮点·闪光'教育的实践与研究"受到部分教育教学专家和一线教师的肯定。课题组负责人在"甘肃省农村骨干教师培训"上就本课题的专题发言，受到西北师范大学教师培训学院副院长石义堂教授的肯定和好评。其论文《亮点教育的意义及方法》发表在《甘肃教育》2017年第4期上，并被龙源期刊网、中国知网、维普中文期刊、宁波大学数字图书馆等知名专业网站、机构全文收录。

（3）我们利用"初中学生'亮点·闪光'教育的实践与研究"的相关研究成果，编写了我校两期校本教材《回眸花季》，供全校2000多名师生使用，获得好评。

五、研究中存在的问题

1. 教育教学理念落后，教学模式陈旧

由于部分教师的教学理念还没有完全从应试教育的"惯性"和影响中解放出来，以学生分数高低为主要特征的教育评价影响和抑制了学生的后续发展和学习兴趣。

2. 教科研意识淡薄

许多教师认为，只要把课上好，就是尽到了教师的责任，不再去研究，也不再去写论文，即使在做，也是应付各种检查。教师创新意识欠缺，专业研究意识淡薄。

3. 教师欠缺进行专业研究的能力

我校87%的教师学历是师范毕业生（中专生），最高学历都是工作后利用业余时间进行函授或自考获得的，没有接受过系统的教育教学研究理论、方法的学习，欠缺进行教科研活动的专业能力。

六、今后的研究设想

1. 如何定格学生亮点，使其成为成功人生的起点

怎样激励不同层次的学生，从而激发他们成功的体验将是今后的研究设想。

2. 如何通过"亮点·闪光"教育完善德育工作

学生的个性有差异，闪光点也不相同。如何利用他们互相学习、相互感染、积极向上的态势来完善德育教育，是课题的另一个关键。

（本课题为兰州市"十二五"规划课题，项目编号［LZ2015-343］）

初中学生社会责任感的培养策略研究

课题负责人　赵　军

一、课题研究的背景及目标意义

责任是我国优秀传统文化的内核。承担责任是一个人应该具备的基本素养，是健全人格的基础，是家庭和睦、社会安定的保障。中国历来重视对年轻一代进行责任教育。孔子的"当仁不让"，孟子的"舍我其谁"，顾炎武的"天下兴亡，匹夫有责"，周恩来的"为中华之崛起而读书"，无不彰显着对国事民生的崇高责任感。教育发展的方向之一是使每个人承担起包括道德责任在内的一切责任。社会责任感作为一切美德的基础和出发点，是人类理性与良知的集中表现，是社会得以发展的基石。中学生的社会责任感正是新课程道德教育目标的核心体现。一个对社会真正有用的人，首先应该是一个有着健康、健全人格的人，一个富有责任感的人。联合国教科文组织提交的21世纪教育报告中强调，"21世纪的教育，不仅要使学生有知识、会做事，更重要的是会做人。现代社会的发展，要学生成为有社会责任感和事业心的人，有科学文化知识和开拓能力的人，有志有为、德才兼备的人"。新课程背景下中学生社会责任感的构建需要我们每一位教育者为之共同努力。新课程"以学生发展为本"，强调发展学生的自主性和能动性。学生社会责任感形成的关键在于使学生从对自己负责做起，加强自我教育。学生的自我投入、自我认识、自我体验与评价、自我控制、自我激励的能力、程度和水平的养成和提高，在很大程度上决定了责任教育的成功与否。一个对自己都不负责任的个体，很难想象其会有社会责任感。他们作为确定的人，现实的人，就该有规定，就该有使命，为此对他们进行责任感教育是历史的必然，是时代的要求。

本课题的研究旨在通过对在校初中学生进行以责任为核心的素质教育，激发他们的责任情感，唤醒他们的责任意识，使他们牢固树立对自我负责、

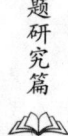

对生命负责、对家庭负责、对他人负责、对集体负责、对社会负责、对生态负责、对国家负责的责任意识，养成良好的责任习惯，使学生逐步成为自我教育、自我要求、自我管理、自我约束、自我调节、自我发展的主体，形成良好的责任行为和培养履行责任的能力。同时，通过对责任感的培养，总结有效的培养方法和途径。

二、课题关键词的界定及名称解读

"初中生"。初中生是指年龄为12～16岁，正处于青春期的在校学生。其认识自我和评价自己的个性品质、内心体验和世界观有较大的可塑性。他们逐步有了自己对周围世界的评价能力，并形成了自己的评价标准。对于初中生由归属需要而发展起来的各种意识，及时发现，及时引导，使他们以正确的责任观来对待和处理外界事物，通过组织丰富多彩的班级集体活动，让每个学生都能在班级中获得自己的角色位置，把他们的归属心理尽可能地吸引到社会责任上来。争取学生家长和社会力量的支持，采取措施，给予学生更多的温暖和教育引导，发展他们的民族自豪感和爱国主义情感等。良好的情感有助于学生自觉确定发展目标，根据目标去支配、调节自己的行动，并不断地克服困难，从而发展坚强的意志。

"社会责任感"。责任是一个人对他人或群体所负的利益要求，是分内应做的事，是个人和群体组织根据自身社会角色属性所应承担的职责、任务和使命。社会责任感是学校教育的隐形功能的体现，是推动社会发展的一种精神动力，是形成高尚品质，产生高尚行为的心理基础，是社会和谐、稳定的融合剂。

"培养策略"。通过一定的教育内容、途径、方法，培养责任主体履行责任，最终使初中学生形成正确的责任态度、高尚的责任意识、自觉的责任行为。

三、研究的内容

（1）以榆中县九中为例，开展中学生社会责任感现状调查，分析责任教育缺失的根本原因，梳理落实责任教育的有效做法。

（2）从责任意识、责任行为、责任情感、责任能力四个维度制订榆中县九中学生责任感培养实验方案。

（3）实施责任感教育的培养实验方案，在实施过程中及时分析个案并总结经验，纠正培养策略与方法的不足。

（4）课题实施效果反馈。

（5）总结形成责任感培养的基本路径。

四、课题研究的过程及方法

第一阶段：2016年4—5月

撰写开题报告，制订实施方案。

（1）开展中学生社会责任感教育现状调查。

（2）撰写开题报告。

（3）制订责任感培养实验方案。

第二阶段：2016年5—10月

以"方法指导、活动推动、个案研究"的基本方式开展责任感培养实验。具体措施如下。

（一）精心设计责任感教育的方式方法，逐步展开实践并总结经验，不断完善

可以通过定位不同角色，如学生角色、同学角色、子女角色、公民角色、教师角色、家长角色等，在具体活动中让学生感知和体验不同责任，树立起责任意识。围绕责任感、责任心开展活动，让每位学生每月至少做一件为他人、家庭、班级、学校，或为社区的实事，每月各班登记、汇总，排出光荣榜。现实责任意识与自身思想产生碰撞，促进同伴自省，努力向上。

通过树立先进典型，大力宣传和表彰先进班级、优秀班主任、优秀学生、优秀学生干部的先进事迹，使学生心中产生无穷的榜样力量，促使学生形成"见贤思齐焉，见不贤而内自省也"的意识。通过组织学生参加各种社会实践活动，创造情境，充分发挥实践活动的迁移教育作用，促使理论教化向实践转化。通过加强学生心理的调查、研究、教育、咨询、辅导促进学生健全人格和健康身心的养成。对学生进行心理疏导，加强责任教育，使压力变为动力，继而转变为能力。

（二）制订分层实施步骤

采用由低到高、分层进行实践与研究的方法，依次从对自我负责、对生命负责、对家庭负责、对他人负责、对集体负责、对社会负责、对生态负责、对国家民族负责等层面开展实践研究。

1. 对自己负责，做一个积极进取的人

（1）策划了"中学生行为规范"大讨论

通过主题班队会、演讲等形式，营造责任教育的氛围，激发学生的责任意识，促使学生从一日常规符合规范和点滴小事严格要求自己，并把责任教育与自己将来成才紧密联系起来。

（2）开展了"自我发展规划"制订活动

通过制订"自我发展规划"，使每一位学生明确自己的奋斗目标，并为之努力。同时家长也提出希望和要求，家长和学校共同督促，促使学生与责任同行。

（3）建立健全了学生个人成长档案

学生个人成长档案是我校长期以来整合德育、教学工作的一个重点。本研究借助"爱生学校"的契机，关注每个学生的发展和差异，有针对性地采取措施，促进学生全面发展。

（4）开展了评优奖学表彰活动。学期结束前，以班为单位进行考评，评出活动中的先进个人和感人事迹进行表彰奖励，发挥榜样的力量。

2. 对生命负责，做一个珍爱生命的人

（1）强化了安全教育。树立安全意识，使每一个学生做到时时、处处、事事为自己、为他人、为社会珍爱生命，形成责任重于泰山的责任感、使命感。

（2）开展了发生火灾、地震等紧急情况下的安全紧急疏散演练活动，提高学生的安全意识、防范措施和自救能力。

（3）举办了以《中学生日常行为规范》和《中小学生守则》为内容的演讲和辩论会，将安全、生命和责任感融为一体，提升学生责任感和责任心。

3. 对家庭负责，做一个孝敬长辈的人

（1）结合家庭角色进行教育

开展了"感恩父母，回报师长"活动，进行"我是家务小能手"评比等。

（2）结合家长学校进行责任教育

针对家长和社会关注的热点及学生中存在的实际问题，办好家长学校，使家长更多地了解、理解学校，共同进行责任教育。通过家长会、给家长一封信的形式共同督促教育学生，让学生充分认识到自己是家庭的未来和希望，将来要为家族增光添彩。

4. 对他人负责，做一个团结互助的人

（1）开展了"手拉手"友谊链接活动

团委、学生会利用队会、班会、黑板报、手抄报、广播站、班级联谊等平台，培养学生"自我教育，增进友谊"的意识和能力。

（2）进行了"关注他人优点"教育

开展互帮互爱活动，从建设一个团结友爱的班集体开始，充分利用学校组织的各种活动，如校园文化艺术节、田径运动会、足球比赛、篮球比赛、演讲比赛等，培养学生的合作精神和责任意识。

5. 对集体负责，做一个让学校引以为傲的人

（1）组织开展了"为班级添光彩"活动。通过每月一活动，进一步增强学生的集体责任意识。

（2）组织开展了"学校因我而精彩"活动，使学生完善自我管理，提高整体素质；开展"爱护公物，从我做起"活动；开展"学生在校外，一言一行代表学校形象"的大讨论活动和实践活动；在毕业班中开展"母校留言"活动；开展"中学生应有责任意识""我与班集体共成长""责任——从我身边做起"等主题班会活动。通过活动，增强学生的责任心，使每个学生都能成为让学校感到骄傲和自豪的人。

（3）积极组织学生参加县级以上的各种竞赛活动，为培养学生特长搭建平台，让学生在竞赛中提升合作精神和成就感，同时激励学生为学校增光添彩。

6. 对社会负责，做一个有益于社会的人

（1）坚持开展团委倡导的"青年志愿者"活动。

（2）开展了"进社区"活动。利用节假日走进社区，开展走访老人、打扫卫生、分发宣传单等系列活动，增强学生的社会责任感。

（3）开展了"送温暖、献爱心"活动，帮助有困难的人渡过难关，使他们能与自己一样幸福生活。

7. 对生态环境负责，做一个保护生态的人

（1）开展了节约用水、用电活动，教育学生节约资源，使人类社会持续、协调发展。

（2）开展了"保护生态环境"系列活动，教育学生不乱扔垃圾、不毁坏花草树木，共同保护好我们生活的家园，共同保护地球。

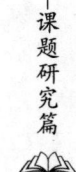

8. 对国家、民族负责，做一个立志报国的人

（1）开展了"为中华崛起而读书"的大讨论，使学生了解当今世界国与国之间的竞争主要是人才的竞争，教育学生树立"人人都能成才"的理念，成才后报效祖国。

（2）进行民族精神教育。组织学生参观革命英雄纪念馆，开展革命歌曲歌咏比赛、纪念"一二·九"运动演讲比赛，强化和提升学生的民族自豪感和责任心。

第三阶段：2016年10—12月

课题实施效果反馈。

第四阶段：2016年12月至2017年5月

整理材料及撰写结题报告阶段。在继续总结提高的同时，收集整理研究的过程性材料，针对材料和研究撰写结题报告，向上级提出结题申请，请专家验收和评估。

五、实验的基本结论

（一）学生责任感缺失原因

1. 家庭教育缺失

家庭是社会的细胞，家庭是人生的第一所学校，家长是孩子的首任启蒙老师。但部分家长对子女的教育不自觉地集中在了一点上："望子成龙、望女成凤"。有的家长"重智轻德"，忽视思想道德教育，片面地认为子女不需要顾虑家庭生活，只要学习好，不惹麻烦就好。于是给孩子创造优良的学习生活条件，尽可能满足孩子的愿望，以期孩子能够专心学习。但事与愿违，在家长过度保护下的孩子，不只对家庭缺乏责任感，对他人冷漠，以自我为中心，而且在学习上也表现出被动与厌倦，没有明确的奋斗目标，缺乏毅力与恒心，也缺乏战胜困难的信心。笔者对榆中县九中七年级6个班的学生家长进行了问卷调查，调查发现：80%的父亲认为自己工作忙，没有时间与孩子交流，一半以上的家庭存在在子女教育方面父亲"缺位"的情况，母亲是子女教育的绝对主角。无论在情感、陪伴、尊重、亲密还是在问题解决方面，父亲为孩子提供的支持都不多，这说明父亲在孩子成长中并没有承担应尽的责任。然而焦虑的妈妈如影随形，整天唠叨。"祸不单行"在中国式家庭中的体现就是，当孩子拥有一个"缺位"的父亲的同时。还会给他一个焦虑的妈妈。当丈夫主动或被动地成了家庭中的隐形人时，婚姻的不稳定使母亲对于婚姻的依赖、对于丈夫的依赖减弱了，此消彼长，于是母亲便把情感寄托在孩子身上。丈夫继续被往外推。母亲认为安全感要从孩子身上获得，毕竟这是血缘关系，是牢靠的、最安全的。所以妻子慢慢地把感情和注意力从丈夫身上抽离出来，而放在孩子身上。孩子因此更多地生活在只有母亲的世界里。夫妻情感、亲子关系、孩子教育的问题也开始接踵而来。

2. 学校教育偏差

长期以来，由于教育评价的片面性与偏差，学校教育并没有改变"重应试教育，轻素质教育；重智育，轻德育；重批评，轻关爱"的现状。

以往，学校的声誉与发展过多地受控于分数的高低。除分数以外，作为学校一方往往对学生的种种不良现象缺乏应有的教育引导。对学生在校表现出来的各种不负责任的现象没有足够认识，特别是对成绩好的学生更容易"一好遮百丑"，更容易表现出不适当的"宽容"，更别说追究责任了。因此，学生责任心的逐渐减退在所难免。

3. 社会环境影响

透视当今社会，一些不负责任的现象严重侵害了未成年人的身心健康，使部分涉世不深和意志薄弱的学生腐化堕落，乃至违法犯罪。

（二）培养中学生责任感需要注意的几个问题

1. 责任感的培养应符合中学生的身心发展规律，应体现针对性

责任感是个人主体意识的表现，要培养学生的责任感就必须尊重学生的主体地位，就必须从中学生的实际出发，充分考虑学生心理特征、年龄特征和身心发展规律、认知规律等实际因素，做到有的放矢。

（1）注意年龄差异性

我们在责任感的培养过程中，应该注意学生年龄的差异性，在不同的年龄阶段，责任感培养的重点应有所不同。在初中阶段，责任感的培养可以侧重于对学习的责任、对朋友的责任、对自然的责任、对家庭的责任等方面，可以采用榜样示范、爱心教育以及行为习惯等养成教育的方式方法。这既体现了责任感培养的有序性和层次性，也符合学生的生活实际、年龄实际、认知规律、身心发展规律，自然就容易被学生接受，从而取得良好的教育效果。

（2）注意性别差异性

与女生相比，男生更喜欢去挑战现有的观念，更易受到一些不良因素的诱惑而忽视对自己和对社会的责任感；与男生相比，女生比较重视社会普遍观念，表现出较强的自律性和较强的责任感。一般来说，初中阶段的男生，自我意识高涨，喜欢标新立异，富有冒险精神，注重个人价值的实现，敢于承担责任等；而初中阶段的女生，自我意识有所增强，求同性、求稳性较强，注重外界对个人言行的评价等。因此，在对学生进行责任感培养的过程中，要考虑培养对象的性别差异。一般来说，对男生应侧重对社会的责任感、对交往对象的责任感等方面的教育，对女生应侧重对学习的责任感、对自己的责任感等方面的教育。

2. 责任感的培养应做到家庭、学校、社会三管齐下

责任感是由责知、责情、责意、责行四个因素构成的。责任感可以表现在观念上，还可以表现在行为上，它贯穿个人生活的全部。因此，要培养中学生的责任感就要考虑影响中学生责任意识和责任行为的因素（家庭、学校和社会），应该做到家庭、学校、社会三管齐下。

（1）家长是孩子的第一任教师

托尔斯泰说过："一个人若是没有热情，他将一事无成，而热情的基点正是责任心。"一个人的性格、道德意识的形成与家庭环境和家庭教育有着密切关系，家庭氛围、家长为人处世的态度等都会影响孩子的责任意识和责任行为。因此，要培养中学生的责任感，学校要做好与家长的沟通工作。沟通形式可以是多样的，如家长学校、家长会、家访、书信交流等。

（2）学校是培养责任感的重要园地

与其他两个环境相比，学校的主要任务是教书育人，学校教育的环境具有极大的人为性，具有明确的目的、有指定的教育内容与活动计划、有系统的组织和特殊的教育条件，对个体的全面发展具有加速作用。学校教育工作应该把德育放在首位，德育工作的好坏对学校其他方面的教育具有重大的影响。学校的德育形式可以是多样的，如教学、共青团、学生会组织的活动、课外活动、社会实践活动、校会、班主任工作等，其中教学是进行德育教育和培养中学生责任感的基本途径。过去有人认为，培养学生责任感主要是德育教师或政治教师的事情。这个观点是错误的，德育教育和责任感教育应贯穿学校所有科目的教学，应该贯穿整个学校的教育工作。

（3）社会是人生的大舞台

在社会这个大舞台上，人们的责任感得以展现、得以评价、得以检验。

社会对个人责任感的影响表现在两个方面：一方面，现实生活中人们的道德取向和责任感状况会极大地影响着新一代人的道德取向和责任感状况。俗话说，"近朱者赤，近墨者黑"。充满着责任感的社会和一个不负责任的社会给新一代的影响是完全不同的。另一方面，个人对责任感的坚持依赖于社会对其行为的评价。外界对个人富有责任感的行为是赞扬还是讥笑，是肯定还是否定，都会严重影响个人的责任意识和责任情感。其中社会对不负责任行为的宽容甚至赞赏就是对责任感的否定。当今社会，社会道德评价标准总体来说是正确的，但个别地方、个别领域也存在"邪气压倒正气"的不良现象，一些责任感强的人被排挤、被冷落，可见在这种新旧思想交替的时期，整个社会尤其是各级政府应该树立一个正确的符合社会实际情况的价值导向，在全社会范围内营造一种积极向上、遵纪守法、富有正义和责任感的社会风气、氛围和正确的评价机制，一定要让"正气压倒邪气"，否则就会出现"学校讲一套，社会行一套""学校九十分钟敌不过社会十分钟"的现象，使学校变成一个没有意义的道德说教场所，严重削弱学校教育的威信与力量，十分不利于中学生责任感的培养。

3. 培养责任感需要中学生个人的努力

任何事物的发展总是内外因共同起作用的结果。内因是事物发展的决定性因素，家庭、学校、社会等只是培养责任感的外部因素，个人的主观努力才是培养责任感的内部因素和决定性因素。因此，培养学生的责任感必须调动学生的主动性和积极性。

第一，要坚定目标，塑造美好品性。当今社会，人们的思想日渐多元化，而中学生正处于身心发展的关键期，是塑造力、模仿力最强的时期，因此要培养责任感必须提高学生个人的鉴别力，使学生能排除社会、家庭乃至学校给个人可能带来的不良影响，把"做一个有责任感的人"作为自己的奋斗目标之一，把责任感作为最美好的品性去追求，不断完善自我。

第二，要日积月累、注重养成教育。责任行为是责任感的外化，是责任感的最终归宿。培养中学生的责任感必须重视个人的实践活动和养成教育，只有这样才能把"责知、责情、责意"变为客观现实的"责行"，不至于沦为"思想上的巨人，行动上的矮子"。养成教育必须从小事做起，如参加家务劳动、学校劳动值日、志愿者行动等，同时在现实生活中能尽职尽责地去完成自己的职责。

六、实验的效果

马克思、恩格斯在谈到人的责任时曾说:"作为确定的人,现实的人,你就有规定,就有使命,就有任务。"尊重学生主体,在自我教育中增强社会责任意识和社会责任感是一个由己及人,由内向外,逐渐扩展、升华的情感体系。学生社会责任感形成的关键在于青少年时期,我们认为,通过责任教育实践和本课题的研究,初步实现了让学生从对自己负责做起,加强自我教育,逐步成为自我要求、自我管理、自我约束、自我调节、自我发展的主体。

学校通过形式丰富的责任教育主题活动,引导、激励学生树立责任意识,培养责任情感,增强落实责任行为的主动性。学生共同学习、经风雨、见世面、交朋友、办事情,为共同的理想挥洒汗水,为集体的荣誉而努力奋斗,共同领略奋斗、创造的乐趣,共同品尝成功的喜悦和失败的辛酸等,这些无时无刻不在激发着学生勇于担责,使他们懂得自己对学校、集体、家庭、同学所应承担的社会责任。另外,学校通过努力,引导社会、家庭,形成一个紧密的教育共同体,共同为学生营造一个最好的责任感教育的氛围。经过潜移默化的教育过程,责任教育的成效逐渐显现了出来。

本课题研究的参与者在责任感教育研究和实践中也取得了一定的成绩。赵军撰写的《初中生责任感培养路径探微》有一定质量,产生了一定的影响。榆中县九中开展的责任教育实践也已形成了一定的办学特色,相关成果被中国文明网、每日甘肃网、《兰州日报》等转载。魏振国在恩玲中学德育工作中开展的责任教育活动也取得显著的效果,备受社会赞誉。

(本课题为兰州市"十二五"规划课题,项目编号〔LZ2016-1662〕,2018年12月结题)

温风搦管细论辞
——论文篇

浅谈新课标下高中课堂教学评价的有效策略分析

榆中县恩玲中学 白军志

在高中教育阶段，教师、学生都承受着巨大的高考压力，所以会过于看重考试评价，导致各学科的功利性教学目的过强，限制了学科素养教学的落实。正是在这种"唯分数论"评价观念的影响下，高中生失去了学习与进步的乐趣。为此，新课改重点强调要改革课堂教学评价，要求教师树立"以学生全面发展为主"的教学评价观念，以多样化的评价方式来丰富评价内容，全面而客观地评判高中生的学习表现与学习效果，进而提升核心素养。具体来说，教师可从以下几个方面来设计与实施高中课堂教学评价活动。

一、设定多元评价标准

评价标准决定着评价的内容与重点，"唯分数论"的评价标准将学生的成绩看成唯一标准，所以导致高中课堂教学深陷应试教育的泥潭。为了尽可能消除应试教育的负面影响，教师应设定多元评价标准，以保证所选择的评价内容与评价手段的多样化。

新课改从"知识与技能""过程与方法""情感、态度与价值观"三个维度制定了课程目标，要求教师全面关注高中生的学习兴趣及方式。在教学评价中，教师可根据"三维目标"来确定评价标准，从知识、能力、情感三个角度来分析高中生的学习表现。当然，评价并非仅仅针对学生，教师所创设的教学情境、提出的学科问题、组织的探究活动、开发的课程资源等教学技能所发挥的教学效果如何，也是课堂教学评价的重点内容。教师的教学能力与课堂管理能力的优劣最终是通过学生的学习变化体现出来的，所以仍然需要以多元评价标准入手，具体反映到"三维目标"的落实成效上。

二、丰富评价方式

评价方式是实施课堂教学评价活动的基本手段，教师所选择的评价方式直接决定着评价的重点内容。新课标认为，教师应以学生自评、小组评与师生互评这一完整的评价主体结构为主，而这也必将涉及评价方式的改革与创新。同样，多元化的评价标准也需要多样化的评价方式作为教学支撑。因此，丰富评价方式是新课标所提出的另一个改革要求。

考试评价虽然备受批判，但它是评价教学效果的捷径，所以高中教师应针对考试评价中出现的不足，及时进行教学评价改革，弱化考试评价的地位，同时补充课堂观察记录表、学生成长档案袋等多种评价手段，以便促进发展性评价的有效落实。比如，教师可以利用课堂观察记录表来记录学生在课堂学习中的突出表现以及明显退步，分析学生学习状态产生明显变化的关键原因，先从教师自身进行反省，如是否教师所创设的教学情境不够吸引人，课堂提问是否不利于开发学生的思维，是否忽视了某些学生的学习表现等。然后，结合高中生当时的学习心态进行全面分析，了解影响课堂教学效率的具体原因，进而做出教学改革与调整。另外，教师也可鼓励学生在成长记录袋中收录课堂观察记录表或错题卡片，培养学生的自主探究和自我体验意识，让学生在实践中摸索、积累和感悟，这既是个体认知与元认知建构的过程，也是学生在教师引导下的自我发展、自我超越、自我升华的过程。同时结合学生在校期间所取得的明显进步与学习成就，以及学生的考试成绩进行全面评价。

三、兼顾过程与结果

学习过程与学习结果是保证教学评价全面的基本要求。这个理论是指教师既不可为了学习效果而忽视学习过程，也不可只重过程而不顾结果。这是因为，只重视结果会让课堂教学重新陷入应试怪圈，而只重视过程也不利于提高学生的学习能力与学科素养。因此，兼顾过程与结果才是新课标所提倡的教学评价手段。

实际上，兼顾过程与结果已经成为新课标的基本评价理念之一，也是发展性评价的核心理念。为此，教师既要以学生成绩来判断某个周期内学生的学习情况，又要结合学生的日常表现来帮助学生建立自信心，使学生客观对待自己的学习能力。兼顾过程与结果评价对班级后进生十分重要，因为这部分学生长期处于困难的学习状态之中，他们时常感到自卑、失望，很多学生在成绩差的打击下逐渐产生了厌学、自暴自弃等心理。对此，教师可用过程性评价方式来评判学生的学习表现，比如，看到这些学生回答问题次数增多、学习态度变得更加积极、产生了创新性学习思维等，教师应及时评价，让他们明确地看到自己的进步与优势，进而使其重塑学习自信，在自信、激励中重新燃起强烈的学习欲望，以此来提高他们的学习效率。如此一来，便可保证课堂教学评价对学生的激励与促进作用，真正发挥教学评价的诊断、激励、调节、发展等多种功能。

总而言之，新课标为各科教师指明了全新的课堂教学改革方向，每一位高中教师都应深入领会新课标的教学理念，用发展性教学评价理念来全面评价高中课堂教学活动的实施过程、实施效果，客观评价高中学科教学对学生全面发展所起到的促进作用，进而让学生在教学评价的合理指导下更好地完成学科学习任务，提升核心素养，为学生的终身发展奠定坚实的基础。

参考文献

[1]李渭灿.课堂评价——关注学生的可持续发展[J].青少年日记（教育教学研究），2012（11）：32.

[2]钟慧.浅谈新课标下的课堂教学评价[J].中学课程资源，2011（10）：38-40.

（此文2018年发表于《华夏教师》第4期）

西部农村中学生英语交际障碍分析及能力培养策略

榆中县恩玲中学　白军志

英语是一门语言，语言作为一种交流信息的工具，它最基本的功能就是帮助人们实现交流。因此语言应该是在反复交际使用中学习，在掌握知识之后再回到应用中，达到交际的目的。英语教学的目的，就是全面培养学生听、说、读、写的能力，最终实现交流。所以，口语交际能力的培养是外语教学的核心问题。《九年义务教育课程标准》对口语交际的总要求是"初步形成用英语与他人交流的能力，进一步促进思维能力的发展"。[①]《普通高中英语课程标准》也明确指出："特别注重提高学生用英语进行思维和表达的能力。"鉴于此，英语教学也正在从传统的语言形式的教学向以交际为目的的教学转变。过去，我们往往只注重对学生的语法知识、阅读能力和写作能力的培养，未把对学生口语交际能力的培养摆到重要位置。其实，口头语言比书面语言起着更广泛的交际作用。现代社会是信息社会，尽管信息的表达、传输方式很多，但人与人之间的沟通交流最直接、最迅速、最方便的方式莫过于口语，可以说口语交际能力是一个人智慧、知识、能力、素质的综合体现。

一、交际能力的重要性

1. 提高学生的交际能力是时代的迫切要求

实现中华民族伟大复兴的中国梦需要成千上万的人才。随着我国经济的发展和社会的不断进步，我们的国际交流空前频繁，国家急需大量的具有较强的跨文化交际能力的外语人才。在全球一体化的今天，即使是平常老百姓也有

---

① 赵春生，李菡.义务教育英语课程标准［M］.北京：北京师范大学出版社，2012：2.

出国的机会，而那些语法条文背得滚瓜烂熟、词汇短语的用法说得头头是道、阅读能力强的知识型外语人才，很难在今天的社会上找到自己理想的位置。培养和提高学生的听、说交流运用能力不仅是时代的要求，而且是实施素质教育的体现。

2. 提高学生的交际运用能力是广大学生的迫切要求

语言首先是有声的，如果忽视了对学生听、说交际的训练，会给学生的进一步学习带来极大的困难。初中忽视听、说，造成学生进入高中后，听不懂教师讲课，上课不敢开口回答问题，结果影响了英语学习，成为英语学科的学困生；高中忽视听、说交际运用的培养，升入大学后考四级英语，听力成了一次次失败的主要原因。诸多现象都说明提高学生听、说能力的重要性，忽视学生听、说能力的培养和提高不仅会造成学生口头上无法与对方交流，也影响了读、写能力的提高。因此强化对学生听、说能力的培养，增强课堂上的交际运用，可以提高学生的学习积极性，也是广大学生的迫切要求。

二、西部农村中学生英语交际障碍分析

1. 交际能力概述

关于交际能力，20世纪90年代，应用语言学教授Lyle F. Bachman提出，交际能力由组织能力（语法能力和情境能力相结合）和实用能力（语言表达能力和社会语言学能力相结合）共同构成，主要包括两方面技能：一种是领会性技能，包括听和读；另一种是表达功能，包括说和写。[①]从语言学的角度看，语言首先是有声的语言，要学好语言就必须养成开口的习惯。语言教学的目的就是通过语言来学习交际，获得交际能力。要能够运用所学到的语言，在不同的场合与不同的对象进行有效的、得体的交际。

2. 西部农村中学生的英语口语交际现状

调查发现，由于西部农村地区偏僻、信息闭塞、师资匮乏及传统教学等方面的因素，仅仅有20.2%学业成绩好的学生对听、说、读、写这四项技能掌握得比较好，而有相当一部分学生在用英语进行口语交际时，表现出一定的交

---

① Lyle F.Bachman and Andrew D.Cohen.Interfaces Between Second Language Acquisition and Language Testing Reasearch.[M].British Cambrige University Press，2002：191.

际障碍，具体调查结果如下：

（1）有31.3%的学生虽然有一定的口语基础，但缺乏自信心，表现为不敢说，害怕说错。

（2）有32.3%的学生虽然敢说，但缺乏一定的口语基础，表现为说不好，表达不清楚，同样达不到交流的目的。

（3）有16.2%的学生既没有一定的口语基础，也没有一定的自信心，在交际过程中基本保持沉默。

三、交际障碍的原因分析

1. 缺乏交际氛围

交际教学思想的倡导者欧莱特认为，语言学习的成功在于将学生放在一个需要用目的语交际的环境之中，这样才能培养学生对语言形式的得体与否做出判断的能力和结合语境理解语言形式与意义的能力。但是农村地区的学生接触真实英语交际情境的机会非常有限，他们学习英语的主要环境就是课堂，口语练习也局限于书本上的机械操练，缺乏师生和生生之间思想上、信息上、情感上的有意义的交流。

2. 缺乏交际自信

一些学生比较胆小，羞于说英语，很多性格内向的学生总觉得自己的英语基础差，语音、语调不标准，怕开口说错，受到老师和同学的嘲笑。这种恐惧心理导致学生在进行口语表达时显得焦虑和紧张，影响他们正常的思维和表达，说话时吞吞吐吐、结结巴巴，渐渐就失去了用英语表达的愿望。

3. 缺乏正确的学习动机

正确的学习动机的形成对于英语口语学习的影响是重大而深远的。在英语口语学习方面，很多学生有这样一种误解：学习英语是为了应付考试，会不会说不要紧，甚至有些学生一点儿都不重视说的技能。这些中学生成天陷在英语题海当中，他们认为只要英语考试成绩好就可以了，这种想法直接影响着他们学习英语口语的积极性，从而导致了"哑巴英语"现象的出现。

4. 传统教学模式的影响

在传统的课堂教学中，教师侧重于做知识的传授者，是教学活动中的主体，而学生只是被动地听课，死记硬背知识点，成为教学活动中的客体。这种以讲授为主的封闭型"一言堂"模式，使得学生很少有机会进行口语训练。

5. 缺乏良好的师资

教师作为课程教学的设计者和开发者，同时也是学生学习的促进者，在教学活动中起着重要的作用。教师知识素质以及个人能力的高低，事关课堂教学的成败。但是，当前在西部农村地区，有些英语教师甚至没有接受过专门的培训，而是临时从其他专业"转行"而来，而且有许多教师不改进教学方法，不能有效地组织好课堂教学活动，这些都直接影响着学生的口语表达能力。

四、英语口语交际能力培养策略

1. 形成正确的学习动机

学习动机是指激发个体进行学习活动，导致其行为朝向一定学习目标的一种内在的或内部的心理状态。学习动机来自学生的学习需要，学习需要则来自学习本身的求知需要和社会对学生的需求。[1]有了正确的学习动机，学习者才会对英语学习有正确而全面的认识，从而保持积极的学习行为。尽管中学生面临着升学考试这一现实压力，但作为教育者，我们应积极引导他们形成正确的英语学习动机，不能仅仅把通过考试作为终极目标，而应该扩展到考试以外的更高层次。学习英语的目的在于交际，要让学生将英语学习与社会责任、文化传承、交流与沟通紧密联系起来，一旦学生把英语学习活动与自身发展以及社会责任等联系起来，把自身英语学习融入整个民族、社会乃至全人类的整体素质的提高和生存发展，他们就会感到一种责任和使命，从而自觉地、主动地、积极地投入英语口语的学习中。

2. 进行合理的心理调节

农村中学生普遍存在自卑、羞于开口、畏难等不良情绪，这是导致他们在英语口语学习中消极、被动的主要心理原因。为此，作为英语教师，应对其进行适时、合理的心理调节，消除其心理障碍，要让学生认识到英语口语学习并不可怕，在口语交际中出错是正常现象。口语学习之初最重要的不是能不能说、说得好不好的问题，而是敢不敢说的问题。口语交流重在思想的传达，只要能达到交流的目的，有一些错误是可以忽视的，并且随着训练的深入、水平的提高，错误可以逐渐减少，流利和准确的英语口语能力是可以获得的。

---

[1] 吴思娜.21世纪中小学心理健康教育指导［M］.北京：科学出版社，2007.

3. 以多种方式进行英语口语互动训练

新课程要求"学生与教师在'互动''对话'中对知识进行'创生''改造'"①，进而实现"动态生成"，这就要求教师尽可能多地创设互动情境，让学生在互动对话中提高口语能力。"Practice makes perfect"，熟能生巧！英语口语能力的提高离不开长期的实践训练。教师在对中学生进行语音、语调、节奏、语气控制等基本技能的教学与训练之外，还应采用多种方式，组织和指导他们进行口语交际训练。形式多样化、内容题材多元化、课堂气氛交际化的实现有助于保证英语口语训练的有效性。英语口语课堂训练形式主要包括问答（asking & answering questions）、句型练习（pattern drills）、对话（making dialogues）、看图说话（talking about pictures）、讲故事与复述（story telling & retelling）等。我们还可以从学习者的交际需要以及语言的社会交际功能的角度出发，设计相应的英语口语课堂教学训练活动，如小组活动（group activity）、模仿与角色扮演（simulation & role-play）、采访（interview）、讨论与辩论（discussion & debate）等对中学生进行口语训练。

4. 在教学活动中渗透文化背景知识的学习，提高外语交际能力

语言与文化是密切相关的。英语教学应有利于学生理解外国文化，加深学生对祖国文化的理解，进而开阔文化视野，形成跨文化交际意识和初步的跨文化交际能力。②不同的语言表达方式反映了不同民族的思维方式。我们学习英语的最终目的是运用英语进行交际，而在交际过程中如果对英语国家的文化不了解，就很难达到运用英语进行交际的目的。例如，有的学生见到英国或美国游客，想试试自己的英语水平，开口便问："Where are you going？""What's your name？""How old are you？"甚至还问一些"Are you married？""How much money do you earn every month？"使外国游客很难回答。之所以出现这种情况，就是因为学生还不了解英语国家的文化状况。文化的介绍能使学习者清晰地了解其背景，而且使学生更好地理解所学的知识。西方文化不同于中国文化，它能唤起学习者对学习知识的欲望，还能够激发其学习英语的兴趣。

---

① 杨九俊，吴永军.建设新课程：从理解到行动［M］.南京：江苏教育出版社，2013.
② 肖川.义务教育英语课程标准（2011年版）解读［M］.武汉：湖北教育出版社，2012.

5. 改进教学方法，给学生创造良好的交际环境

交际法强调使用真实的材料。在一些基础英语教材里常常会有地图、交通标志、广告等"真实材料"，我们认为用这些材料会帮助学生熟悉一些事物，但这不是语言学习的全部。[①]因此，在课堂教学中，教师首先应创设尽可能真实的环境，围绕所学语言内容和知识进行具有交际性特征的语言实践活动。其次，鉴于农村学生学习英语实践的机会很少，教师要用先进的教育理念不断改进教学方法，培养学生的学习兴趣，坚持用英语上课，这样可增加学生听、说的机会，使他们的注意力更加集中。青少年具有较强的模仿能力，他们喜爱模仿，只要教师坚持用英语上课，通过一段时间的适应，他们很快就能理解教师表达的意思，并试着模仿使用。这样，学生沉浸在浓厚的英语氛围里，就会自觉或不自觉地用英语进行思维，用英语进行交谈。最后，注重体态语言在交际中的作用。在课堂教学中，如果教师用适当的体态语来表情达意，既可以避免用汉语解释英语，又可使学生设身处地感受其意，从而创设出一种有利于培养学生英语语感的语言环境，使学生在轻松快乐的氛围中提高听、说能力。

6. 丰富英语课外活动，提高口语表达能力

根据学生的年龄特点和兴趣爱好，教师应有计划地组织内容丰富、形式多样的英语课外活动，如英语角、英语笔友会、英语晚会、英语演讲比赛、英语辩论会，自编自演英语小品、创意制作英语小报等，都是一些极好的课外活动形式。这些课外活动可以使学生发现英语作为语言工具的实用价值，同时，通过大量的语言实践活动，学生的听、说、读、写能力能得到全面提升。教师要善于诱导，保护学生的好奇心，培养他们的自主性和创新意识。课外语言实践活动最便利的形式是自由对话，这种形式很少受时间、场合、对象、话题等限制，教师应鼓励更多学生参与，形成相互用外语对话的氛围和习惯。

21世纪，世界正在发生着深刻的变革，全球经济一体化进程正在加快。语言是交际的工具，外语教学的质量直接关系着国家的发展。因此，全面提高英语教学的效率和质量，大幅度地提高学生的英语应用能力，既是中国国民经济发展的迫切需要，也是新时代中学英语教学的一项紧迫任务。俗话说，教学有

---

① 李观仪.具有中国特色的英语教学法［M］.上海：上海外语教育出版社，1995.

法，教无定法，贵在得法。作为农村英语教师，要努力创设一个良好的语言氛围，让学生愉快地融入英语环境，从大胆开口、易于开口到乐于开口，努力提高英语口语交际水平，为学生今后的学习打下坚实的基础。

参考文献

［1］Vivian C.Second Language Learning and Language Teaching［M］.England：Edward Arnold Pulishers Limited,1991.

［2］索绪尔.普通语言学教程［M］.高名凯，译.北京：商务印书馆，2009.

［3］戴正平.语言学理论·语言教学［M］.广州：世界图书出版公司，2014.

［4］戴炜栋，任清美.外语教学专业发展：理论与实践［M］.上海：上海外语教育出版社，2006.

时代呼唤学习型、反思型的校长

榆中县恩玲中学 白军志

校长是贯彻执行党的教育方针的带头者，是学校教育思想的引领者，是办学方向的掌舵者，是师生发展的促进者，是公共关系的协调者，是学校管理的指挥者。校长的责任不仅仅是管理好学校，教育的迟效性还决定校长要有一种历史责任感，要为未来负责，不能只顾眼前利益。著名教育家陶行知先生说："做一个校长，谈何容易！说得小些，他关系千百人的学业前途；说得大些，他关系国家与学术之兴衰。"所以，作为学校的掌舵人，必须进行广泛深入的学习，更新理念，积累知识，反思自我，完善自我，抵制落后思想的侵蚀，在实践中不断总结经验，改进方法，使学校发展保持长盛不衰。

一、树立终身学习的理念，做好理论与实践的中介人

在现代信息万变的形势下，要善于学习。作为一所学校的校长要不断地学习和掌握新的教育思想、管理方法，要在工作之余关注国内外先进的教育思想和管理经验，关注科学事业上的最新发现和文明成果，关注社会各界对人才的需求和标准。每天要读书看报，从而时时了解大局，清晰地把握教育发展的方向。许多工作不等上级布置，只要认为是带有方向性的，就要结合学校的实际加以思考，并着手去做，《中国教育报》应成为校长每日必读的报纸。所以，当校长，要一手抓学校工作，一手抓自身的学习，两手抓，两手都要硬。一名好校长，要学习、学习、再学习，活到老，学到老。当校长的过程，就是不断学习知识和更新知识的过程，是不断吸收新思想和更新理念的过程，是不断将所学到的知识、方法运用于实践的过程。校长如何学习，我认为应该做到"四读"：读书、读人、读事、读脑。

1. 要"读书"

校长在构建学习型学校的过程中，必须读书，而且要多读书。书是知

识、智慧、信息的载体，读书就是增长知识、强化智慧、获取信息。现代社会，各种传媒和书一样丰富着人们的精神生活。因此，读书还包括看报纸、杂志、电视、上网以及参加各种报告会、交流会、研讨会和参观、调研等。

2. 要"读人"

校长要善于"读人"，而且要读懂人。读懂人就是要观察人、分析人、研究人、判断人，发现他人的长处、优势和与众不同的地方，学习他人的优点，取长补短。学校的每一位教职工都是一本无字的书，书写着每个人的人格、品德、能力、智慧，校长要用心去读、去学，应该说，这是有助于校长成长的一部有用的百科全书。

3. 要"读事"

一件事情做成功了，要认真对成功的做法进行研究和探讨，总结出经验，找到规律，形成理性思考，增加知识、能力和智慧方面的营养，这样，才算读懂这件事情，才算把工作和学习充分地结合起来。反之，失败了，怎么办？反复地读，仔细地读，直到读懂为止。

4. 要"读脑"

"读脑"，就是解读他人的思想，通过听其他人的讲座、报告会及相互交流，知道他们想些什么，他们为什么这样想，我如何向他们学习。一位校长，如果能时常听一些名家、名师的讲话，汲取新的教育理念，学习新的教育方法，那将会得到意想不到的收获。把听其他人讲话的范围扩大一下，和其他人聊天，同其他人对话，都是校长"读脑"的过程。除了读其他人的"脑"，还要读自己的"脑"，即勤于思考。读其他人的"脑"贵在虚心，读自己的"脑"贵在勤奋，一位虚心而又勤奋的人终究会取得成功。

二、构建学习型组织，优化竞争合作机制

作为学校管理者，应致力于构建学习型学校，营造全员学习的氛围，以学习促提高，以学习促发展。

1. 引领教师适应时代要求，做最好的"自我"

校长要引导教师尽快完成从传统教育工作者到现代专业教育工作者的转变，从传统意义上的教师到研究型、反思型教师的转变，从单纯提高专业素养到更加追求文化层次、文化品位的转变，努力提高教师的修养，提升教师的人格魅力。同时，要培养教师的竞争意识，优化内部竞争机制，但也要根据学校

培养人才的要求，注重教师合作能力的培养，要发挥学校教育集体的力量，避免在竞争中可能出现的消极和负面的心理障碍，从有利于学校内部和谐、共同发展的目标出发，发扬团队的合作精神。

2. 以问题为本，加强学习，促进教师专业化发展

我校在打造学习型团队的过程中，重在构建良好的学习网络，更新全员观念，提升全员素养和能力，在问题中学习，在环境中解决问题，在问题中提炼问题。学校在建设学习型队伍中提出，教师学习要做到"八个坚持"，即坚持对党的教育方针的学习，坚持结合热点话题学习，坚持结合课程标准学习，坚持结合出现的问题学习，坚持结合实际案例学习，坚持同事相互交流的学习，坚持结合教学反思的学习，坚持中国传统文化的学习。通过学习，全面提升教师的政治素养、道德素养、业务素养、文化素养。

3. 建立多元反馈和开放的学习系统，开创多种学习途径

我们结合学校工作的特点，按照以下四点来设计和完善学习机制：一是从总结和分析中学习。学校适时召开工作总结会、质量分析会，在总结中提升自我。二是通过具体、明晰的信息反馈学习。如在举办优质课、公开课等活动的过程中，强化说课、评课环节，让教师在评价、讨论中懂得一堂好课的基本要素，更为准确地把握教师、学生在课堂中的角色和地位，从而明确努力的方向。三是以外部信息为依据进行学习。通过调研和问卷调查帮助教师从"问题""希望""建议"中得到启示。四是促进教师之间的学习与交流。如以学科教研组、备课组、学术沙龙等形式建立共同学习、相互交流机制，开展班主任经验交流会、"师徒结对帮扶"，发挥骨干教师的辐射作用等，分享成功经验，实现教师队伍的整体优化。

三、在学校管理中做到"常反思""深反思"

学校工作的出发点与归宿应该是促进人的全面发展。这里的人，不仅指学生，也包括教师。校长的管理，就是要让每一个人获得更好的发展。校长应常常自省：学校的每一项决策是否有益于学生的发展，是否有利于教师的成长。教育质量是学校的生命线，课改的目的不是不要教育教学质量，相反，是追求更高的质量。质量立校，是处于课改下的每一所学校毋庸置疑的必然选择；而"科研兴校、科研兴教"，则是攀登质量高峰的必由之路。在课改中，要积极运行反思，让校长、教师明确一个反思目标，即提高学校管理、教育教学水平；把握一个反思关键，即克服改变不符合课程改革要求的习惯性想法和做法；构建一个反思平台，即撰写好教学反思笔记，走出一条顺应新课改、接轨新课程、践行新理念、提升质量的行之有效的校本教研之路。

走学习、反思之路，做一名"学习型、反思型"校长，并以自己先进的教育思想和实际行动影响师生，是新时代校长们应该选择的一条明智之路。让我们紧跟时代的步伐，在校长这个神圣的岗位上，飞得更高！飞得更远！

（此文2016年发表于《兰州教育》第5期）

新课标理念下高中课堂教学评价的关键要素与策略

榆中县恩玲中学 白军志

我国传统的教育形式体现为标准的应试教育,一切为考试而生,一切为分数让步。但是随着时代的改变和人们知识观的改变,传统的教育理念不再适应社会的要求,由此教育改革如火如荼地展开了。但是随着改革的推进,新课标下的教学开始陆陆续续出现了新问题,这是新旧事物转换所带来的必然结果。改革从来都不是一帆风顺的,这种转换对英语教学造成的影响更具有代表性。下面将以高中英语教学为例进行论述,提出笔者自己的几点想法。

一、教学评价与高中英语课堂发展现状

(一)浮于形式,评价方式老旧呆板

虽然新课标理念已经提出一段时间了,但是至今都没能被很好地运用到教学实践当中。究其原因,是大多数教师都已经习惯了传统的教学方式,教育观念尚未完全跟上时代的脚步,教学重心依旧单一地落在卷面分数上。在进行课堂教学时,教师往往沿袭传统的灌输式教学方式,把知识点单方面"强喂"给学生,却不告诉学生该怎么咽下去,怎么消化。在这种教学方式下,学生被当成知识的填充体,身为人的主观意识被剥夺,对学习难以产生兴趣,甚至还会滋生厌学情绪。教师对课堂教学评价不重视。所谓的评价往往徒有其表,只是为了迎合形式,并没有起到应有的效果。进行评价时,不少教师的评价语都呈现出空泛虚假的特点,缺少针对性,只是简单地说几句"good""wonderful",更像是敷衍而不是夸奖。这种评价方式单一且落后,效果也不尽如人意。

（二）理解失误，评价未体现积极作用

什么是课堂教学评价？应当什么时候评价？怎么进行评价？这些问题一直没有得到系统规范的定义，教师大多是依靠自己的理解进行操作。有的教师认为严师出高徒，评价时一味批评学生，对学生的进步视而不见；有的教师轻视课堂评价，完全不清楚应该评价的时间、场合以及方式；还有的教师则是矫枉过正，一味进行鼓励式评价。这些理解都不符合现代教育理念，对课堂教学评价在高中课堂的展开都会产生不利的影响。此外，由于缺少经验和指导，大多数高中英语教师在进行评价时往往随心所欲，评价内容单一空泛，没有结合新课标理念，导致课堂评价丧失应有的价值。

进行课堂教学评价的初始目的，是为了提高学生学习的积极性，改善学生的学习，促进学生综合素质的发展。但是，当下的课堂评价却没有体现出这种积极作用，反而在学生当中呈现出了两极现象——成绩好的学生不断受到鼓励，自信心增强；成绩差的学生总是受到批评或者得不到重视，学习态度越来越消极。这种不正确的评价方式非常不利于学生身心健康的发展，对学生的学习和生活都会造成负面的影响。

（三）基本理念

伴随着信息化和全球化的发展，英语已经成为公认的国际通用语，被广泛用于国际交流，由此，外语教学，尤其是英语教学逐渐引起了各个国家的重视。早在2003年我国就意识到了外语教学的重要性，出版了《普通高中英语课程标准》，提出了课标下的课堂教学评价基本要素。

1. 促进学生发展

学生是教育的中心，一切教育活动的展开都应该秉持"以学生发展为主"的理念，把学生放在第一位。因此，在进行课堂教学评价时，也应该始终贯彻这一理念，把学生作为评价的参考，通过学生判断教学的价值，而不是把目光单纯地放在教师身上，一味关注教师的行为。学生对教学内容的掌握程度，以及学生的课堂参与度、学习积极性，这些才是教学效果最直接的体现。故而，我们应该把关注点放在学生的发展上，例如，教学是否促进了学生学习素养的发展，是否有利于学生的身心健康等，以此评判教师的教学成效。

2. 促进教师成长

我们进行课堂教学评价，是为了让被评价者能够通过评价更好地了解自己的行为，并以此为依据对自己的行为加以调整。新课标下的课堂评价，并不

是单纯为了比较不同教学方式的优劣，它的真正目的是通过向教师提供教学反馈，帮助教师发现不足，从而使教师有针对性地进行教学质量的完善。也就是说，我们不应该片面地关注教师现在的水平，而应当关注教师的成长，即教学评价是否促进了教师的进步。

3. 以学论教

我们一直在说学生在教学中的重要性，但是传统的教学评价却常常忽视学生的存在。在进行课堂教学评价时，往往是由教师进行自评和互评，以教论教，只考虑了教师的视角。这种把教师视为教学中心的评价方式，违背了"以学生为主"的教学理念。新课标背景下的高中课堂教学评价，应当"以学论教"，也就是以学生为参考对教学进行讨论。以学论教的评价方式把学生放在了评价的第一位，体现了学生的主体地位，是新课标理念的具体展现形式之一，具有重要意义。

二、反思课堂评价三要素

课堂评价的主要研究对象有两个，分别是教师和学生。在对教师进行评价时，主要评价教师的素养和教的情况，而后者的评价又分为对教师的教学方式的评价和教学能力的评价；评价学生时关注的则是学习情况。下面，笔者将以这三个要素为中心，谈谈自己的看法，希望能够与广大教育工作者共勉。

（一）对教师素养进行评价

教师素养关系着高素质人才的培养，与素质教育的实施效果有着密不可分的联系。试问一个素质不高的教师，如何引导学生获得良好的素质，如何促进学生综合素质的发展。所谓为人师表，本就应该做好带头模范作用，为学生树立正确的榜样。教师素养包括人文素养、艺术素养等十项内容，评价时可以从这十项内容出发。所谓成功的课堂教学，应当秉持着正确的教学理念，尊重学生的主体地位和个体差异，在教师积极的指导下井然有序地展开。一个优秀的教师，应当做到的不仅是提高学生的学习水平，锻炼学生的自主学习能力，还应当具备良好的道德修养，成为学生学习的榜样。

（二）对教的情况进行评价

1. 教学方式方面

所谓行为，是受主观意志支配的。通过观察一个人的行为，我们能够推测出他当时的所思所想。同理，教师的教学能力和理念也会体现在他的教学方式上，因此研究教师的教学方式对改善教学不足具有指导意义。虽然教师在教学中更具有主动权，但是教学的主体是学生，教学效果的体现者也是学生。因此课堂教学评价并不直接作用于教师，而是作用于学生，把学生作为镜子，透过学生判断教师的教学方式是否存在不足。笔者认为，可以从两个方面进行评价。

第一，对学习过程的关注程度。当代教育理念认为，学生是教学的主角，教师应当将课堂"让"给学生。然而，很多教师不能适应这种角色转换，固执地守着"高高在上"的威严，对新课标要求敷衍对待，有的甚至连走形式都不愿意，依旧按照老路子教学。在当今的社会环境下，教师更应该关注的是学生学习的过程，而不是学习的结果，应该做学生学习路上的指路者，而不是拿一根绳子拽着学生走，忽视学生的主观意识。教师能否正确认识自己的教学定位，教学过程是否重视对学生的自主学习能力的培养，这些都是教学评价应当关注的内容。为此，对教师的教学方式进行评价时应当研究学生的学习情况，比如上课情绪如何，对教师提的问题是否积极思考或回答，课后是否能主动复习等。

第二，知识的授予方式。评价教师的教学方式时，我们应当关注的是在进行课堂教学的时候，教师是照本宣科，以权威"压制"学生，还是采用多种形式再现教材，鼓励学生讨论、发言，并加以评价。进行评价的人员（有关部门）应该进行实地考察，以了解教师的课堂教学情况，以此作为依据对教师做出最客观的评判，确保改革的实际价值能够得到体现，切实改善教学的不足。

2. 教学能力方面

第一，把握教材的能力。高中英语教学对教材的依赖度较强，教师如何把教材的知识有机地输送给学生，是评价不可忽视的内容。教材是教学内容的主要载体，也是课堂教学中不可或缺的一部分。在实际教学时，教材不仅将知识直观地呈现在了学生的眼前，还扮演着促进学生与教师双向交流的媒介角色。如果教师只是把教材看作一件"死物"，把里面的内容不加思考、不加调整地直接丢给学生，那必然会导致教材丧失应有的价值，对学生的学习造成不利影响。因此，教师应当提前研读教材，进行课堂教学时再利用自己的教学经验和专业知识赋予教材新的活力，让教材去适应学生，从而帮助学生消化和吸收知识。

第二，设计教学环节的能力。教学也是一门艺术，设计教学环节与艺术创作有异曲同工之处，其目的都是对美的追求，只不过对美的定义不同罢了。

正所谓"黄金无足色，白璧有微瑕"，任何教学都会存在不完美的地方，既然如此，我们应该如何对教学环节进行评价呢？很简单，重点还是学生。就像上文说的，教学的主体是学生，所以教学的评价最终都应当回归学生。在课堂教学中，教师是否始终贯彻"以学生为主"的教学理念，是否使学生的主观能动性得到了体现，或者教师和学生的角色定位是否正确等，这些都可以作为评价的参考选项。尤其是学生对教学环节的反应，学生是否产生了兴趣，是否觉得有效，直接反映了教学环节的价值，对客观的教学具有显著的意义。

（三）对学生的学习情况进行评价

1. 自主性评价

中国有句古话，叫作"授人以鱼只救一时之急，授人以渔则可解一生之需"。教学的最终目的并不是使学生具备庞大的知识储备，熟练的答题技巧，而应当是使学生具备优秀的自主学习能力。当我们评价学生的自主性时，我们实际上是在考查教学效果。要评价学生的自主性，需要对学生进行多方面的考查，如学生发现问题、分析问题、解决问题的能力，或者回答课堂问题的积极性等。为了保证评价的客观合理，应当建立一个科学的评价体系，并关注学生的综合素质，以符合新课标的要求。

2. 合作性评价

教学活动是一项需要双向展开的活动，活动的过程中学生不仅需要与教师进行有效交流，还需要与同学建立良好的合作关系。不论是评价哪种合作，我们都应该关注活动双方的合作态度。在评价师生态度时，应该着眼于教师是给了学生足够的思考空间，与学生共同探讨，还是半强制地向学生灌输自己认为正确的观点；在评价学生时，则应该关注学生的参与度，如发言是否积极，如何处理不同意见等诸如此类的内容。

三、课堂教学评价策略

（一）建立科学合理的评价体系

在新课标的背景下，教师应该积极与学生进行交流互动，与学生建立和谐平等的师生关系。进行课堂教学时，教师要重视学生的主观意识，转变传统的单方面灌输式教学为现代的双向型、素质型教学，使教学有来有往，保证学生对知识的吸收。在评价方面，教师也应该积极做出改变。

为了方便实际操作，教师应当把评价指标一一罗列出来。评价指标应该包括宏观评价和细节评价,最好还能根据不同的学生设定不同的评价表。在日常教学中,教师可以依照评价表对学生进行评价,从而保证评价的进行具有条理性。评价时应该以鼓励为主,以增强学生的自信心。此外,教师还应当保证评价的多元性,不论是评价标准还是对象都应该具有多样性。分数虽然可以在一定程度上反映学生的学习情况,但分数毕竟只是卷面上的数字,并不能真实地反映学生的学习情况。教师应当更关注学生的发展,从学习能力、思考过程、人文素养等多个方面对学生进行评价。同时除了教师的评价,还可以让学生、家长都参与到评价当中,使评价更全面。

(二)根据评价内容进行自我完善

教师可以从两个方面了解自己的教学,一个是自我评价,一个是他人评价。自我评价方面,教师可以根据自己的期望设计相应的评价表格,以此进行自我反思,从而有针对性地对教学做出调整和改变。他人评价方面,教师要尊重其他教师和本班学生的看法。正所谓兼听则明,教师应当听取多方面的评价,再综合分析,积极调整。

综上所述,虽然当前的高中英语在课堂教学评价上还存在较多不足,但这些不足都是能够解决的。教育改革依旧向前迈着步子,教师也应当与时俱进,积极响应新课标的号召,贯彻素质教育理念。在教学中,教师应该与学生构建良好的师生关系,关注学生的学习情况和身心发展,积极有效地进行课堂评价,使学生逐渐成为学习的主体。此外,教师也要通过评价进行自我反省,不断提高自己的教学能力。

参考文献

[1] 董烈霞.发展性评价:教师教育评价的实施策略研究——基于教育类课堂教学的行动研究[J].中国成人教育,2016(11).

[2] 李梅.新课改背景下高中英语课堂教学中的评价方法改革研究[J].四川教育学院学报,2012,28(4):111-115.

[3] 徐慧.基于多元智能理论的多元评价体系及其在综合英语教学中的应用[J].长春理工大学学报(社会科学版),2009(4).

[此文系全国教育科学"十三五"规划2017年度单位资助教育部规划课题"新课标下高中课堂教学中评价理念和策略的研究"(FHB170524)的研究成果]

谈学校文化建设有效促进高中生心理健康发展的作用

榆中县恩玲中学　白军志

随着我国教育事业的发展和素质教育在中小学的深入推进，中学生特别是高中生的心理健康问题日益突出，已引起社会各方面的高度重视。心理健康教育是素质教育的重要组成部分，是学校德育工作的一项新课题，关注高中生的心理健康并对其进行有效疏导，已经成为学校教育工作的重要组成部分。

一、高中生心理健康存在的主要问题及表现

调查研究表明，高中生的心理健康问题主要表现为：在情绪上，喜怒无常，情绪不稳，自我失控，心理承受能力较差，意志薄弱；在思想上，缺乏理想信念，价值观扭曲，无进取心；在学习上，缺乏自信，学习困难，考试焦虑，注意力不集中，思维贫乏，学习成绩不稳，难于应对挫折；在青春期心理问题上，思想闭锁，缺乏与外界的心理交流，有的学生容易出现早恋现象；在行为上，出现吸烟、酗酒、打架现象，严重的会出现自残或伤人现象。由于高中生正处于青春期，思想比较活跃，又面临着升学等压力，造成精神上的萎靡不振，这些问题表现得尤其突出。

二、学校文化的内涵

学校文化是近几年来颇受关注的一个研究课题。关于学校文化的界定，不同的学者有不同的理解。学校文化有广义、狭义之分。广义的学校文化泛指学校中存在的一切文化，而狭义的学校文化仅指作为一种特殊社会组织的学校的制度文化。笔者认为可以从多个层面理解学校文化。从内容上讲，学校文化既有物质的，也有精神的；既有制度的，也有行为的；既包括校舍的建筑设

计、校园的绿化和美化等物质形态内容，也包括校风、教风、学风、集体舆论、规章制度等精神文化形态的内容。从性质上讲，学校文化总体上属于隐性课程，对人有潜移默化的作用。从功能上讲，学校文化的形成，使学校存在着一种"文化场"，这种"文化场"是学校的一种气势，是一种相对稳定的校园心理现象，也是一种学校精神现象。学校文化的核心是师生具有共同的价值观、价值判断和价值取向。它产生于学校自身，得到全体师生的认同和维护并随着学校的发展而日益强大，最终成为取之不尽、用之不竭的精神源泉。

三、学校文化的功能

现代教育理论认为，学校是汇聚、传承、创新文化的高级文化体。教育与文化的相互作用影响着人的发展，建设有利于青少年身心健康发展的学校文化，发挥文化的育人功能，是学校教育的一项综合性工程。学校文化的功能在于教育人、塑造人、促进人的健康、全面发展。它的主要功能有五个方面。

1. 陶冶功能

学校文化不但能显示出学校的办学品质，而且展示着其特有的风貌。它能够创造一个无形的"场"，将其感染力和渗透力弥散于校园之内、学生之中，无处不在，无时不有，通过潜移默化的陶冶，促使学生崇尚真善美，抵制假恶丑。

2. 导向功能

学校文化可以引导学生形成先进的文化理念和正确的世界观、人生观、价值观。高中学生对文化的选择具有心理的不确定性和价值取向的模糊性，因此学校文化的导向作用就显得尤为重要。

3. 凝聚功能

在优质的学校文化环境中，学生所受的心理影响类同，这种类同的心理效应会产生一种无形的感染力、向心力，从而形成共同的价值取向和凝聚力。

4. 教育功能

学校文化建设是为了凸显其教育功能，通过把教育人、培养人、塑造人作为其出发点，达到陶冶学生情操、发展学生智能、磨砺学生意志、愉悦学生身心的最终目标。

5. 规范功能

学校文化孕育着一种约定俗成的行为道德准则和一种崇高的理想信念，

使学生在无形或有形的约束和规范下学习、生活，正如荀子说："蓬生麻中，不扶自直；白沙在涅，与之俱黑。"学生一旦违反准则，就会受到内心的谴责和外界的抵制。

四、学校文化对学生心理健康发展的作用

1. 学校文化建设促进了学生积极的健康心理

我校是一所拥有近3700名学生的高中学校，80%的学生在学校寄宿，因为他们长期处于校园环境之中，所以对学校环境文化的要求高，依赖性也强。学生来到学校不仅是追求知识，更是追求情趣化生活。学校的文化环境是否具有艺术性、舒适性、优雅性、整洁性、安静性等都会对学生的心理发展产生很大影响。如我校在教学楼前建有环境优美的"孔子塑像广场"，孔子塑像在苍松翠柏的掩映下，为校园增添了人文色彩。教学楼后建有"静美花园"，园中绿树成荫，花木草坪相间，三季有花，四季常青。园内感恩亭檐角如翼，尖顶指天，如鲲鹏展翅欲飞；卧石静立，书写有"自强不息，厚德载物"；毓翠池假山迭次，喷泉吐玉，水清见底，游鱼碎石，历历在目……春花夏木，秋叶冬雪，一年四季，自然的造化在这里展现得淋漓尽致，与校园的氛围相得益彰，和谐统一。学生生活在这样优美的环境里就会身心宁静，心情愉悦，积极进取，奋发向上。学校的环境文化通过感染、认同的心理机制，使学生在不知不觉中接受影响，引起个人心理和行为的变化，以求与学校环境文化趋于一致，达到学校育人的目的。

2. 学校文化建设促进了学生正确价值观的形成

学校文化建设影响着学生对人及事物的看法，从而使其形成自己的价值观念。通过"一训三风"，我们不但可以直观地感受到学校育人的情怀、兴校的智慧、治学的品格、发展的思路，同时也可以触摸到学校的思想灵魂和精神特质。一所学校的校园精神和学校文化是以校风、教风、学风、校训为主要内容的。如我校确立了以"德恩"为核心的"一训三风"，即校训：厚德积学，励志敦行；校风：明德知恩，求真至善；教风：恩泽培德，玲珑启智；学风：弘德感恩，乐学善思。在"一训三风"中，"德""恩"体现学校的核心理念，"真""善"是教育的真谛，以"玲珑"比喻教学方法的灵活多变，"乐""善"则是学生孜孜以求的学习生活风貌。"厚德积学，励志敦行"是一个有机的整体，学以德为先，德以志为本，而行则是关键。学校以"德恩"

为办学核心理念，以民主、务实、高效、廉洁的工作作风引领教师爱岗敬业、甘于奉献，以高尚的职业道德感染学生，以精湛的教学艺术启发学生才智，形成"恩泽培德，玲珑启智"的教风；教育学生弘扬中华传统美德，做一个知恩、感恩、报恩的人，以学习为乐，善于质疑，善于思考；逐步丰富学校的道德内涵，积淀学校的学养，勇于实践，知行合一，求真至善，追求卓越。

3. 学校文化建设促进了学生行为习惯的养成

学校文化建设指学生和教师在校园这个特定空间中相互作用，逐渐形成的文化形态。为使学生养成良好的行为习惯，学校要发挥好环境育人的优势，紧密与学校德育工作相结合，对学生进行行为规范教育，做到持之以恒，日积月累，使养成教育真正成为学生的内在需求，促使他们自觉养成良好的行为习惯。如我校政教处开展了"争做文明标兵"活动，要求人人对个人卫生、礼貌待人、行为规范等方面做出评价，期末在自评的基础上，全班学生进行总评，对做得好的文明标兵，学校予以表彰奖励。同时，开展"文明班级、文明寝室"的评比活动，通过一系列活动，使学生们在愉快、和谐、坦诚、互助的氛围中检查自己的行为，达到了激励、鞭策之目的，强化了学生行为习惯的养成。另外，发挥身边榜样的教育作用，尤其是学生榜样有着非凡的教育效应，更贴近学生的心灵和生活实际。为使榜样的教育落到实处，学校每学期评选"三好学生""优秀学生干部"，发现好人好事随时给予表扬、鼓励，把他们的先进事迹展示在校园橱窗里，让榜样的无穷力量在学校环境育人中持续发挥作用。

4. 学校文化建设促进了学生智力的发展

学校环境文化是一个育人的环境，时时处处都带有教育者对受教育者的要求，具有丰富的文化内涵，散发着多元化信息。所有经过精心设计的文化信息，都能够对学生产生积极的刺激，从而促进他们智力的发展。"智商在丰富的环境与贫乏的环境中能够上升或下降"这在我校得到了充分验证，我校学生在优美的环境里智力都得到了很好的发展。比如我校在教室文化、宿舍文化的打造上充分发挥了学生的才能和集体的智慧。教室文化的建设以"乐观、向上、文明、进取"来打造，各班的班训、班风、文化牌、黑板报都是学生共同讨论确定、亲手制作的，由于内容丰富、形式新颖，这里常常是师生驻足观赏的地方。教室内一幅幅标语如"创最好的班级，做最好的自己""把握一个今天，胜似两个明天"等无不给人以巨大的精神力量。学校宿舍文化建设以"整洁、雅致"为主题，学生生活在一个明亮、整洁的宿舍环境中，心情舒畅、轻松愉快。而优美的校园环境有着"春风化雨、润物无声"的作用，学生在幽静的环境中学习，倍感舒心，从而缓解了学习的压力。

5. 学校文化建设提升了学生自我管理能力

高雅优美、整洁大方、富于人文气息的校园环境让学生感受到了现代文明人的生活追求，也深刻体会到了文明环境对个人素质的要求与约束。在一个整洁的校园内，学生是不会随地吐痰的；在一个幽静的校园内，学生是不会高声喊叫的；在一个充满现代文化气息的校园内，学生是不会打架斗殴的。整洁的校园不仅规范了学生的卫生习惯，而且促使学生树立了良好的环保意识。比如我校设立学生自我管理委员会，委员会设自习纪律监督岗、卫生文明监督岗、行为规范监督岗等。学生自我管理委员会成为学生自我管理、自我教育的有效组织机构，从而使学生能够做到在无教师管理的情况下，自觉进行自习及课外活动等方面的自主管理，能在举手投足之间自觉维护校园环境、设施。

6. 学校文化建设成为学生情感教育和审美情趣的教育基地

爱美是人的天性，高中学生尤其突出。由于高中生处于青春期这个特殊阶段，他们在追求美的过程中又存在着明显的弱点、他们追求美，却又不能正确识别美，常把新、奇、特视为美；他们只追求外在美，而不善于追求内在美，不懂得美具有广泛而深刻的内涵。所以，在学校文化建设中，要以培养学生的审美情趣为目标。如我校校园的花、草、树、木、园、林等设计，要求学生广泛参与，学校从中选择最佳方案，力求达到使用、审美和教育功能的和谐统一。学校环境建设凝聚了学生的感情、智慧和心血，所以他们以能在这所学校学习与生活而感到自豪，一种爱校如家的荣誉感油然而生。同时也培养了学生正确的审美观，提高了学生的审美能力及创造美的能力。

7. 学校文化建设促进了学生团队精神的培养

学校文化建设是充分发挥学生特长、发展学生个性和提升学生修养的重要方式。通过学校文化活动，教育和培养学生的合作精神、团队意识。例如，我校每年有计划地组织开展田径运动会、班级足球联赛、校园文化艺术节、演讲比赛、书画比赛等活动，让学生凝心聚力为班级增光添彩。学校文化活动是培养学生团队精神的有效切入点，但并不是全部内容，在学校文化活动中培养的团队精神、拼搏精神，必须渗透到学生的学习生活中。教师要以团队精神教育班级中的每一个学生，在学习上成立帮扶小组，对于学习有困难的学生，通过小组成员的帮扶使其摆脱困境。这种以先进带动后进的办法使学生提高了的学业成绩，在具体的帮扶活动中，加深了彼此之间的理解，强化了相互之间的感情，这既是团队精神培养的延伸，也是学校文化建设的深化。

当前，在学校开展心理健康教育已成为人们的共识，如何在学校教育中全面、深入、有力、有效地开展心理健康教育已成为教育工作者亟待解决的重要课题。学校要充分发挥课堂教学作为学生心理健康教育主渠道的作用，同时也要强化学校文化对学生心理健康的影响。在学校文化建设中，一方面致力于以校为本，着力创新，抓好学校文化建设这一课题的长期研究；另一方面以学生为主体，以建设优良的学校文化为重点，以丰富的学校文化活动为载体，力求塑造学生健全的人格，使学生形成良好的心理品质，逐步形成有特色的学校文化。

参考文献

[1] 刘引.现代学校文化使命[J].人民教育，2004（3-4）.

[2] 季萍.学校文化自我诊断[M].北京：科学教育出版社，2004.

[3] 刘视湘，伍芳辉.心理健康教育[M].北京：首都师范大学出版社，2014.

（此文2017年发表于《教育革新》第3期）

新课标下中学生评价研究

榆中县恩玲中学　魏振国

传统的评价方式以升学率评价学校，以考试成绩评价教师。这种评价的背后，是与学校和教师的切身利益密切相关的荣誉和利益。这种评价标准统一、方式机械、方法单一，教师在评价的过程中往往忽视评价的教育作用，结果就将学生简单地定性为"先进生"或"后进生"，导致"先进生"受到教师的激励，"后进生"感觉被冷落，自暴自弃，破罐破摔，从而造成不良的教育影响。

新课标下的评价则强调评价的教育功能，强调评价的目的在于让学生自我反思，自我成长，最终走向终身发展，所以这种评价应该是一种"爱"的教育方式。

一、转变评价理念，以促进学生终身发展

高中新课改由以往的以传授知识为主，转变为注重培养学生积极的学习态度、创新意识、实践能力、健康的心理品质等多方面的综合素质，为学生的终身发展奠定基础。鉴于此，学校的评价也要随之发生根本性转变：以前的评价是强调甄别与选拔，而现在的评价是促进与提高，让学生终身发展。

二、改变评价方式，让学生体会教师的关怀

教师评价学生是为了让学生更好地发展，是出于对学生深深的爱和关怀，就像春雨，"随风潜入夜，润物细无声"，让学生能感觉到教师在爱着他，关注着他的成长。但要注意，热爱学生不是挂在口头上的空头支票，爱学生就要真正走进学生的心灵，架设一条尊重、平等的桥梁，一条文明、友谊的桥梁，用爱心和人格魅力感染学生，用知识和自身素养教育学生。

（一）"关爱中"评价，让理解如同春雨润物

1. 了解学生出现问题的原因

面对"问题学生"，先不要直接批评，而要寻找适当的时机，弄清存在问题的原因，从而避免武断地评价学生和伤害学生的自尊心，也正因为了解了学生存在问题的原因，评价起来就会让学生心悦诚服。

2. 发现学生的闪光点，进行积极评价

人都喜欢听好话，中学生也同样需要表扬和激励，因为他们还不能很好地认识自己，很需要教师的指导，而发现学生的闪光点进行积极评价正是教师指导学生利用自己的优点增强自信心的重要途径。一个人，只要有了自信，就会向着健康的方向发展。

3. 深入学生内心世界，信任理解

教师的一句"我相信你"往往能给学生以无比强大的前进动力，因为他们需要他人的认同，尤其是老师的认同，这样，会减轻他们心中的压力，使他们放下包袱，也会更有责任感地学习和生活。

（二）"坐下来"评价，用平等构筑爱的基石

有一句教育名言叫"蹲下来看孩子"。目前的高中生依然是孩子，依然需要教师的关怀，依然需要教师的指导，而这种关怀与指导又不能以居高临下的姿态进行，因为他们有自尊，他们更需要平等，尤其是师生间的平等，平等对话，平等交流。这时候，教师只有坐下来，才能走进学生的内心，帮助他们成长。

1. 走进学生心灵，做到感情上的平等

古人说得好："知其心，然后能救其失也。"因此一个教师只有真正走进学生的心灵，及时洞察学生的心中所想，准确把握他们的心理状况，平等客观地对待学生的感情，因势利导，才能用自己的感情去感化学生，评价才能取得事半功倍的效果。这时候的评价才能如春雨润物般促进学生的健康发展。

2. 捕捉学生信息，发现存在的实际问题

学生中的问题，尤其是学生的心声是通过各种各样的形式表现出来的，教师一定要仔细捕捉学生生活和学习中的各种信息，才能发现学生成长过程中遇到的困惑与疑难，还要综合分析各种因素，才能合理地评价学生，帮助学生解决问题。

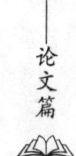

3. 与学生交心，寻找共同的语言

有人曾说过，"教学生要教心"。"教心"最重要的一点就是和学生"交"心。也就是在教育学生的过程中，用心与学生交流，以自己的礼仪规范学生礼仪，以自己的文明带动学生文明。要成为学生的知心朋友、倾诉对象、心理医生，要用自己的真心去感化、融化学生的心。新课标强调对学生情感、态度与价值观的培养，高中生的内心世界是敏感而丰富的，这就要求教师必须和他们平等交流，只有有了共同语言，教师的评价才能起作用，才能从心底打动学生，才能使学生心悦诚服地接受。

（三）"变方式"评价，让赞美走近学生心灵

打破刚性评价结构，尊重学生主体的独特性。

由于高考的压力，学校总是想方设法提高人才培养的效率，将评价标准局限于高考的成功率，导致高中的课程评价标准以刚性的、统一的标准和结构来塑造个性、情感、经历等不同的学生，不尊重学生主体的独特性。新课标则要求打破以前的刚性评价结构，将每一个学生看成一个有主见、有尊严、有个性、独立、自由的人去评价。下面以操行评语为例看看两种评价方式的不同。

该生热爱祖国，遵纪守法，敬重师长，团结同学；学习态度端正，学习目的明确，学习方法得当；能积极参加体育活动；劳动卖力。希望加强基础知识的学习，进一步提高学习成绩。

以上是以往的一则操行评语，从写评语的方式来看，教师眼中只有一个"静止"的学生，评价标准单一，评价模式固定，并且每学期每个学生的评语几乎是原版照抄，学生拿到通知单以后，也只看看分数，不关注评语。这就完全忽视了评语对加强师生沟通、促进学生发展的作用。

你的眼睛好像会说话，你秀气文雅、机智灵活、能言善辩；你天资聪明、能歌善舞，有较强的理解力和接受力；你活泼开朗、亲和力强，所以身边总有很多朋友，在教室里看到你专心学习的样子我很欣慰，但你现在的成绩远没有将你的潜质发挥出来。对你来说保持良好的学习心态，激发学习热情是当务之急，希望你一定要认真分析学习现状，突破学习瓶颈，尽快把学习成绩提上去。

以上是新课标下教师对学生的评语，以"促膝谈心"的方式，针对实际，既给学生树立了信心，又给学生指明了发展的方向。

从评语模式的变化我们可以看到，新课标下的评价将越来越个性化。当然这种个性化不是标新立异，而是在充分了解学生情况的基础上，针对学生的个性特点与学习生活中所出现的实际问题，所做出的恰当有效的评价。

  总之，新课程呼唤新的评价方式，关注学生的成长成才，关注学生的身心健康，关注学生的个性差异。教师的评价是一缕和风，能抚慰一颗颗躁动的心；教师的评价是一场春雨，能滋润一棵棵萌动的苗。春雨润物，让学生在学习中成长，让教师在教学中享受生活。

（此文2018年发表于《甘肃教育》第14期）

对不同溶液中水的电离的理解与应用

榆中县恩玲中学 魏振国

高中化学选修4《化学反应原理》中水的电离概念的理解容易,但学生在不同溶液中应用比较困难,计算易混淆,现以典型例题归类说明如下。

一、理解概念

高中化学选修4《化学反应原理》第三章第二节《水的电离和溶液的酸碱性》指出:①水是一种极弱的电解质,电离方程式为$H_2O+H_2O \rightleftharpoons H_3O^++OH^-$,简写为$H_2O \rightleftharpoons H^++OH^-$,水的电离常数$K_{电离}=\dfrac{c(H^+) \cdot c(OH^-)}{c(H_2O)}$,则$c(H^+) \cdot c(OH^-)=K_{电离} \cdot c(H_2O)$。从实验可知,在25℃时1L纯水(55.6mol)只有1×10^{-7}mol H_2O电离,电离前后H_2O的物质的量几乎不变,因此$c(H_2O)$可视为常数,$K_{电离}$也为常数,所以$K_{电离} \cdot c(H_2O)$必然也为常数,用K_w表示,叫作水的离子积常数,简称水的离子积。因此有$c(H^+) \cdot c(OH^-)=K_w$。不仅纯水,任何稀的电解质水溶液中K_w都是常数。②纯水室温下$K_w=c(H^+) \cdot c(OH^-)=1.0 \times 10^{-14}$,即$c(H^+)=c(OH^-)=1.0 \times 10^{-7}$mol·L^{-1}。

根据化学平衡概念,在水的电离平衡$H_2O \rightleftharpoons H^++OH^-$中,酸或碱溶液中由于$c(H^+)$或$c(OH^-)$增大,抑制水的电离,平衡向左移动,水电离出的$c_水(H^+)=c_水(OH^-)<1.0 \times 10^{-7}$mol·L^{-1};在能发生水解的盐溶液中由于$H^+$或$OH^-$参与反应形成弱电解质,溶液中$c(H^+)$或$c(OH^-)$减小,促进水的电离,平衡向右移动,水电离出的$c_水(H^+)=c_水(OH^-)>1.0 \times 10^{-7}$mol·L^{-1}。由此判断,要计算溶液中水电离出的$c_水(H^+)$或$c_水(OH^-)$需要辨别溶液的属性。

在酸、碱、盐溶液中如何理解水电离出的$c_水(H^+)$或$c_水(OH^-)$呢?现以几种常见例题及其解题方式举例说明。

二、水的电离应用

（一）室温下不同溶液中水电离度的大小比较

【试题内容】例1：25℃时，相同物质的量浓度的下列溶液，其中水的电离程度按由大到小顺序排列为_____（按序号填写）。

① NaCl　　　　② NaOH　　　　③ H_2SO_4　　　　④（NH_4）$_2SO_4$

【知识背景】此题重在强调c（H^+）或c（OH^-）对水的电离平衡的影响，以纯水为参照，c（H^+）或c（OH^-）减小，促进水的电离，平衡向右移动；c（H^+）或c（OH^-）增大，抑制水的电离，平衡向左移动。

【试题分析与解题思路】分析四种物质可知，②NaOH、③H_2SO_4抑制水的电离，①NaCl不影响水的电离平衡，④（NH_4）$_2SO_4$促进水的电离（NH_4^+水解），在②③中H_2SO_4为二元强酸，产生的c（H^+）大于NaOH产生的c（OH^-），抑制程度更大，故顺序为④>①>②>③。

【评注】此题考查学生对概念的理解与应用，综合性强，学生运用起来较困难，尤其将电离、水解和平衡综合到一起，辨别难度更大。

（二）室温下不同溶液中水电离出$c_水$（H^+）或$c_水$（OH^-）的计算

1. 纯水或中性溶液

【试题内容】例2：在某温度时，测得纯水中的c（H^+）=2.0×10^{-7}mol·L^{-1}，则c（OH^-）是多少？

【知识背景】重在考查纯水电离出的$c_水$（H^+）=$c_水$（OH^-）。

【试题分析与解题思路】根据水的电离方程式$H_2O \rightleftharpoons H^+ + OH^-$可知，无论在何种条件下的纯水中，水电离出的$c$（$H^+$）=$c$（$OH^-$）。而该温度下的纯水中$c$（$H^+$）=$2.0\times10^{-7}$mol·$L^{-1}$>$1.0\times10^{-7}$mol·$L^{-1}$，则所处温度高于25℃，但水电离的$c_水$（$H^+$）=$c_水$（$OH^-$）=$2.0\times10^{-7}$mol·$L^{-1}$。

【评注】学生易错答，忽略温度条件，套用室温下水的离子积常数K_w=c（H^+）·c（OH^-）=1.0×10^{-14}，计算错误。

2. 酸溶液

【试题内容】例3：室温下，计算pH=2的盐酸溶液中由水电离出的$c_水$（H^+）。

【知识背景】酸溶液中，H^+来自酸的电离和水的电离，$c_{酸}$（H^+）→

$c_水$（H⁺），酸溶液中计算H⁺时忽略水电离出的H⁺，而OH⁻只来自水的电离。由于$c_水$（H⁺）=$c_水$（OH⁻），酸溶液中计算水的电离时应用公式$c_水$（OH⁻）·$c_酸$（H⁺）=K_w计算$c_水$（OH⁻）即可。

【试题分析与解题思路】先求出溶液中的$c_水$（OH⁻）=（K_w/1×10⁻²mol·L⁻¹）=1×10⁻¹²mol·L⁻¹，即由水电离出的$c_水$（H⁺）=$c_水$（OH⁻）=1×10⁻¹²mol·L⁻¹<1.0×10⁻⁷mol·L⁻¹，抑制水的电离。

【评注】酸溶液中计算水的电离时求$c_水$（OH⁻）。

3. 碱溶液

【试题内容】例4：室温下，计算pH=12的NaOH溶液中由水电离出的$c_水$（OH⁻）。

【知识背景】同酸溶液类似，碱溶液中，OH⁻来自碱的电离和水的电离，而H⁺只来自水的电离。同酸溶液类似，碱溶液中计算水的电离只计算$c_水$（H⁺）即可。

【试题分析与解题思路】知道溶液中的c（H⁺）=1×10⁻¹²mol·L⁻¹，即由水电离出的$c_水$（H⁺）=$c_水$（OH⁻）=1×10⁻¹²mol·L⁻¹<1.0×10⁻⁷mol·L⁻¹，抑制水的电离。

【评注】碱溶液中计算水的电离时求$c_水$（H⁺）。

4. 盐溶液

为了便于理解，只考虑强酸弱碱盐和强碱弱酸盐。

（1）强酸弱碱盐

【试题内容】例5：室温下，pH=5的NH₄Cl溶液中水电离出的$c_水$（H⁺）和$c_水$（OH⁻）是多少？

【知识背景】强酸弱碱盐NH₄Cl溶液中，OH⁻和NH₄⁺反应形成氨水，H⁺全部来自水的电离，溶液中虽然c（H⁺）>c（OH⁻），但水电离出$c_水$（H⁺）=$c_水$（OH⁻）。

【试题分析与解题思路】pH=5的NH₄Cl溶液中因为部分OH⁻与部分NH₄⁺结合，H⁺全部来自水的电离，由水电离的$c_水$（H⁺）=1×10⁻⁵mol·L⁻¹>1.0×10⁻⁷mol·L⁻¹，促进水的电离。

【评注】强酸弱碱盐中计算时直接由pH值计算$c_水$（H⁺）。

（2）强碱弱酸盐

【试题内容】例6：室温下，pH=12的Na₂CO₃溶液中水电离出的c（H⁺）和

$c(OH^-)$是多少?

【知识背景】强碱弱酸盐Na_2CO_3溶液中,H^+参与反应形成HCO_3^-(只考虑第一步水解),OH^-全部来自水的电离,溶液中虽然$c(OH^-)>c(H^+)$,但水电离出$c_水(H^+)=c_水(OH^-)$。

【试题分析与解题思路】pH=12的Na_2CO_3溶液中因为部分H^+与部分CO_3^-结合,OH^-全部来自水的电离,由水电离出的$c_水(H^+)=c_水(OH^-)=1×10^{-2}$mol·$L^{-1}$>$1.0×10^{-7}$mol·$L^{-1}$,促进水的电离。

【评注】强碱弱酸盐中计算水的电离时由公式$c_水(OH^-)·c(H^+)=K_w$计算$c_水(OH^-)$。

由以上典例可知,与纯水相比较,酸碱抑制水的电离,水解的盐促进水的电离,水解的盐溶液中关键分析H^+或OH^-哪个离子参与了反应,计算没有反应的H^+或OH^-的浓度,即强酸弱碱盐计算$c_水(H^+)$,强碱弱酸盐计算$c_水(OH^-)$。其余盐类按以上方法分析即可,不再举例说明。

(三)室温下不同pH溶液属性的判断及其水电离出$c_水(H^+)$或$c_水(OH^-)$的计算

【试题内容】例7:室温下,在pH=12的某溶液中,计算由水电离生成的$c_水(H^+)$或$c_水(OH^-)$。

【知识背景】考查学生对决定溶液pH变化(溶液属性)的原因的认识。

【试题分析与解题思路】先分析pH=12的溶液中$c(H^+)$、$c(OH^-)$的大小。由PH=12得$c(H^+)=1.0×10^{-12}$mol·L^{-1},则$c(OH^-)=1.0×10^{-2}$mol·L^{-1}。再考虑溶液的属性,可能是碱,也可能是强碱弱酸盐。

(1)若溶质为碱,抑制水的电离,则溶液中的H^+都来自水的电离,$c_水(OH^-)=c_水(H^+)=1.0×10^{-12}$mol·$L^{-1}$<$1.0×10^{-7}$mol·$L^{-1}$。

(2)若溶质为强碱弱酸盐,促进水的电离,则溶液中的OH^-都是水电离生成的,$c_水(OH^-)=c_水(H^+)=1.0×10^{-2}$mol·$L^{-1}$>$1.0×10^{-7}$mol·$L^{-1}$。

【评注】易错原因,对pH=12的溶液,决定溶液酸碱性原因可能是碱溶液,也可能是盐溶液,要全面考虑。

同理,pH=4溶液可能是酸溶液,也可能是强酸弱碱盐溶液。若为酸,抑制水的电离,$c_水(OH^-)=c_水(H^+)=1.0×10^{-10}$mol·$L^{-1}$;若为强酸弱碱盐,促进水的电离,$c_水(OH^-)=c_水(H^+)=1.0×10^{-4}$mol·$L^{-1}$。

（四）根据水的电离判断溶液的溶质或酸碱性

【试题内容】例8：常温下，某溶液中由水电离的$c_水(H^+)=1×10^{-13}$mol·L^{-1}，该溶液可能是（　　）。

①二氧化硫水溶液　　　　②氯化铵水溶液

③硝酸钠水溶液　　　　　④氢氧化钠水溶液

【知识背景】酸、碱溶液抑制水的电离，$c_水(H^+)=c_水(OH^-)<1.0×10^{-7}$mol·L^{-1}；可水解的盐溶液促进水的电离，$c_水(H^+)=c_水(OH^-)>1.0×10^{-7}$mol·L^{-1}。

【试题分析与解题思路】由水电离的$c_水(H^+)=1×10^{-13}$mol·L$^{-1}<1×10^{-7}$mol·L^{-1}，即该溶液中的溶质抑制了水的电离，因此要么加碱抑制，要么加酸抑制，故此题答案是①④。

【评注】此类问题简单，判断抑制或促进即可。

（五）室温下不同水解盐溶液中$c_水(H^+)$与$c_水(OH^-)$的物质守恒关系的判断

1. 强酸弱碱盐溶液中

$c(H^+)=c(OH^-)+c$（与弱碱阳离子反应的OH$^-$）

如NH$_4$Cl溶液显酸性，$c(H^+)=c(OH^-)+c(NH_3·H_2O)$

2. 强碱弱酸盐溶液中

$c(OH^-)=c(H^+)+c$（与弱酸根离子反应的H$^+$）

如Na$_2$S溶液显碱性，$c(OH^-)=c(H^+)+c(HS^-)+2(H_2S)$

3. 对水解的盐溶液而言都可根据溶质电离出的阴阳离子和H$^+$、OH$^-$反应形成的离子或分子列出有关的关系式

如(NH$_4$)$_2$CO$_3$溶液中，由水电离出的H$^+$总数可以浓度形式表示为$c(H^+)+c(HCO_3^-)+2c(H_2CO_3)$，由水电离出的OH$^-$总数可以用浓度形式表示为$c(OH^-)+c(NH_3·H_2O)$，因此(NH$_4$)$_2CO_3$溶液中，$c(H^+)+c(HCO_3^-)+2c(H_2CO_3)=c(OH^-)+c(NH_3·H_2O)$。

物质守恒关系的判断依据水电离出的$c_水(H^+)=c_水(OH^-)$，分析H$^+$或OH$^-$哪个离子参与了反应，根据反应的物质的量等建立等式即可。

（六）图像应用

【试题内容】例9：水的电离平衡曲线如下图所示。

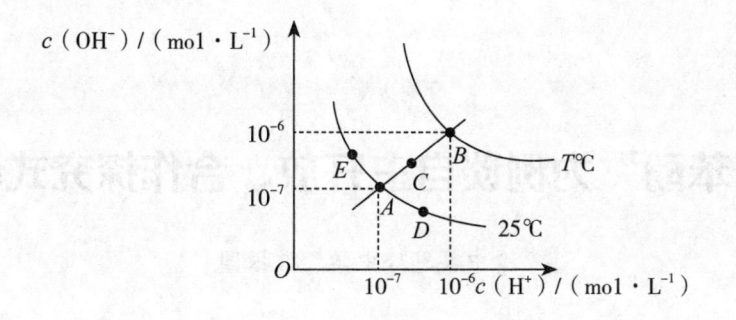

下列描述不正确的是（　　）。

A. 图中五点K_w间的关系：$B>C>A=D=E$

B. 若从A点到D点，可采用：温度不变在水中加入少量的酸

C. 若从A点到C点，可采用：温度不变在水中加入适量的NH_4Cl固体

D. 若处在B点时，将pH=2的硫酸与pH=10的KOH溶液等体积混合后，溶液呈中性

【知识背景】考查温度对离子积常数的影响。

【试题分析与解题思路】$K_w=c(H^+)·c(OH^-)$，根据图像上五点的坐标，得出K_w值的大小关系为$B>C>A=D=E$，因此A项正确；A、D点为恒温条件，且D点的$c(H^+)$大，由比较可知溶液中加入了酸，因此B项正确；A点为25℃条件，C点脱离了该温度下平衡曲线，由A点到C点一定是升温，且保证$c(H^+)=c(OH^-)$，温度不变在水中加NH_4Cl固体不可能实现，故C项错误；B点时$K_w=1.0×10^{-12}$，该温度下pH=2的H_2SO_4溶液中$c(H^+)=1.0×10^{-2}$ mol·L^{-1}，该温度下pH=10的KOH溶液中，$c(OH^-)=K_w/c(H^+)=1.0×10^{-2}$ mol·L^{-1}，二者等体积混合，恰好完全反应，溶液呈中性，故D项正确。

【评注】图像题分析时找准并理解点、线、面与坐标之间的关系即可。

上述典例是有关水的电离在不同条件和溶液中的理解与应用，分析问题的时候最主要的是针对溶液的性质，结合K_w进行相关计算，通过具体实例加深概念的理解并熟练掌握，不要将问题复杂化。按照影响水的电离平衡去理解，酸碱抑制水的电离，水解的盐促进水的电离，即可计算或建立等式等。

[此文系全国教育科学"十三五"规划2017年度单位资助教育部规划课题"新课标下高中课堂教学评价理念和策略的研究"（课题批准号FHB170524）成果。2018年8月发表于《高中数理化》下半月刊]

以"苯酚"为例谈自主开放、合作探究式教学

榆中县恩玲中学　魏振国

化学是一门以实验为主的学科。教师应通过化学实验探究活动，激发学生学习化学的兴趣，强化探究意识，帮助学生认识化学与人类生活的密切联系，关注人类面临的与化学相关的社会问题，培养学生的社会责任感、参与意识和决策能力。

下面笔者就自主开放、合作探究式教学在"苯酚"教学中的应用谈点做法。

一、根据教学内容选择最佳教学模式

苯酚是一类重要的烃的含氧衍生物，微溶于水，水溶液有毒，有弱酸性，能发生三元取代和显色反应，所涉及的性质实验符合学生的认知水平和已有知识水平，适合学生自主设计实验方案进行探究。关于苯酚的毒性，实验中恰恰可以提高学生的实验安全意识和严谨细致的实验态度。苯酚在人类生活和生产实际中有重要的应用，尤其是酚类药物和人类身体健康息息相关，学生可通过查阅资料和调查研究来了解酚类物质。通过实践活动，培养学生将学习拓展到课堂以外的意识。这就决定了本节课的最佳教学方式为自主开放、合作探究。

二、利用化学事件、案例创设教学情境，激发探究热情

在教学中，笔者以新安江苯酚污染和处理事件为背景引发学生对苯酚性质的探究热情，引导学生在推测和设计实验验证推测的过程中认识苯酚的主要性质，认识实验是学习化学知识、解决生产生活中实际问题的重要途径。

"2011年6月4日23点左右，一辆装载有化学品苯酚的槽罐车在杭州新景高速公路发生交通事故，大约20吨苯酚泄漏，随雨水流入新安江，江水受到污染，55万居民饮水受到影响。事故发生后，相关部门立即采取了应急措施，利用石灰

和活性炭对泄漏的苯酚进行处理。经过有关部门的紧急处理，水质监测正常，于6月6日18点30分全面恢复供水。"通过利用苯酚的性质进行水质的监测，学生既巩固了苯酚的有关知识，又提高了分析问题和解决问题的能力，形成利用化学知识解决社会问题的意识。

三、确定探究主题，提高实验设计能力和实验操作能力

苯酚的污染和处理事件引发了学生的探究热情，他们对苯酚的性质进行了热烈讨论。讨论中他们各抒己见，根据情境中的信息进行大胆猜测。讨论的焦点在苯酚是否具有酸性和苯酚是否可以被活性炭吸附的问题上。很快他们确定了探究主题，然后按照提出猜测——设计方案——交流方案——实施方案——分析现象——得出结论的顺序展开实验探究活动。以下是学生的实验方案、实验过程和结论。

1. 关于苯酚酸性的实验方案

方案1：向苯酚溶液中滴入紫色石蕊溶液，溶液未变成红色，得出苯酚无酸性或酸性很弱。

方案2：将苯酚溶液滴在精密pH试纸上，试纸变为浅黄绿色，与标准比色卡对比，得出pH约为6.5，说明苯酚有弱酸性。

2. 关于苯酚能否被活性炭吸附的实验方案

学生取两份相同浓度的苯酚溶液，一份用活性炭进行处理，一份无处理。然后分别滴入溴水和三氯化铁溶液，对比现象。

方案1：分别滴入溴水，没有经过处理的苯酚溶液立即出现白色沉淀，而用活性炭处理过的苯酚溶液却没有看到此现象，得出活性炭对苯酚有吸附效果。

方案2：分别滴入三氯化铁溶液，没有经过处理的苯酚溶液立即变为紫色，而用活性炭处理过的苯酚溶液却没有看到此现象，得出活性炭对苯酚有吸附效果。

通过探究实验，学生对苯酚具有酸性和苯酚能被活性炭吸附达成了共识。在探究活动中，学生体验了合作的快乐，提高了实验设计能力和实验操作能力。

四、引导学生关注社会，培养学生将所学知识应用于解决实际问题的意识

苯酚泄漏造成55万居民的饮水受到影响，苯酚污染后的水质监测成为学生

关注的焦点。笔者根据被苯酚污染的新安江水水质监测的数据，提供了三瓶水样（一瓶为严重污染的水样，一瓶为合格的水样，一瓶为接近合格的水样），同时给出了国家环保局制定的地表水质量标准限值和五类水样标准。通过实验，学生用溴水和三氯化铁溶液对三瓶水样进行了鉴别，并认定产生明显特征现象的为严重污染的水样，但是另外两个水样却没有产生现象，再次引发学生的热烈讨论。经过分析讨论，他们认为用溴水和三氯化铁溶液进行检测，对于苯酚浓度较高的水样，检测灵敏度还是很高的，但是对于苯酚浓度很低的水样，尤其是接近合格的水样，就无法鉴别了。接着，学生取五类标准水样用溴水和三氯化铁溶液分别进行测试，结果均未看到现象，从而证明了他们的分析是正确的。学生坚信，一定有更加精准的方法可以解决这一问题。通过本环节教学，使学生感受到学好化学的重要性，同时认识到学习知识要应用于解决实际问题。

（此文2016年发表于《中学生数理化》第6期）

巧用评点式推动新阅读

榆中县第六中学　王在东

《语文课程标准》在"课程目标"中指出，要让学生"具有独立阅读的能力……学会运用多种阅读的方法。能初步理解、鉴赏文学作品……发展个性，丰富自己的精神世界"。笔者在三年前就尝试把评点式阅读引入语文教学中，积极探索这种阅读方式的现实意义，并坚持对学生进行评点方法的指导训练，以提高学生的阅读能力和语文素养。

评点式阅读就是让学生学会动手、学会动脑、学会表达，具体来说就是在阅读中应用"两评三写"的方法。

一、"两评"指采用符号和文字两种方式进行评点

1. 符号评点

让学生在作品的段落之间、文字之间画上一些符号、线条，标识重点或疑难词句、疑问处、感悟处、段落或篇章的分层等。常用的符号有着重号、波浪线、问号、直线、分开号、感叹号、斜竖线、双竖线等。如波浪线，画在文章精辟和重要的语句下面；圆圈，标在文章的好词下面；问号，标在文章中有疑问的语句下面；直线，标在问题答语、交流结论的语段下面；分开号，用来划分段落与层次……

2. "三写"指文字评点的三个方面

文字评点，指以简短的话语在书本的空白处对文章的整体与局部写下评论、评说。在文中巧妙处、动情处注明自己思维的轨迹，打上自己认识的烙印，抒写主观感受，表达自己的思想情感。从评点的内容看，它主要有三个方面：

（1）感悟式评点

读了文章之后，随时在旁边写下自己的感想，这就是感悟式评点。一个

人只要用心去读文章，就一定会有所感。

（2）疑问式评点

在读书中发现了问题，大胆质疑。带着问题研读文本，实现与文本及作者的心灵对话。个人无法解决的问题，与教师、同学讨论解决。

（3）评价式评点

读书时可以评价作品中的人物，也可以评价作品的语言，指出作者遣词造句的巧妙。

二、关于实施评点式阅读教学的要求

1. 赋予学生自主的空间

传统观念主导下的阅读教学是教师以自我为中心，精耕细作，力求讲深讲透。但"人心（学生心）不动"，阅读教学何谈效率？在评点式阅读教学中要给学生充分的阅读时间，充分的思考评点时间，充分的交流时间。此时无声胜有声，全体学生用思维、灵魂触摸"白纸黑字"，在读中感，在思中悟，在辨中明，在说中得。

2. 培训学生，强化方法指导

评点式阅读是一种简便的读书方法，但也需要科学的训练和严谨的操作流程。在实施过程中，首先要培训学生，把评点的一般方法教给学生，教师要时时指导、点拨，让学生在不断重复的训练中养成习惯。

3. 给予评价，激励学生

评价的方式不仅限于教师的评价，还可以是学生互评或者学生自评。对评点好的学生，要肯定优点、指出不足，使他们能够向更高的目标迈进。对程度中等、评点一般的学生，应多激励。对程度低的后进生，则应尽量捕捉他们评点中的亮点，不吝表扬，使他们觉得自己在进步，激发他们成功的情感体验。

由于学生的知识基础、能力大小、思维方式是不同的，而且解读文本的过程也是多方面、多角度的，学生的任何观点都有它成立的道理，在具体实施评价时，对于学生的不同观点，绝不可一棒子打死，有的观点往往蕴藏着一种新的理解、新的发现。大家可以认同，也可以不认同，应该尊重学生个体的阅读体验。关键是学生真的用心思考了，会阅读了，这就值得肯定。

（此文2018年1月13日发表于《未来导报》）

春风化雨 润物无声
——浅谈农村留守儿童心理健康教育

榆中县第三中学 丁兴珍

农村留守儿童是我国社会转型期出现的一个特殊弱势群体。随着社会的发展，生活水平的提高，为了改善家庭的经济状况，大批的农村劳动力不断地拥向城市，他们外出务工、经商，把子女留在原住地并委托给其祖辈或其他亲戚照料。可是，在农民背井离乡、使自己生活发生变化、促进城市不断繁华的同时，留守儿童问题却日渐突出。这些留守的儿童正处于成长发育的关键时期，无法享受到父母在思想认识及价值观念上的引导和帮助，成长中缺少了父母情感上的关注和呵护，极易产生认识、价值上的偏离和个性、心理发展的异常，一些人甚至会因此走上违法犯罪的道路。农村留守儿童的心理健康问题正日趋严重，已经成为一个不容忽视的社会问题。

年轻人外出务工，家庭的经济条件得到一定程度的改善，但留守儿童的成长却令人担忧。除了吃饱穿暖以外，孩子各方面教育均比较缺乏，导致他们的问题越来越多。相关调查显示：65.9%的教师认为父母外出打工的孩子在心理上存在较大的问题，他们易产生焦虑、烦躁、悲观、疑虑、自卑等一系列的消极情绪。性格方面，70%左右的留守儿童常常表现出性格柔弱内向、孤僻，行为怪异，以自我为中心，自私自利，不会替别人着想，经受不起挫折等，并引起了行为上的较大偏差；逆反心理严重。

一、农村留守儿童心理健康问题的主要表现

1. 自卑

调查显示，农村留守儿童中绝大部分存在比较严重的自卑心理，因为父母不在身边，遇到困难时没有依靠和坚强的保护，尤其随着父母外出务工时间的延长自卑感会增加和泛化。因留守儿童自幼便远离父母，与父母之间缺乏频

繁的联系，从而缺乏一种稳定而和谐的亲子关系。长期处在这种特殊的生活环境中，农村留守儿童极易表现出胆小、迟钝、不爱与人交往、少言等不良的人格特点。这些不良的人格特点会直接影响留守儿童的身心发展，致使留守儿童在性格上变得孤僻自卑，缺乏自信，存在不同程度的心理问题。

2. 孤僻

农村留守儿童在父母外出时往往有失落感，在短时间里不爱说话，有些自闭；在学习和人际关系上遇到的烦恼较多，他们主要向朋友而不是向父母倾诉，长此以往会导致他们对外部世界缺乏信任。他们不愿意和别人交流，不愿意同别人分享自己的苦与乐，同时也不关心外界的事物，慢慢地就会形成孤僻的性格。

3. 任性

农村留守儿童一般是由爷爷奶奶隔代监护的。由于爷爷奶奶年纪较大、文化程度偏低，再加上过于溺爱，留守儿童在性格和心理上容易出现偏差、逆反，在行为上，表现为不听话、不礼貌，对学习和生活缺乏热情，进取性、自觉性不强，有不同程度的厌学倾向。

二、促进农村留守儿童心理健康发展的教育对策

（一）完善家庭教育

虽然留守儿童的父母大多在外，不能经常回家关心和照顾孩子，但是随着网络的发达，我们也可以用另一种方式让父母来关注孩子。比如，一方面，家长可以和孩子约定，定期和孩子进行通话或视频聊天，让孩子能够感受到父母的关爱。定期和孩子交流会让孩子的心结慢慢打开。同时这样的交流也有助于增进孩子和父母之间关系，不至于让孩子对父母感到陌生或心理上产生隔阂。从而改变父母以为只要给孩子金钱就万事大吉的想法。留守儿童的父母还应该经常和孩子的老师取得联系，多关注孩子在学校的表现，以便及时疏导孩子，解决孩子在生活中和心理上的困难，让孩子健康成长。另一方面，负责抚养监护的祖父母、外祖父母或者其他亲属应民主、平等地对待孩子，真正担负起教养孩子的责任和义务，不能过分溺爱和放任孩子，应该给孩子以科学的管理和引导，从而塑造孩子的健康心理。

笔者当班主任时就遇到过这样一位学生，因为父母长期不在身边，所以性格比较孤僻，也不愿和其他的同学接触。课间，其他同学都在一起做游戏，

她却只是一个旁观者。

笔者通过谈心和侧面了解，知道她很想念自己的父母，渴望父母的关爱。可是，这样的一个愿望却很难实现。想到现在网络发达，即使双方不能见面，也可以通过其他的方式沟通。我想到了网络视频，于是联系了该学生的家长，并且把她的情况告诉了她父母，她父母也表示愿意配合。于是我们约定，在周日返校上夜自习时，让她和父母"见见面"。但是事先我没有告诉她，只想给她一个惊喜。

星期天的晚上我们都返校了，在办公室我打开手机，开启了视频模式，然后把手机递给了她。手机那头，她的父母轻声呼唤着她的乳名，我看到她先是惊奇，后来终于忍不住在父母"面前"号啕大哭。我知道，父母有很多话想对孩子说，孩子也有很多话想对父母说。

这次的交流使她有了一些改变，在学校，她的脸上有了笑容，也开始和其他同学交流了。班上有什么活动也能积极参加了。看来，父母的关爱对孩子很重要。于是我和她的父母约定，定期和孩子"见见面"，多通电话，关心、鼓励孩子。虽然父母不能和孩子经常见面，但是父母也应该及时了解孩子的情况，给予孩子应有的关爱，这样才能让孩子健康成长。

（二）加强农村学校教育

学校应对留守儿童进行心理健康教育与辅导，设立专门的心理咨询室，增设特色课程，将心理辅导课程和法制课程纳入必修课程，开展生存教育、安全教育、感恩教育和自强自立教育，提高留守儿童自理自助能力；教育留守儿童主动与父母沟通，勇敢面对和克服在生活、学习中遇到的问题和困难；对家长及监护人进行培训，使其端正教育态度，掌握与孩子沟通的方法与技巧，探讨并推广先进的家庭教育经验；加强寄宿制学校的建设，包括保育员的选用、培训、管理方式的改进、相关制度的落实等，改善农村留守儿童的生活条件。

1. 学校应设立专门的心理咨询室

学校应设立专门的心理咨询室，配备专业的心理辅导和咨询老师，并负责地为全校教师和学生提供心理辅导和咨询服务，心理咨询室不能形同虚设。要注重对留守儿童家长和其他监护人的培训，使他们端正教育态度，掌握与孩子沟通的方法与技巧，家校结合以更好地教育孩子。

2. 教师要引导留守儿童提高自身的心理素质

对留守儿童的心理健康教育，外因要通过内因来起作用。笔者认为留守儿童本身应该学会调整自己的心态，应该学会自信、自立、自强，把父母不在身边的现实看成是对自己的锻炼和考验，学会正确应对挫折和逆境，培养坚强的意志，为自己树立目标，培养各种兴趣，端正学习态度，多与老师、同学接触，主动与父母沟通，提高自己的独立性、坚定性和自制力，从而使自己能够健康快乐地成长。

学校作为留守儿童所在地的教育机构，同时要完善健康教育观念，将心理健康教育作为德育教育的主要途径。学校要尽可能利用各种教育资源，开展各种形式的针对留守儿童的心理健康教育。首先，学校应该加强对教师的素质培训，使教师具备良好的心理素质，充分发挥教育优势，公正、平等地对待每一个学生，体贴学生，创建温馨的氛围，及时疏导他们的心理压力，让学生有一个稳定的情绪、积极的情感，营造和谐的大家庭氛围，满足学生的精神需求；其次，学校要组织班主任建立留守儿童心理健康档案和跟踪管理档案，及时了解留守儿童总体的心理健康状况，对常见的心理和行为问题，进行有针对性的干预和管理。

（三）整合社会力量，构建留守儿童教育和监护体系

留守儿童的心理健康教育不仅是家庭和学校的责任，也是全社会的责任。全社会要给农民工子女提供平等的上学机会，以尽量减少农村留守儿童；政府应通过制定相应的规章制度，强化父母在子女监护和教育方面的职责；学校要合理布局，尽可能缩小农村学校或教学点的覆盖范围；社区居委会要积极开展丰富多彩的青少年活动，对留守儿童进行补充监护。

总之，农村留守儿童心理健康教育是一个长期的系统工程，需要加强家庭、学校和社会各界的联系，春风化雨，润物无声，让全社会为留守儿童营造一个健康温馨的生活环境，像知时节的春雨，用真诚的爱去滋润每一个农村留守儿童的心田，用热情的火去点亮每一个留守儿童的心灯，指引孩子生命的航程，驱除蒙昧，收获希望，使他们的身心能够积极健康地发展，真正成为身心健康的社会主义建设事业的接班人。

参考文献

[1] 熊磊, 石庆新.农村留守儿童的心理问题与教育对策[J].教育探索, 2008（6）.

［2］叶曼.留守儿童心理健康状况影响因素分析及对策思考［J］.医学与哲学：人文社会医学版，2006（27）．

［3］Robert H. Bradley, Robert F.Corwyn. Socioeconomic status and child development［J］.Annual Review of Psychology，2002（53）．

［4］周宗奎.农村留守儿童心理发展与教育问题［J］.北京师范大学学报：社会科学版，2005（1）．

（此文2016年11月发表于《都市家教》）

农村初中思想品德课小组合作学习教学策略初探

榆中县第三中学 丁兴珍

小组合作学习作为一种有效的学习方式与手段,近年来在初中的课堂教学中得到广泛应用,给课堂教学带来了活力与生机,学生的综合素质也得到了提升。在初中思想品德课上运用该教学策略,有效地改变了过去呆板的教师说教和单项灌输的教学模式,学生动起来了,课堂教学变得有趣、生动,学生再也不会听到要上思想品德课或看到思想品德课老师就萎靡不振。小组合作学习培养了学生的自主、合作、探究意识和能力,也有助于培养学生的团队精神和竞争意识,激发了学生的求知热情和创造性思维,锻炼了学生的语言表达能力、人际协调能力等。在两学年的思想品德课的课堂教学改革实践中,笔者做了一些探索与尝试。下面就笔者在教学实践中如何落实小组合作学习及实践收获谈几点不成熟的认识。

一、有效落实小组合作学习需要充分、扎实的准备

1. 教师的准备

合作学习源于全新的教育理念,是一种有效的教学方式和学习方法,教师对此要有一个整体的把握与认识。

第一,教师要准确把握合作学习的实质与内涵。合作学习能培养学生开放性的思维、积极合作与合理竞争的意识。学生作为独立的学习个体,合作要建立在个人努力的基础上。因此,在开展小组合作学习时,要给学生留有独立思考的时间,从而处理好自主学习与合作学习的关系。在讨论交流之前,每个小组成员必须有自己的见解,这样,在倾听他人的发言时,才能及时做出判断,避免出现"人云亦云"的现象,更不应产生依赖思想。在培养思维独立性的基础上,培养学生思维的批判性;培养合理竞争与团结协作精神,教学生学会倾听、学会分享、尊重他人,让学生在倾听他人发言时吸取他人思想中的精

华，取长补短，以弥补自己思考问题的不足，也能使学生在倾听中触类旁通，以便积极地展现自己，在合作中提高个人的能力，增强学生的自尊心和自信心，激发学生的学习兴趣与热情，形成良性循环。

第二，教师要正确认识自己在合作学习中的地位。教师要放下权威，淡化知识传授者的角色，建立民主、平等的师生关系，营造宽松、和谐的教学氛围，以学生的合作伙伴和学习合作者的角色，参与到学生活动中，适时引导与鼓励，让学生的思维、思想交互，碰撞出火花。

2. 学生的准备

学生的知识基础、心理素质、个性特点、兴趣爱好和能力特点等都存在着差异，他们在学习中有各自的优势和不足。所以在课堂教学中运用小组合作学习，科学合理的分组在很大程度上影响学习的效果与质量。首先教师要根据对学生情况的了解，包括对学习成绩、组织能力、性别、人际及协调能力等进行摸底、统计，按照组内同质、组间异质的原则把全班学生分成若干组，选出有责任心，学习基础好，擅长组织、协调的学生担任小组长，保证每个小组都站在同一起跑线上进行公平竞争，以体现学习小组组内合作、组间竞争的要求。

教会学生合作学习的技能。要想有效地开展小组合作学习，作为教师，应该教给学生一些基本的合作技能。比如，在小组分工学习时，要教给学生分工的方法，根据不同成员的能力，让他们承担不同难度的任务，保证任务的顺利完成；在小组讨论、交流学习时，教学生要学会尊重对方、理解对方，善于倾听他人的意见，学会接纳与欣赏；即使有不同意见，也要等对方说完，自己再补充或提出反对意见；遇到分歧，要心平气和，学会换位思考，求同存异。

组的概念不仅可从位置的编排上体现，还可以让小组成员根据各自的特点为自己的组起一个个性化的组名。内容要健康向上，具有激励性，如"腾飞"组、"奋进"组、"闪亮青春"组等。

二、有效落实小组合作学习需要恰当地选定学习内容

小组合作学习选择什么内容是一个重要的问题。教师必须为合作学习选准、选精学习内容，以确保合作学习的实效性。在初中思想品德课上，究竟什么样的内容适合合作学习呢？

1. 学生日常的学习生活问题

对于日常生活中的问题，学生感觉司空见惯，甚至到了熟视无睹的地步，不去想、不去思考，根本无法上升为理论、意识或观念。如你是怎样孝敬父母的？你每天用多少零花钱？你每天用多少一次性筷子、塑料袋？你有哪些克服学习焦虑的方法？显然，这些问题是极具交流价值的。合作学习的效果远好于让学生单独回答。

2. 学生需要明辨的问题

合作学习要求教师关注培养学生独立思考能力和批判性思维，让学生既敢于提出自己的意见，也勇于接受别人的批评；既敢于坚持真理，也勇于修正错误；在辩题、解题中敢于创新、善于创新。尤其是在教学中产生认识冲突、学生意见不统一时实施合作学习，更能加深他们对学习内容的深层次、多角度、全方位理解和体验，使他们表现出对合作学习的成功把握。

3. 学生需要合作解决的问题

新课改以来，初中思想品德课教材增加了许多探究与实践内容，课本上却只字不提，仅出现一道问题或一段材料，要求学生调查实践或广泛收集资料得出结论。在农村，如果让每个学生独立地调查一番，都上网查找资料，没有时间也没有条件，教师又不能越俎代庖。这样学生进行分工合作，通过网上收集、实地调查等途径汇集数据、资料、论点等，最后综合观点，得出结论。让每个小组成员体会到自己在小组中占有重要的位置，获得认同与重视，增强学习的主动性与积极性。

三、有效落实小组合作学习需要确保每次合作学习的实效性

让学生合作学习，教师并不是袖手旁观、让学生放任自流，而是要担负起更大的管理责任，加强对学生合作学习过程的监控，更要参与到学生的讨论中，心中、手中要有一根线，引导合作学习小组的正确走向。在教学中，每次开展合作学习，教师都要深入到学习小组中去，以便及时发现问题、解决问题，保证合作学习的顺利开展。根据不同的情况，予以肯定、表扬，引导帮助，纠正。对讨论时学生普遍忽视的问题或要求深入理解的问题，提出来供全班学生思考、讨论，引导各小组关注该问题，尽量让学生自己找到规律，解决问题。

要把握好合作学习的时机。教师要熟练把握教材，了解学生的知识现状

以及学生的普遍喜好，有选择地让学生进行小组合作学习。一般来说，较简单的学习内容，只需要个人独立学习或开展全班教学，而较复杂、综合的学习内容，则可以采用小组合作学习的方式，安排合作学习的最佳时机，把合作落到实处：在学生思维受阻时开展小组合作学习，在学生有分歧时开展小组合作学习，在一题多解的情况下进行小组合作学习等。启迪学生的思维，打开学生的思路，训练学生的团结协作意识和创新精神。小组合作学习并不是唯一的教学方式，合作学习的次数和时间应有所控制，防止随意性与形式化。

建立激励性评价机制。在教学中，教师要在时间允许的情况下，尽可能让更多的小组及其成员展示成果，鼓励学生勇于提出自己的观点，及时地用激励性的语言和相应的得分评价他们的发言，使每个学生都能感受到教师的尊重和认可，培养他们合作学习的积极性。每周对表现优秀的小组进行表扬，学期末可根据过程性的评价统计和考试成绩相结合的办法评出最佳学习小组，并进行适当的奖励从而激励学生。

四、思想品德课小组合作学习教学策略实践带来的收获

（1）小组合作学习教学策略改变了过去教师"一言堂"的教学模式，教师在扎实备课的基础上担任好"导购员"的角色，做适当的引导、释疑、点评和恰当的评价。课堂的主角不再是教师而是学生，大家在合作、互动中解决问题，每位学生都参与其中，课堂不再完全是优等生的天堂，也不再只是抄条条、背条条的机械、单一的能力训练了，而是团队在合作中共同提高、共同进步，不管是学生的语言组织能力、思维条理性还是合作意识、探究能力、大胆展示分享的意愿等综合素质都有所提高。

（2）在传统教学中，学生注意力不集中、思想开小差的现象严重，一节课下来很多学生不知道教师讲了什么。小组合作后，学生们你问我答、讨论、争论，查资料，分工明确，责任明确，责任到人。课内课外无闲人，人人有事做，事事有人做，真正实现了学生是课堂的主体。

（3）小组合作学习教学策略的坚持，有效地改善了师生、生生关系，使学生相处得更加融洽。运用小组合作学习教学策略进行评价时，小组是一个整体，各个成员构成了小组。根据"水桶理论"，小组的成败决定于潜力生的水平，这就迫使潜力生向优生"请教"，优生主动帮扶潜力生，促成了学生之间的互动。在互动中了解，在了解中互动，从而减少了学生之间的矛盾，使班级

形成和谐的学习氛围。教师和学生的关系也融洽多了，冲突减少了，交流和沟通增多了。

（4）思想品德课上运用小组合作学习的教学策略能够大幅度提高学生对教学内容的理解、消化、巩固和知识迁移的水平和能力。2014年6月的中考就证明了这一点。笔者开展课题实验的九年级（1）班共49人参加会考，其中思想品德会考成绩A等级的有33人，B等级的有12人，C等级的只有4人，全班没有一个是D等级的。

总之，合作学习小组从建立到成熟，要在教师的引导下逐步完成。给学生的任务不仅表现在课堂上，也可延伸到课外，比如，让各小组长组织同学们做作业、定期复习等，提高小组长的组织能力和团队的竞争实力。只要教师持之以恒引导，学生的表现与进步往往就会出人意料。如某次一个羞怯的、性格内向、从没发过言的学生敢于大声发言了；某次意外看到一个小组成员间的鼓励性的建议"你要进步，别为我们组丢脸"；有一次一个小组长跑来求教：老师，我已给他进行过几次"思想政治教育"了，他还是老样子，您说该怎么办；有时批改作业时会发现学生的自我反省：某某对我真好，我犯错误时，他能及时提醒并帮助我，而我还和他生气，真不应该……学生懂得了谦让，增强了自信，懂得了团结互助，力所能及地解决问题等，而教师也看到了学生的成长，分享着学生成长的快乐，其实教师也获得了成长。

（此文2017年12月发表于《都市家教》）

遗忘曲线在高中地理教学中的应用初探

榆中县恩玲中学 李兴明

地理学科作为高中课程教育的重要组成部分，有明显的基础性和逻辑性较强的特点，属于文科高考必考科目，在高中教学中有着不可缺少的地位。为了理解新课改的教育目标和教育理念，需要对现行的教育模式进行不断的探索和研究。为了提高学生地理知识点的记忆能力，把遗忘曲线应用到高中地理教学中是非常有必要的。本文讨论了高中地理教学中应用遗忘曲线的必要性，并对将遗忘曲线应用于高中地理教学的途径进行了探讨。

一、艾宾浩斯遗忘曲线的简介（见图1）

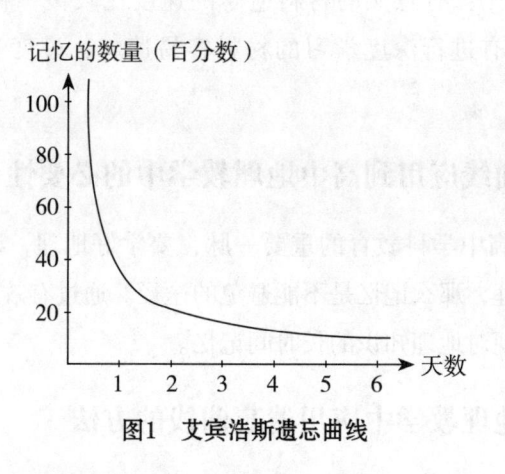

图1 艾宾浩斯遗忘曲线

1885年，艾宾浩斯经过实验测试获得了大量记忆数据，通过数据得出结论，总结出一条曲线，直观地揭示了遗忘变量和时间变量之间的关系（见表1），这就是艾宾浩斯遗忘曲线。

表1 时间间隔与记忆量的关系

时间间隔	记忆量
刚刚记忆完毕	100%
20分钟之后	58.2%
1小时之后	44.2%
8~9小时之后	35.8%
1天后	33.7%
2天后	27.8%
6天后	25.4%
一个月后	21.1%

遗忘曲线揭示了识记后最开始的一段时间遗忘较快而之后遗忘速度较慢，即遗忘先快后慢的规律。当时根据音节记忆实验得出规律的艾宾浩斯遗忘曲线，除了适用于单词记忆之外，对于地理的教学同样适用。之后，许多研究对遗忘过程的规律进行了深层次的揭示，例如，有意义的材料和无意义的材料对比：有意义的材料遗忘的速度比较慢，相似的材料会加快遗忘的速度，没有进行深度学习的材料容易遗忘，过度学习50%的材料记忆的效率最高。

二、遗忘曲线应用到高中地理教学中的必要性

地理学科是高中学科教育的重要一脉，要学好地理，必须要掌握地理基础知识和基本原理，那么记忆是不能避免的途径。通过有效地应用遗忘曲线原理，学生能够实现对地理知识的长时间记忆。

三、高中地理教学中应用遗忘曲线的方法

高中学生地理知识记忆的保持和强化遵循艾宾浩斯遗忘曲线的规律，但是，高中学生学习意识不同等原因造成的个体差异，使得学生处于被动记忆的状态，学生主动记忆的意识不足。通过在高中地理教学过程中科学合理地使用遗忘曲线，从而提升学生地理知识记忆保持的时间，主要有以下几个方面。

1. 记忆的基础是理解

只有理解了知识才能够形成有效、长时间的记忆。在进行了无意义音节记忆试验后，艾宾浩斯又对诗歌和散文等进行了大量的实验。通过对比发现，有规律的诗歌的记忆保持时间远远长于散文，散文记忆保持时间则长于音节。所以，对于具有逻辑性的地理学科来说，学生在学习的过程中应该注重对知识的理解，只有对地理知识的概念、含义、本质、原理等进行深刻的理解，才能够达到知识记忆保持的目的，也只有这样，才能够减轻高中学生学习地理的负担。

2. 通过反复强化记忆

遗忘是造成地理知识记忆不能够长期保持的直接原因。遗忘的具体表现为：对于已经接触过的知识材料无法再认识和回忆，或者出现错误的再认识和回忆。根据遗忘的规律对学生所学地理知识安排合理的复习，是促进学生地理知识记忆保持最有效的途径之一。根据高中地理知识的特点，通过随堂作业、课后练习以及单元测验试等方式进行。例如，通过随堂作业的方式对学生的理解能力进行相应的测验，而课后练习即复习记忆，单元测试则属于长时间记忆的范畴。通过加强学生认知结构中新知识的稳定性，从而达到将遗忘的内容降到最低的目的。同时，教师在让学生复习的过程中，要注重复习形式的多样化，通过科学合理的方式让学生巩固所学的知识，才能够达到事半功倍的效果。

3. 内容类化系统记忆

美国著名教育心理学家布鲁纳认为："获得的知识如果没有完满的结构把它连在一起，那是一种多半会遗忘的知识。"在高中地理的教学过程中，教师引导学生将所学的知识进行总结，将会得到良好的教学效果。将前后的知识点之间进行比较和联系，形成一个完整循环的知识体系，是一种帮助学生地理知识记忆保持的有效手段和途径。

4. 对相似知识点进行列表比较，可降低错误记忆

行星与恒星、自然天体与人造天体、暖锋与冷锋、气旋与反气旋、冰川融水补给与季节性积雪融水补给、人口容量与人口合理容量、城市化与逆城市化等，诸如这样的知识点在概念和原理上具有相似性，学生在学习时很容易混淆，导致记忆错误。如果能把这类知识点进行列表比较，比较它们的名称、特点、成因、影响，一定会加深学生的记忆，降低记忆错误的可能。

参考文献

［1］侯前进."艾宾浩斯遗忘曲线"与教学目标多次认定［J］.宿州教育学院学报，2006，9（6）：178.

［2］陈和恩.基于记忆曲线理论的图学教学探究［J］.广东工业大学学报：社会科学版，2009，（9）：134-135.

（此文2019年发表于《高考》第1期）

新课程改革给中学地理教学带来的挑战

榆中县恩玲中学　李兴明

随着新课程改革的实施和深入，传统的教学观点和教学方式受到了极大的挑战。更新教学理念，改进教学方式，重构评价机制等一系列大幅度的改革给中学地理教学带来了新的机遇，更是新的挑战。

我们知道传统的地理应试教育注重对地理基础知识的传授，在对学生创新意识和个性方面的发展，尤其是在个人能力和实践方面关注不足。针对这样的不足，提出新的改革，出现新的挑战，必然要有创新的方法应对和解决问题。笔者就此在借鉴前人经验的基础上，谈谈自己的认识，抛砖引玉，已达到共同提高的目的。

挑战一：授课方式的创新丰富

新课程改革特别重视学生课堂学习的方式。传统的课堂教学模式为讲座式，这种方式不是一无是处，有些内容，或者某一时间段可能比较适合讲座式的授课，它当然是以教师为主体了。新课程关于课堂教学的改革重点是还课堂予学生，反对满堂灌式的课堂教学，要留足时间让学生动起来，使学生成为课堂的主体。教师在进行课堂教学设计时，应该巧妙地运用合作式学习、探究式学习，让学生动起来，从而实现学生的自主式学习。

地理学科有些内容实验性较强，可以通过让学生亲自动手做实验来发现问题、研究问题，丰富课堂的形式，比如学习褶皱地貌的形成、冲积扇的形成、热力环流的形成等内容时。有些内容是社会性较强的问题，可以让学生去调查，去讨论甚至是辩论，提高学生发现问题、分析问题，以及表达个人观点的能力，比如学习城市化问题、旅游资源开发和评价等内容时。

挑战二：引导学生学习对生活有用的地理知识

《地理课程标准（实验稿）》指出"学习对生活有用的地理"，即"地理课程要提供给学生与其生活和周围世界密切相关的地理知识，侧重基础性的

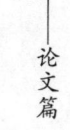

地理知识和技能，增强学生的生存能力"。我们所培养的学生时刻都处在一个多变的社会环境之中，他们将来无论从事什么职业，都无法避免地会面对现实生活，必须增强生存与生活能力。

我们有时候会想，哪些地理知识是对生活有用的？哪些知识是常用的？哪些知识是不常用的？与以往课程相比，新课程中有许多地理知识在生产、生活中的应用，如人教版八年级上册中的"阅读下面的资料，再补充有关资料，说说在不同的温度带，人们的生产和生活有什么不同？""不同的干湿地区对我们的生产和生活有不同的影响，阅读下面的材料，请你补充"等，这些都要求学生能把生活中观察到的地理现象、地理事件与地理学习有机地结合起来，以达到"地理有用"的目的。

挑战三：对于学生学习评价的改变

由于过去的教育观已经阻碍了教育的发展，我们提出了素质教育新理念，要真正实现素质教育就必须改变对学生的评价观念。新课改提出对于学生的评价不能只注重学生的学习结果、学生的考试成绩，而要关注学生的学习过程，变结果评价为过程评价。在学习的过程中可以有如下评价：针对学习内容进行评价，多用激励性语言，鼓励学生爱学、主动学；针对学习习惯的评价，注重在日常的教学中，给予学生良好学习习惯的肯定；针对学习方法的评价，注重学法指导，对于学生好的学习方法加以引导和适当推广；针对情感态度的评价，把知识的学习和情感的培养结合起来，在学生学习的过程中，对于学生表现出来的优良的情操要及时肯定表扬。

挑战四：在地理教学中要融入精神层面的教育

地理不是让学生接触纯物质的自然地理世界和直观的人文世界，我们在引导学生学习地理知识的同时，要做好育人的工作，这就是笔者提到的在地理教学中融入精神层面的教育。笔者认为有如下精神层面的价值值得我们在地理教学中巧妙融入：在学习祖国的疆域时融入爱国主义教育，必须让学生深深意识到我国的疆域除了约960万平方千米的陆地疆域，还有约470多万平方千米的海洋疆域；在学习人种和民族时融入爱人教育，虽然地球上的人类有不同的种族、不同的肤色、不同的语言，可是血管里流淌的都是红色的血液，大家都是地球的主人，是彼此平等的，不能有种族歧视；在学习自然灾害时融入生命教育，结合大地震、海啸、台风、洪涝等能给人类带来巨大生命安全威胁的灾害，教育学生生命的可贵；在学习旅游景观时融入审美教育，让学生感受到自然的大美、人文的魅力、生活的美好；在学习分区地理甚至是乡土地理时融入乡土观念教育，让学生了解自己生长生活的故土，从而热爱的自己的家乡，一个不爱家乡的人怎么让他爱国呢？

总之，今天的中学教师是站在教改前沿的。作为中学地理教师，承担着这样一个特殊的科目的教学工作，只有不断地学习，不断地反省，不断地思考教学乃至整个教育领域的问题，才能使自己进步，胜任新课改下的艰巨的地理教学任务。

参考文献

［1］林培英，马贺山.普通高中地理课程分析与实施策略［M］.北京：北京师范大学出版社，2010.

［2］邓桂香.谈一谈"学习对生活有用的地理"［J］.成才之路，2009（18）.

［3］教育部.地理课程标准［M］.北京：北京师范大学出版社，2001.

（此文2011年4月发表于《新课程》）

中学地理教学中"3333"模式的实践尝试

——以"城市化"教学设计为例

榆中县恩玲中学　李兴明

传统的地理教育在对学生创新意识和个性方面的发展,尤其是在个人能力提升和能力实践方面关注不足。针对这样的不足,笔者所在的学校榆中县恩玲中学的同人,结合自己对新课程改革的理解以及自己的教学经验,提出了"3333"课堂教学模式。第一个"3":教学的三维目标,即从新课改的三维目标出发,教学过程中体现出知识与技能、过程与方法和情感、态度与价值观这三个目标;第二个"3":教学内容的三个贴近,分别为贴近生活、贴近科学、贴近目标;第三个"3":教学过程的"三有",即在上课的过程中应该有探究、有互动、有讲授;第四个"3":教学总结中的"三有",即"有依据""有亮点""有价值"。

一、在教学目标中完成第一个"3"——教学的三维目标

(一)知识与技能目标

(1)城市化的定义、动力和意义。

(2)世界城市化的过程和特点。

(3)城市化对地理环境的影响和缓解城市化给地理环境带来压力的措施。

(二)过程与方法目标

初步学会地理图表资料的分析方法,并能对地理信息进行整理和总结,概括出城市化的过程和特点。

(三)情感、态度与价值观目标

树立人工环境和自然环境相协调和建设发展生态城市的观念。

二、在教学内容中要凸显三个贴近

贴近生活：在新课导入的时候，笔者让来自和平镇的学生逐个发言，把他们刚上小学时的和平镇的面貌与今天的和平镇的面貌做个对比，以得出和平镇乡村面貌在短短数年间大范围的转变为城市面貌的客观事实，从而引出"城市化"这个现象及概念。

贴近科学：我们讲"城市化"，凭什么说一个地方城市化了，用什么标准来判断一个地方的城市化水平，这个时候就要引出城市化的衡量指标，用指标来说明问题，体现这部分内容的科学性。

贴近目标：在本节内容中，我们要逐步学习城市化的定义、动力和意义，世界城市化的过程和特点，城市化对地理环境的影响和缓解城市化给地理环境带来压力的措施。同时要让学生用图表的形式来归纳相关知识点，让学生掌握运用图表总结归纳知识的这一基本技能。这贴近知识与技能目标。

同时，本节内容中设计了两个讨论，三个学生活动。讨论一：根据城市化的含义，要判断一个地区是否正在城市化，可应用什么标准来判断？讨论二：1950年前后，城市化发展速度有什么差异？为什么会出现这样的差异？活动一：思考并完成世界城市化阶段表格。活动二：完成城市化特点表格。活动三：思考并完成P37活动题。这些内容注重学生学习的过程，贴近过程与方法目标。

通过学习本节内容，让学生体会到城市化给人们带来的影响，城市化是人类文明进步的表现。同时让学生关注我们身边的城市化，能用科学的眼光去看待城市化过程中出现的问题。

三、教学过程的"三有"，即在上课的过程中应该有探究、有互动、有讲授

有探究：本节内容笔者设计了这样一个问题，"既然城市化是人类文明进步的表现，是不是城市规模越大越好，人们都住进城市里就是最好了？"这是一个开放的、发散的、难度适宜的问题，也是学生们感兴趣和值得探究的问题。

有互动：互动环节其实是和学生讨论发言环节紧密相连的。比如本节内容里有个知识点是"生态城市"，先让学生讨论什么样的城市是生态城市，学

生会说有树、有草、有绿色等就是生态城市，教师可以接着追问城市绿地植被对城市有什么作用。

有讲授：如本节课的一个难点——"逆城市化"，它的概念以及逆城市化的原因和表现，在学生思考的基础上，教师不得不进行分析讲授，让学生掌握得更全面。

四、教学总结中的"三有"，即"有依据""有亮点""有价值"

有依据：要总结"城市化"这节课，第一分析教学目标的完成情况，从知识和技能目标看学生掌握得如何；从过程与方法目标看学生学习的过程是否充满兴趣，积极主动，运用多种方法来解决课堂问题。当然情感、态度与价值观目标是很难总结的，因学生的感悟能力不同而不同。

有亮点：笔者在这节课中的亮点是把兰州市近郊的和平镇近10年的城市化引入课堂，非常贴近学生的生活，学生比较熟悉这个案例，也容易接受得出的相关结论。另外，笔者让班里来自和平镇的学生逐个发言，这也锻炼了学生的胆量以及语言组织和表达能力。

有价值：通过课后总结，在课堂上尽量引用贴近学生生活的案例，以提高学生兴趣，易于使学生接受。在课堂内要合理地安排学生讨论活动，提高学生学习的主动性和积极性，以符合新课改的要求。在以后的教学中，笔者会尽可能做到这些方面，以提高自己的教学水平，这也是课后教学总结的价值所在。

参考文献

[1] 林培英，马贺山.普通高中地理课程分析与实施策略［M］.北京：北京师范大学出版社，2010.

[2] 中华人民共和国教育部.地理课程标准［M］.北京：北京师范大学出版社，2001.

（此文2015年7月发表于《高考》）

中学地理教学中的精神和情感融入

榆中县恩玲中学 李兴明

情感教育主要关注教育过程中学生的态度、情绪、情感以及信念，以促进学生的个体发展和整个社会的健康发展。情感教育是培养学生健全人格的重要方式。

各科教学都要强调情感的培养，而地理学科的特殊性使得地理教学的情感培养有其独特性，更具有全面性。因此，情感教育也是中学地理教学的重要内容。在地理教学活动中，教师可以结合不同的教学内容，在学习相应的地理教学内容的同时，准确地把握应该结合怎样的精神情感的内容，给予学生全方位的培养。笔者觉得在中学地理教学中，可以成功融入以下几方面的精神和情感。

一、在自然灾害内容中融入生命教育

2004年12月26日，在泰国普吉岛的海滨，10岁的小女孩蒂利玩耍时发现海水剧烈地倒退，并且冒起泡沫，在大海的远处突然涌现出白色的巨浪，蒂利意识到这是海啸发生的征兆。因为在她来泰国前，她的老师在课堂上播放了一段夏威夷发生海啸的影片。蒂利和父母劝大家离开，当一百多名游客跑到安全地带时，海啸真的来了！面对人们的感谢和夸奖，小蒂利说："我不是英雄，我只是用地理课上学到的知识，救了我和大家而已。"

在中学地理中，对于洪水、泥石流、火灾、地震、海啸等自然灾害的学习是必不可少的。但是笔者觉得在教学的过程中存在一定问题：我们花很多的时间要求学生理解和掌握这些自然灾害发生的条件，以及每种灾害的相关知识，却很少花时间去告诉学生或者和学生一起讨论怎样利用灾害发生前的征兆来尽可能避免受灾，怎样在遭遇灾害时尽可能地保护自己和他人的生命安全。我们要知道，拥有生命比记住知识更重要，因此在学习自然灾害的内容时应融入生命教育。

二、在民族和人种内容中融入爱人教育

"我梦想有一天,我的四个小女儿能生活在一个不以皮肤的颜色,而以品格的优劣作为评判标准的国家里。"

"我梦想有一天,亚拉巴马州会改变,尽管该州州长还在说什么要对联邦法令提出异议和拒绝执行,但有朝一日,那里的黑人儿童能够和白人儿童兄弟姐妹般地携手并行。"

这是马丁·路德·金的梦想,也是全世界善良的人们的梦想。

不同的民族,各有各的文化和传统,可能不同民族的文化和传统文明程度不尽一致,但是每个民族都有和平生活的权利。虽然人类有不同的种族、不同的肤色、不同的语言,可是血管里流淌的都是红色的血液,大家都是地球的主人,是彼此平等的,这个世界不能有种族歧视,在学习民族和人种内容时要融入爱人教育。

三、在我国的疆域内容中融入爱国教育

我们可以随便问一个文化程度不高的人,甚至是上过大学的人,我国的国土面积约有多大?很多人会说,有960万平方千米。这就错了,我国岂止960万平方千米,还有470多万平方千米可管辖的海洋国土。这正是我们平时教育上的疏忽,当然这与我国传统上重陆轻海的思想有关,我国国民的海洋意识过于薄弱。中华民族因为海洋意识淡薄而丧失了许多利益,为此也吃了不少亏,付出过沉重的代价。我们要汲取深刻的教训,并使学生逐步形成国家领海危机感和忧患意识,增强历史使命感和社会责任感。

因此,在讲我国的疆域时,一定要让学生知道我国的确切国土面积,不仅我国的领陆是神圣不可侵犯的,领空是神圣不可侵犯的,我国的领海也是神圣不可侵犯的。

四、在分区地理内容中融入乡土教育

乡土教育是指能使学生从生活的人文、自然与社会的环境中去了解与认识哺育自己成长的、居住的乡土,使其关怀与认同乡土,并贡献自己的力量来改善乡土环境的教育。因此,它可以培养学生本土观、世界观的乡土意识与乡土

之爱。

我们在学习我国地理的时候，一定要给学生讲乡土地理，要让学生对哺育自己成长的家乡有深刻的了解和感悟，要知道家乡的风土人情，要知道家乡的历史，要热爱自己的家乡。一个对自己的家乡都不了解的人，怎么会去爱自己的家乡呢？又怎么会去为家乡的发展做贡献呢？

五、在自然景观内容中融入审美教育

地理学科本身就蕴含着丰富的审美教育素材，特别是当人们置身于大自然当中，面对崇山峻岭、江河湖海、潮起潮落、斗转星移时，自然会感受到自然之大美，这在其他学科中很少涉及。利用地理学科向学生进行自然之美的教育是十分有利的，也更容易产生显著效果。能够感受到自然之美的人，就是一个热爱生命、积极乐观的人。地理学科不仅要教给学生对生活有用的地理，对学生终身有用的地理，还应该让学生在学习地理知识的同时，用心感受宇宙之美、江河之美、山岳之美、四时之美、生灵之美，这对于培养学生的综合品质有着非常重要的作用。

参考文献

[1] 卢宏伟.高中地理情感教育的策略和途径[J].绍兴文理学院学报（教育教学研究版），2008（2）.

[2] 陈宝爱.浅议将美育融入中学地理教学[J].福建教育学院学报，2006（6）.

（此文2017年3月发表于《新课程》）

对卓越课程开发的几点认识

榆中县朝阳学校 赵 军

课程在大多数的人看来，指的是实现教育目的的内容和方法。它突出的特点是强调系列化、逻辑性、层次感，对课程的使用和评价也有明确的要求。另一种观点与此不同，认为不论校内校外、课内课外，只要是有计划地实现了某种明确的教育目的的内容都可以视为课程。它的形式可能是一个故事、一次经历、一次听到或者遇见。在教育活动中，课程激发出的师生生命体验成为课程内容的一部分，这些体验往往作为最重要的课程，结果又成为新的课程内容。学生和教师在执行课程计划的过程中，又不断丰富和创新了原有的课程内容。在这个过程中，学生体验、领会、感受、反思、分享、再实践的主动性较大程度地得到了释放，他们拓展了课程的范畴，也把课程和自己的生活、生命结合在了一起。新教育对课程的看法恰恰体现出这样的一种主张。如果一切能实现某种教育目标的内容、计划、评价都应该视为一门课程，那么课程的开发就不能简单地认为是学校或者教师的事，每个身在其中的人都可能成为一门课程的开发者、执行者、受益者。从这个意义上讲，课程一定是一种家庭、社会、其他影响因素多向参与的教育活动。就课堂而言，一定是师生的参与和体验，一定是双向的动态过程。如果我们把知识看成是一个点，把教育过程定义为一条线，那么，课程就应该是一个面。从教育的起点出发，在到达目的地的过程中，每一处风景都是我们所说的这个"面"。如果课程是"面"，那么，教室就可以比作师生生命发展重要的"场"了。课程就是这个"场"里发生、发现、发展的总和，在这个总和里，知识和实践、学习和生活、体验和分享、教师和学生在相互的融合和碰撞之间产生的巨大能量将为师生提供长久的共同成长的生命场。这正是"幸福完整的教育生活"的真正含义。因此，开发丰富多彩的系列卓越课程正是把教室这个"场"变成师生共同成长的"生命场"。

一、卓越课程的开发应该指向"幸福完整的教育生活",从这里出发,再回到这里

新教育的"卓越课程"的提法意在强调教育担负营造"师生幸福完整教育生活生命场"的责任和使命。在教师和学生看来,一个共同的教育生活里,幸福完整是最重要的目标和追求,也是共处一个生命场最大的意义,教师和学生成为彼此教育生活里不可或缺的部分,成为彼此教育生活的见证人。因此,"卓越课程"的提法强调了教育的"幸福感"和"完整性",并不是将教育泛化,而是强调了教育的常态化、当下性。

二、卓越课程的开发应充分关注学生生命成长的需求

卓越课程的开发关键点在教师和学生,他们是教材的开发者,也是课程实施的受益人,因此,一门卓越课程开发的成败标准就在于对于学生生命成长、成熟的意义和价值的有还是没有、大还是小。因此,一切从学生的生命需求出发,一切从学生的成长规律出发,一切从尊重学生教育主体地位出发,一切从学生幸福完整教育生活的实现出发,最大限度地落实课程实效,最大限度地开拓学生身心发展被忽略的区域,最大限度地克服传统教育的弊端,是做好课程开发的关键。

三、卓越课程的开发应极大地拓展教育活动的内容和形式,"触及灵魂,生命在场"

"本质上说,教育无非就是一种相遇",但每一种相遇,都不仅仅是人与知识的相遇,人与人的相遇,它不是一个平淡无奇的故事,它实际上是一个深刻的事件,每一次相遇都与我们的生命体验密不可分。而卓越课程要做的是不断开拓相遇的范围和空间,让更多、更美好、更触及心灵、更涤荡灵魂的相遇——发生,见证这些相遇和发生,积淀生命向上、向善、向真、向美的力量,这是卓越课程开发、实施、评价应该实现的重要目标。

四、卓越课程应该是知识与实践、生活和生命、经验和体验的合奏

学校卓越课程的开发要达到的最佳目的:在良好的课堂氛围下,在通畅

的交流和分享中，旧的经验和新的体验、丰富的感受和尽兴的分享、精妙的课堂设计和波澜起伏的课堂生成形成合奏，这种合奏正是我们需要的充满智慧、渗透情义、焕发活力的教育生活。从这个意义上讲，卓越课程丰富了师生教育生活的层次和色彩，充实了师生共同成长的空间和方式。所以，卓越课程更应该有一定的隐蔽性，它更应该是春风化雨，更应该是润物无声，它的巨大影响更应该像一角冰山下的庞大躯体，它解决的是人的问题，不是知识的问题，它影响的不仅仅是学生的现在，更是他们的未来。它调动的是学生个体的生命体验，但唤醒的是生命成长本身强大的力量。

综上所述，卓越课程的开发应该更多地关注作为教育主体的学生的成长需求，努力拓展丰富他们的生命体验、激发他们的成长活力、启迪他们的人生智慧、丰盈他们的情感内涵。同时在课程设计、执行、评价过程中更多地考虑学生"生命场"是一个多向相互融合的动态过程，让学生和"同场"的教师一起过一种"完整而幸福的教育生活"才是课程开发最重要的目标。当学生和教师经历激发、碰撞、磨砺，一起成长、成熟、成功，他们走过的教育生活才是穿越课程、穿越教育、穿越人生的生命叙事。

（此文2017年发表于《教育研究与评论》第9期）

校园文化建设漫谈

榆中县朝阳学校　赵　军

学校文化是一所学校办学理念、个性风格、人文精神的综合体现。学校文化是一种环境，又是一种资源，更是学校的灵魂，它决定着一所学校的发展方向，体现一所学校办学品质的高低。关于学校文化建设，在实践中，笔者逐渐形成了以下一些观点。

一、制度文化建设是学校文化构建的基石

"没有规矩，不成方圆"，规范、系统的规章制度，有利于明确对师生言行的要求，培养良好的习惯和作风，又能让师生在制度中受到教育，得到激励，在制度中规范自己，享受更好制度下的工作、学习。因此，学校要根据有关法律、法规、上级指示和学校实际，在充分发扬民主精神的前提下，集思广益，逐步建立和完善各项制度，并且在制度的执行中应做到制度面前人人平等、不讲关系、不看情面、科学公正、依法治校，摒弃自由散漫、拖拖拉拉、无组织无纪律的作风。

二、建设生态性管理文化是学校管理文化建设的基石

在学校管理工作中，教师的需求、思想、个性和专业发展在任务型的管理方式中常常被忽视。营造教师"安全、健康、和谐"的工作环境，构建教师"既讲民主，又讲纪律；既讲与人为善、相互尊重，又讲相互激励、力争上游"的人际关系，给教师搭建一个展示自我、发展自我、成就自我的舞台。读懂教师，读懂他们的需求，了解他们、善待他们、体谅他们、尊重他们、帮助他们、满足他们，真诚地和他们交流，形成良性的情感互动，是构建管理文化的前提。

以往那种以工作为中心的学校管理，强调学校组织的权威性、等级性以

及各种行为的规范性，以实现组织目标为至高准则。这种只考核教师的执行力而忽略了教师的潜能和主观意愿的管理理念只会培养出合格的教师，而培养不出好教师。理想的管理模式应该是建立在完善的规章制度的基础上的，更多地关注教师和学生的需求，体现和尊重师生的主人翁地位，积累师生在价值观、审美、理想和愿景、精神追求等方面的相同点，形成共识，强调人的价值，强调公平民主，依靠由此激发出的凝聚力、创造力，克服机械刻板的制度管理弊端。学校管理只有做到"制度管理与人文管理"的有机结合，才能使每一个人达到主动地、积极地、快乐地、创造性地开展工作的生态化管理的至高境界。

三、建设高效课堂文化是学校文化建设的核心

在今天课改已成为一种大趋势的背景下，课堂文化建设成为学校文化建设，甚至也是学校教育成败的关键所在。课堂文化是教学之魂，是教师课堂艺术和学生课堂质疑问难、锐意进取、追求卓越精神的完美结合，是一种长期形成、共同遵守、深入灵魂的行为准则。课堂文化建设的主阵地是教室，课堂文化建设的主角是教师和学生，课堂文化建设的目的在于构建理想课堂，落实课堂实效，促进师生生命体验的交流，实现师生共同成长。可以说，课堂文化充分体现了教育的本质属性和学校教育所担当的社会责任，它应该成为现代学校文化建设的核心。

高效课堂是指在单位时间内消耗最低、效果最好、对学生的发展价值最大的课堂教学，倡导对学生的学习力进行保护性开发，摒弃通过拼时间、拼体力获得的学习高效。课堂实现有效和高效是指课堂教学的教学设计和教学预期能够实现高比例落实，教师投入的时间、精力和其他成本有较高的回报，课堂教学的艺术性和科学性有更充分的体现。这里的高效指的正是最能体现课堂艺术价值的"效果——好不好""效率——高不高"和"效益——大不大"。高效课堂还原了教育的本质，真正突出了教师的主导地位和学生的主体地位，

推进课堂文化建设，一是要通过课堂重心的变化使传统教学以教师为单一中心的模式转换成为师生双边互动的双核模式，教师由课堂的绝对权威变成一位为学生服务的引导员，他的任务不再是单纯的"知识包"，而是学生兴趣的激发者、学生创新思维的维护者、学生生命诉说的倾听者、辩论的对手、合作的伙伴、分享的对象。二是通过课堂教学任务的变化改变课堂仅仅作为"学堂"的属性。对课堂的认识不再是仅把它当作一个知识传播的场所，而是把它

作为一个启迪智慧、训练思维、丰盈情感的舞台，让学生在课堂上尽情质疑、大胆问难、任意发挥，通过调动兴趣和体验促进对新知识的认知，再由新认知生发新的体验，激发不竭的兴趣，从而形成完整的认知循环。三是要通过改变课堂教学重应试技能轻素养培养的弊端，努力在课堂上构建一种师生共同学习、共同成长、相互激励的良好氛围，形成一个学习共同体，培育"团队意识"和"合作文化"，把文化构建和课堂教学真正落实到提升学生的综合素养上。

四、丰富校园文化活动是学校文化建设的途径

文化的生成、积淀、传承和创新是一个动态的过程，它的动力和活力在于活跃的校园文化活动。校园文化"处处皆育人"的潜移默化功效也只有在形式丰富、充满活力的文化活动中才能最大限度地实现。校园文化建设的最直接受益者应该是学生和教师，校园文化建设的不断深入和发展依靠的也是学生和教师。从这个意义上来看，活跃的校园文化活动是学校文化建设的最基本也是最有效的途径。

1. 要着力组织好以学生为主体的特色校园文化活动

把艺术节、学生社团、志愿者、校园刊物、学生自主管理机构、篮球队、棋社、美术兴趣小组和科技兴趣小组等做强做大。

2. 努力促进班级文化建设个性化

规范班级文化评比，引导学生关注学习、生活的状态，倾听窗外的声音，关注国家大事和新闻热点，加强班级文化开发，培养健康向上的审美情趣。

3. 规范常规活动，丰富课外活动的形式和内容

在课外活动、主题活动、常规活动的组织和安排上，更关注学生的需求，重视活动本身对学生的意义和价值，有意识地引导活动向规范、科学、丰富、高雅的方向发展。

总之，学校文化建设是一个需要胸怀、需要智慧、需要耐心的过程，道路漫长，必须要有高瞻远瞩的视野、包容多元的精神、锲而不舍的恒心，科学系统的谋划，脚踏实地的落实，一以贯之的积淀，以学校师生的文化精神需求为落脚点，以"校园处处能育人"为总目标，才能最终把学校建成学生学习的乐园、成长的摇篮、精神的家园。

（此文2018年发表于《当代教育》第4期）

以提高教学有效性为核心，构筑理想课堂

榆中县朝阳学校　赵 军

打造理想课堂，教师是关键。要落实教师的引导作用，应认真做好从课堂、课中到课后几个环节的设计、实施、反思。

一、课前准备

如果我们把教学看成机会，那么"机会是留给有准备的人的"；如果我们把教学看成战争，那么"不打无准备的仗"。充分的准备，为有效教学奠定了良好的基础。课前准备既包括教师的准备，也包括学生的准备。

教师的准备就是备课，在"吃透"教材的基础上，梳理出思路与结构，对每堂课需要达到什么目标、需要让学生学会什么及掌握什么、用什么方法才最行之有效、课堂中可能会出现怎样的反馈、学生理解上的难点在哪里等情况都做精心的预设，根据学生的学习情况制订分层教学目标，以适应不同学生的发展要求。

教师要达成有效教学的对象是学生，所以仅靠教师单方面的准备是不够的，学生也要准备。学生预习什么、如何预习，教师要提出明确的要求给予充分的指导。教师在进行课堂教学前，应根据学生的预习反馈，再次调整教学设计。

二、课堂教学

在课堂教学时，教师应主要把握以下几点，来实现教学的有效性：

（1）理想课堂应该有一个精彩的导入，创设一个和谐、专注、活泼的教学氛围。

（2）理想课堂不仅是教师的讲堂，更是学生的学堂。引导不是教师牵着学生的鼻子走，而是教师通过精心设计，让学生在紧张、活泼、热烈、有序的

氛围下，尽情释放自身的学习动能，形成自己的观点和感受，这些观点和感受又在不断的碰撞中产生新的感受，这将在最大限度上帮助学生理解知识的形成过程，培养他们的科学精神和思维能力。

（3）要注重课堂提问的有效性。一是要注意提问的针对性与辐射面。问题的难易程度要适应学生的个别差异。教师应该根据问题的难易来提问不同层次的学生，让学生获得成功的喜悦。不能只关注优秀的学生，更要把机会留给学习有困难的学生。二是注意为学生提供思维的时间与空间。在安排小组讨论的时候，一定要事先留有时间让个人独立思考，不能只顾热闹而忽视学生思维能力的锻炼以及个性思维生成的空间。不要逼迫学生立即反应，或急于把答案告诉学生。三是注意创设民主、和谐的课堂教学环境。教学中，当学生的思维激发出创造性火花时，要给予其充分的肯定和赞赏，激发学生学习的热情，尊重学生个性的感悟，提倡阅读的多元化。当学生的思维发生障碍时，要因势利导，适时鼓励。这样既起到鼓励学生有所发现、敢于发现、保护学生思想成果的作用，又让学生在教师的引导下获得更好的发现和体悟。

（4）教师要关注学生参与课堂教学活动的过程，关注学生思考的容量和深度，关注学生在课堂教学中的情感体验，关注学生的学习方法，发挥自己独特的教学艺术，采取各种方式真真切切地提高学生参与学习的程度，使学生的大脑皮层处于兴奋状态，全方位提高学生的学习效率。

（5）运用多种教学手段，充分调动各种可用因素，充实理想课堂内涵。

（6）理想课堂的魅力还在于教师的综合素质和人格魅力。

三、课后反馈

教师是不是有课后反思的习惯，反思是不是深入，是提高教学的有效性、构筑理想课堂的关键。记得一位麻醉医生感叹："还是你们教师好，教得不好也得过很长时间才能发现，搞不好那时你们都退休了，而我们医生，特别是麻醉师，药量差一点儿，病人可能立刻就会失去生命，我们的一辈子也就完了。"这虽是一句戏言，现在想来却让人不安：课堂教学是否有效，课后的反馈很重要。反馈是对课堂教学实效落实情况最直接的检验，教师要养成课后反思的习惯，根据课后反馈调整自己的教学设计和教学过程，又可以进一步提升自己课堂教学的有效性。

（此文2018年发表于《考试周刊》第12期）

初中生社会责任感培养路径探微

榆中县朝阳学校 赵 军

近几年来，初中生社会责任感渐趋弱化的现象逐渐成为人们热议的话题，如自我意识浓重、个人责任淡化，公德、纪律意识低下，个人责任与社会责任错位等。以上问题的出现，不仅有社会的原因，也与家庭和学校责任感教育的缺失密切相关。父母不注意培养孩子的社会责任感，甚至无意识地成为"负面"的示范和榜样。而在学校各阶段各学科的学生社会责任感培养工作中，因为责任感培养任务不明确、模式机械单一而造成责任感培养目标无法落实的现象比比皆是。

培养学生的社会责任感，具体来说就是培养学生的自我责任感、集体责任感、信任感、归属感、同情心、牺牲精神等情感要素，同时提高学生的责任认识和责任选择能力的教育。责任感以认识为前提，没有是非标准，责任感就无从谈起；责任感以情感为基础，往往伴随着对生命、对父母、对集体、对国家强烈的情感体现；责任感靠意志维持，恪守职责是坚强的意志反映在人的行为举止上的过程；责任感通过责任行为反映出来，有责任感的人会在做出满足自己需要和愿望的个人决定时，对自己、对他人、对环境、对社会等做出全面的考虑，必要时甚至会牺牲个人的利益。

结合我校责任感教育的实践，我认为培养学生社会责任感不应忽视以下几个方面。

一、重视学生认知水平的提高

认知是指人认识世界的过程，是对认识对象所产生的理解、判断、评价、信念等。责任感的培养要从提高认知水平入手，首先应使学生确立原则，明辨是非，知晓自己的社会角色及应当承担的责任。认识清楚了，是非感随之产生，责任意识就会逐渐清晰。

在提高学生认识的过程中，要认真地、科学地对待和引导学生的认知偏差。由于年龄小，认知水平低，学生身上不可避免地会存在着一定的认知偏差，因此，就需要对他们认识中的某些错误倾向及时加以引导，以发扬其积极认知，抑制其消极认知。

二、加强学生责任感的教育

责任感作为心理品质中的重要组成部分，其养成离不开情感调控。责任感需要积极、健康、丰富的情感的唤醒与激活，情感的影响甚至决定一个人责任感的扬与抑。教师应善于运用需要原则、期望原则、价值目标和激励手段，引导学生保持积极健康的热情，因为热情是一种稳定、持久、深厚的情感，也是使学生完成学习任务、培养健全人格的必要因素。它能培养学生健全的理智、达观的态度以及饱满的社会责任感。

三、创设为集体奉献的机会，培养集体荣誉感

要培养一个人对集体的责任感，就要千方百计地为他们创设为集体奉献的机会，奉献得越多对集体的感情就越深。

从学生的认知规律来看，他对于班级、学校、家庭付出得越多，他的展示越充分，得到的积极评价越多，他的责任感体验就越丰富，他对集体的情感就越深。教室桌椅、拖把坏了，和同学一起修；地面脏了，和同学一起扫；玻璃脏了，和同学一起擦。一起为宿舍设计名称、舍徽。毕业了，一起给母校种下一棵纪念树。学生做的过程就是培养学生集体责任感的过程。

四、让学生敢于承认错误，勇于面对失败，承担责任

一个不懂得承认错误、承担责任的人，永远不会从错误、失败中学习、完善和提高自己。米勒在剖析人的心理时说："事实上，人们往往对于承认错误和担负责任怀有恐惧感。因为承认错误、担负责任往往会与接受惩罚相联系。我们通常愿意对那些运行良好的事情负责，却不情愿对那些出了偏差的事情负责任，总是寻找各式各样的理由和借口来为自己开脱。"不是吗？我们常常听到：有些学生作业没有完成，就说作业太多，题目太难，其他学科作业太多，等等。长此以往，借口会使学生不再愿意去努力提高自己，不再愿意去寻求解决问题的办法，而是将精力都浪费在了毫无意义的寻找借口上。这种思维

容易将人变成一个没有责任感的人。正确的做法应该是，引导学生承认错误，分析存在的问题，并为此承担责任。

五、建立良好的人际关系，培养学生的集体协作精神

良好的人际关系，应是平等、团结、友爱、互助、民主的人际关系，这种新型的人际关系把学生组成了有机整体，使学生意识到在当下的学习和未来的生活、工作过程中，个人的力量很有限，个人的智慧只有像河流汇入大海中那样才能体现价值，许多工作都要靠集体的智慧和力量才能完成，继而培养学生遇到困难寻求合作的意愿和主动参与的意识，并最终内化为一种集体协作精神。

六、家校联合，培养学生社会责任感从激发学生的家庭责任感做起

家长是学生责任感教育的重要力量，当孩子看到母亲为了操持家务而忙里忙外，看到父亲为了家里的各种开销而在外奔波时，他自然会萌生出分担责任的念头。从古至今，贫穷而普通的家庭往往会诞生优秀的人才，究其原因主要是贫穷人家的孩子比一般人家的孩子更早知道父母的艰辛，所以比同龄人更早地表现出分担家庭重担的强烈愿望。在家庭中，家长如果主动将生活中一些力所能及的实践机会提供给孩子（如扫地、拖地板、擦玻璃、洗碗、洗衣服、做饭等家务劳动），创造责任教育情境，激发孩子分担责任的愿望，促进负责任行为的发生，并逐渐使孩子形成较稳定的责任感，那么在遇到新的责任情境时，他的其他责任情感也易于被唤醒。

同时，学生责任感的形成过程也是他在家庭范围内的人际交往中观察、模仿、学习的过程，家长以及他身边的其他成人的言行对他的影响都很深。因此家庭教育是学生社会责任感培养的基础，是不应被忽视的重要部分。

七、组织学生参加综合实践活动和研究性学习，是培养学生社会责任感的有效途径

首先，要创设条件让学生以小组的方式多参加校内外的综合实践活动，通过活动激发学生的责任感。其次，让学生在此过程中感受到自身的价值，感受到自己的主动性地位和不可缺少的角色，从而增强责任意识。例如，组织学

生用自己平时的零花钱为贫困地区和灾区捐款，让学生先了解贫困地区和灾区学生的学习、生活情况，然后和自己进行比较，使学生懂得自己为贫困地区和灾区学生捐款是值得的，为需要帮助的人送去温暖是一种对"扶危济困"的社会责任的担当，让他们感受到在集体的力量和社会的力量中的自身价值。再比如，结合一些社会热点问题，组织一些有针对性的探究和讨论活动，帮助他们明辨是非，树立正确的价值观，以达到培养社会责任意识的目的。

总之，初中生责任感教育是一个内涵极为深刻、外延极为广泛、路径极为丰富、极具现实意义的研究课题，关于它的理论和实践层面的探讨将是一个长期的话题。"路漫漫其修远兮"，我将与大家一起努力求索，祝愿责任感教育在不久的将来结出硕果。

（此文2016年发表于《教育教学研究》11期）

但凭胸臆寄衷情
——演讲篇

直挂云帆济沧海

榆中县恩玲中学　白军志

老师们、同学们：

大家新学期好！

一元复始，万象更新。伴随着春天的脚步，我们迎来了新的一年，同时迎来了狗年的第一个新学期。首先，我代表学校党支部、校委会向全体教职工和同学们表示新春的问候！祝愿大家在新的一年里身体健康、工作顺利、学习进步、平安幸福！

刚刚过去的2017年，在县委、县政府的正确领导下，在朱恩馀先生的亲切关怀下，在社会各界及家长的大力支持下，在全体教职工的共同努力下，学校以"善以养德、学以立身、知恩感恩、成就自我"为办学理念，以养成教育为抓手，以感恩教育为主线，以加强师资队伍建设为关键，以课堂教学为突破口，以提高学生综合素养为核心，全面实施依法治校、素质教育，全力提升教育教学质量，各方面工作取得了优异的成绩。近5年来，学校在生源质量下滑的情况下，圆满地完成了市、县教育局制定的高考目标任务，真正创出了一条"低进高出、高进优出"的恩玲办学特色。2017年，学校先后荣获甘肃省标准化A级心理咨询室、兰州市依法治校示范校、榆中县高中教育质量优秀奖、榆中县教育工作综合目标一等奖、县教育系统优秀党支部等19项殊荣，学校的工作得到了上级领导及社会各界的充分肯定。

新学期，我们要有新思维、新面貌、新目标、新提高。在此，希望全体教职工以饱满的热情投入到工作学习中去，开好头，起好步。全体教师要坚持以教学为中心，抓好课堂教学，精心备好每一节课，全方位调动学生的学习主动性，提高课堂教学效率，提升教育教学质量，力争在2018年高考中取得优异成绩。

同学们，春天是播种的季节，只有在春天播下希望的种子，秋天才有丰硕的成果。站在新学期的起跑线上，我想借此机会向大家提几点希望和要求。

第一，自我调节，自我约束

快乐、松散的寒假生活已经结束，我们又回到了熟悉的校园，现在我们要做好自我调整、自我约束，及时改掉假期养成的散漫习惯，调整好精神状态和作息时间，以饱满的激情全身心地投入到学习中。春节期间，部分同学收到了家人和亲戚的压岁钱，同学们应该把它用在学习上，但有的同学可能买了手机，在此，希望同学们不要将手机带到学校，因为高中生在校携带手机对学习的影响很大，校纪校规也明确规定：严禁学生带手机。若有带手机的同学，会后交班主任处保管，周末带回家。

第二，举止优雅，文明守纪

党的十八大提出了教育的根本任务是"立德树人"，十九大对"立德树人"在新时期又赋予了特定的内涵与要求。当前，学校要抓好三方面的教育：一是加强社会主义核心价值观教育；二是加强和完善中华优秀传统文化教育；三是加强诚信教育，诚实做人，诚信做事。本学期学校将尝试"诚信考试"，启动无人监考考场。希望同学们要自觉践行社会主义核心价值观，弘扬中华优秀传统文化，爱祖国，爱劳动，爱学习，经常对照《中小学生守则》《中学生日常行为规范》的要求规范自己的行为，重视品德修养和良好习惯的养成，做一个举止优雅、文明守纪的"恩玲人"。从本学期开始，政教处将举办"德育提高班"，这是违纪学生的一门必修课，通过"德育提高班"的教育，矫正学生的不良行为，使其提升道德修养。

第三，勤奋学习，天天向上

学习是同学们的主业，希望同学们能够养成"专心、乐学、勤记、多练"的学习习惯，在学习上下苦功，不忘报考恩玲中学时的初心，努力实现自己的梦想。要多读书，读好书，与书为友，通过读书活动，陶冶情操，充实自我，完善自我，提升自我。

第四，学会感恩，知恩图报

"滴水之恩，当涌泉相报"，希望每一位同学懂得感恩，学会感恩，努力学习，积极进取，用自己的实际行动回报老师和父母对你们的关爱和期望。

第五，牢记安全，珍爱生命

千重要，万重要，安全工作最重要。因为人的生命只有一次，希望同学们要时刻牢记"安全"二字。当前，我们要注意春季传染病的预防、交通安全、食品安全、活动安全及消防安全等，将安全知识与实际生活结合起来，努力提高安全防范意识和自我保护能力，让平安陪伴我们健康成长。这里我要特别强调一点，打群架是不敬畏生命的一种表现，也是粗鲁解决矛盾的一种办法。全国因打群架发生的刑事案件很多，打架者都付出了沉重的代价，有的甚至毁掉了自己的一生。我们应该从中汲取深刻的教训。

在此，希望同学们发生矛盾后多些理智，少点冲动，学会让步，学会包容，学会理性地去解决矛盾，同学之间应建立一种相互尊重、相互理解、相互包容、和谐共进的关系。

老师们，同学们，新的学期，新的希望，新的机遇，新的挑战，让我们站在这初春的早晨去迎接每一个更加明媚的春天。

最后祝老师们身体健康，工作顺利，事业有成！

祝同学们学习进步，健康成长，天天有收获！

（2018年恩玲中学春季开学第一次国旗下的演讲）

当好教育孩子的第一责任人

榆中县恩玲中学　白军志

尊敬的各位家长：

大家好！

非常感谢各位家长抽出宝贵的时间来参加今天的家长会。在此，我代表学校党支部、校委会向各位家长的到来表示最诚挚的欢迎！借此机会，真诚地感谢各位家长自孩子高一入校以来对学校工作的支持、理解、帮助和配合。

召开家长会的目的不外乎在学校和家庭之间、老师和家长之间搭建一个相互交流的平台，分别为家长和老师了解学生在学校、在家庭的学习生活状况及表现提供一个面对面交流的机会，同时也为家校之间统一思想，形成对孩子成长的教育合力创造一个难得的机会。第一次家长会，我把学校的办学理念、培养目标、学校管理以及家庭教育的一些想法和做法向家长进行了汇报，得到了许多家长的认同，对不少家长改进家庭教育思想和方法起到了一定的帮助作用。借今天这个机会，我仍然想就家长和家庭教育在孩子成长过程中的教育定位与作用以及学生如何面对高考，和在座的各位家长进行交流，希望能得到大家的理解和重视。就家长如何当好教育孩子的第一责任人，我讲三个方面，供家长们参考。

一、重视家庭教育已成为21世纪各国教育改革和发展的潮流

美国著名教育专家、霍普金斯大学教授科尔曼曾调查、收集、研究近4000所学校的60万名少年儿童成长的数据，形成了一个在国际上产生了重大影响的报告——《关于教育机会平等性的报告》。该报告用大量数据揭示了一个重要的结论："影响孩子学习成绩的主要因素是家庭，孩子所接受的家庭教育一直在幕后操纵孩子的学校生活，家庭教育是学校教育永远的背景和永远的底色。"美国前总统奥巴马曾专门就家庭教育对美国的家长发表过一个演讲，在

演讲中，他特别强调，美国家庭应该注重儿童教育，使自己的子女有能力与中国的孩子竞争将来就业的机会。他说："家长们，你们要努力了，要和中国的家长竞争了，如果你们这一代家长再不努力的话，美国的好工作就都被中国和印度的孩子抢走了。"日本是一个非常重视教育的国家，日本内阁会议通过的《教育基本法》修正案，新增了"家庭教育"条目，其中第十条指出："父母及其他监护人，是孩子教育的第一责任人，必须努力让孩子养成生活当中必要的习惯，培育其自主精神，使他们身心和谐地成长。"世界各国家庭教育发展的潮流启示我们：当今社会，家庭教育的地位和作用日益显现出来。不管是一个国家或一个地方仅仅靠学校教育促使学生成才已经行不通了，只有将家庭教育与学校教育并重，努力改善和提高家庭教育的水平，才能真正提高孩子的教育质量和素质。

二、家庭教育对孩子成长的影响力及存在的主要问题

从根本上说，决定孩子将来发展质量的主要因素是孩子的素养。一个好学生，一个走上社会后品格高尚、有成就的人，大都与他从小受到的良好家庭熏陶和影响有直接的关系。而学校的"问题学生"，以及他们走上社会后暴露出来的种种问题，大都可以在家庭环境和家庭教育中找到根源。优秀家长营造优秀家庭，"问题家长"促成"问题孩子"。一个"问题学生"的背后，大都站着一个有问题的家长。以色列有一句名言："一个好母亲胜过一所好学校。"中国青少年犯罪研究会的统计资料显示，1965年，我国青少年犯罪在整个社会刑事犯罪中约占33%，是世界上青少年犯罪率最低的，而近几年，我国青少年犯罪占了社会刑事犯罪的70%~80%，其中，14~18岁未成年人犯罪案件又占到了青少年犯罪案件总数的70%。专家对135名违法和犯罪青少年的调查表明，因父母教育不当造成违法犯罪的高达90%以上，其中，溺爱型占48%，放任型占34%，粗暴型占13%。北京少管所的管教专家说：不少未成年人违法犯罪，行为在社会，形成在学校，根子在家庭。调查显示，家长家庭教育水平与孩子在校优等生的比例成正比，提高家长家庭教育的水平，不仅可以使自己的孩子成为优等生的可能性大大增加，更能大幅度降低孩子成为后进生的可能性，避免孩子成为未成年违法犯罪者。

当前我国家庭教育存在的主要问题有以下几点。

1. 家长自身存在不足

经济和社会的发展对孩子的教育提出了新的要求。但有为数不少的家长，没有认真学习和思考如何更好地教育孩子，他们太爱孩子，但太不会爱孩子。教育观念落后，教育方式简单，有的对孩子期望过高，急功近利，总想把自己的愿望强加给孩子，而不管适不适合自己的孩子，导致孩子任性、厌学、自私、不敢承担责任、缺乏良好的习惯等。

2. 家庭及社会生活变化带来了新问题

目前我国家庭构成和经济状况发生了很大变化：一是家庭结构以独生子女为主，父母和孩子组成的核心家庭占了大多数，一个孩子承载着家长的全部希望，家长对孩子的期望值过高。这是当前我国教育出现的一个普遍性的难题。二是生活水平明显提高，电脑、手机占据了孩子大量的时间，容易造成孩子与父母的沟通越来越少，从而导致父母对自己的孩子缺乏了解。三是随着社会经济多元化程度的不断提高，就业的流动性越来越大，留守儿童的数量大大增加，隔代教育也随之大量出现。由于父母长期不在孩子身边，为数不少的留守儿童往往缺乏良好的家庭教育。四是网络媒体的飞速发展，大量儿童不宜接受的社会信息涌向他们，对孩子的负面影响不容忽视。一系列家庭和社会环境的变化所带来的家庭教育缺位、错位、不到位的现象比较普遍。

三、家长是教育孩子的第一责任人

我国关于教育的权威报纸《中国教育报》曾登载一篇教育专家的文章。文中明确提出了一个著名的命题：教育的第一责任人是家长。在今天中国教育发展的进程中，在孩子的成长过程中，家长无疑扮演着十分重要的角色，起着别人无法替代的作用。责任意味着要有正确的教育思想和科学的教育方法，要真正懂得如何教育孩子，家长们应该开阔自己的视野，丰富自己的教育常识。在孩子成长的整个过程中，父母都是教育的第一责任人，在孩子出现各种问题的时候，首先要反思自己是否将教育孩子的权利拱手相让，是否尽到了责任。如何尽到家长的责任呢？我建议家长应做到以下十个方面：

第一，在孩子的教育问题上，学校与家长必须达成共识。

第二，宽严有度，不要溺爱、娇惯，也不要求全责备，尤其加强对孩子零花钱的控制。希望家长要控制孩子的零用钱，不给孩子买昂贵的衣物和学习用品，不要滋生孩子的攀比之心，否则，不利于孩子节约习惯的养成。

第三，不管工作多忙多累，每个星期和孩子进行一次谈话和交流，注意了解孩子的思想动态和心理情况。

第四，要关心孩子的学习，但千万不能只关心孩子的成绩。要客观地认识孩子的成绩，要帮助孩子及时总结经验教训，要多方面综合评价孩子，关注孩子，做到不急躁，有方法，有耐心。

第五，关注孩子的身心健康。要让孩子养成良好的饮食习惯。要让孩子加强锻炼。体育不仅是强身之道，也是强心之道，它更是一切教育的基础。关注孩子生理发育状况，介绍相关常识，引导孩子善于与人相处，学会正确对待困难和挫折。

第六，及时与教师进行沟通。学校只能承担起教育孩子的一部分责任，家长不要把教育责任全推给老师，老师无法取代家长。尤其是品德教育、习惯养成、性格培养等重要教育任务，更需要家长与教师的合作，才能完成。有些家长，孩子出了问题，班主任请家长来学校，怎么也请不来，有的甚至训斥班主任。

第七，注重习惯养成。教育就是习惯培养。实践证明，没有改不掉的坏习惯，没有教育不好的学生。任何不良习惯都不是固定不变的，只要教育得法，一切都会向好的方向发展。

第八，教育孩子关心他人、奉献爱心，让孩子学会感恩，乐于助人。

第九，注意培养孩子的自立意识。如督促孩子认真按时完成家庭作业，有意识地督促学生复习和预习功课，让孩子帮助家里做一些力所能及的家务等。

第十，营造良好的家庭氛围，创造有利于孩子成长的条件，引导孩子爱读书，与书交朋友，善于思考，有广泛的兴趣爱好。

回想走过的路，回味过去的艰辛，我们清醒地认识到学校工作还存在一些不足，学校的工作离社会、家长的要求还有一些距离。一个学生没教好，对教师来说，可能只有几十分之一的遗憾，但对家长来说，将导致整个家庭百分之百的失望。我们不敢有半点马虎，我们将竭尽全力，将自己满腔的热情和无私的奉献倾注到工作中去，但是家长们应该明确，你们是孩子成长的第一任老师，是孩子的第一责任人和监护人，你们要保障孩子上学所需，科学合理地安排好他们的生活，关注孩子的喜怒哀乐，帮助孩子顺利走好人生每一步。如今家庭教育已成为一门学问，希望家长能学习家庭教育知识，掌握科学的教育方法，做一名优秀的家长。我们坚信，有了您的配合，再加上学校有一大批爱岗敬业、乐于奉献、充满活力、有爱心、有事业心的教师，您的孩子一定会健康地、愉快地成长，高中毕业后定能考上理想的大学。

尊敬的家长朋友，教育需要探索，教育需要付出，教育需要坚持，教育需要家校的通力合作。为了进一步促进学校发展，提高教育质量，请家长朋友利用这次家长会的机会，多给学校提出真诚的、宝贵的意见和建议，促进学校更好地履行教育职责，让更多的家长放心，让更多的家长满意。为了您孩子的美好前途，让我们携起手来，为给孩子的美好未来打好坚实的基础而共同努力！

由于时间关系，很遗憾还有很多情况不能和家长深入探讨，接下来我把剩余的时间交给我们的班主任，由班主任与各位进行沟通交流。

祝今天所有与会家长身体健康、工作顺利、生活愉快、家庭幸福！

谢谢大家！

（2018年9月在家长会上的讲话）

予人玫瑰　手有余香

榆中县恩玲中学　白军志

尊敬的各位领导、金董事长、魏总经理、老师们、同学们：

大家好！

呼吸着空气的芳香，沐浴着温馨的阳光，今天，金董事长、魏总经理带着对社会的责任，对恩玲中学的厚爱，对同学们的关爱，再次来到我校进行捐资助学，我们真心地感受到了一股浓浓的暖意，一份友谊与信任编织而成的敬佩。在此，我谨代表恩玲中学全体师生向金董事长、魏总经理表示崇高的敬意和最诚挚的感谢！

金董事长、魏总经理是我县成长起来的优秀企业家，他们在事业上取得成功的同时，时刻牵挂家庭贫困的学子，不求名利，不讲回报，多年来坚持不懈地开展救助贫困学生活动。从2013年开始，金董事长在我校设立"鸿玉班"，2017年甘肃玉圣建筑有限公司也在我校设立了"玉圣班"，每年资助50名品学兼优、家庭贫困的学子，两位企业家以实际行动帮助我校贫困学生渡过难关，实现学子的求知梦、大学梦。这种心系学子、助人为乐、慷慨解囊的优秀品质和无私奉献的高尚情操，令人敬佩，值得我们每个人学习。他们在全社会倡导了"尊师重教"的良好风尚，也唤起了更多人关注国家和民族的未来，充分体现了心系教育、关爱孩子的高尚情怀。我们的教育事业需要更多这样的爱心企业的支持，只有社会各界共同努力，我们社会的进步、教育事业的发展才会与时俱进。近年来，我校狠抓学校管理，强化师德建设，积极推进课程改革，各项工作取得了优异成绩，得到了全社会的广泛赞誉。2018年我校高考一本上线108人、二本上线435人，二本上线人数比2017年增加125人，其中高悦同学荣获2018年榆中县高考文科第一名，学校取得的这些辉煌成绩也是社会各界爱心人士关爱和支持的结果。爱心不分大小，爱心需要行动，爱心更需要榜样。金董事长、魏总经理的义举，不仅给同学们带来经济和物质上的帮助，更重要的是从精神上给予我们巨大的鼓舞，这为学校的持续发展做出了巨大的贡献，也为学校广大师生树立了典范。恩玲中学取得的每一点成绩，都凝聚着两位优秀企业家的心血和帮助。

　　扶贫济困、捐资助学是中华民族的传统美德。孙中山先生曾经说："物种以竞争为原则，人类以互助为原则。"在此，衷心地期望金董事长、魏总经理持续关注恩玲中学，一如既往地关爱我校的贫困学子，从而改变更多家庭的命运。借此机会，我还想对受资助的同学们说几句话："天行健，君子以自强不息。"你们因家庭暂时困难，经历了比同龄人更多的艰辛和磨砺，但是，我相信你们一定能够正确面对这种困难，把磨难当成一种精神财富，一种宝贵的经历，把挫折转化成奋发向上的动力，在学习和生活中，做到自尊、自爱、自立、自强，刻苦学习，力争成才，成为国家的栋梁之材，不辜负金董事长、魏总经理对你们的期望，不辜负学校对你们的培养。同时，铭记他们对你们的关爱和帮助。"滴水之恩当涌泉相报"，要学会始终保持一颗感恩的心，感恩一切给予我们关怀、帮助和支持的人，成才以后回报社会，奉献爱心，把助人为乐的传统美德传承下去，发扬光大。

　　最后，祝金董事长、魏总经理身体健康，工作顺利！祝爱心企业生意兴隆，欣欣向荣！祝各位老师工作愉快！祝同学们学业有成！谢谢大家！

（2018年9月15日在捐资助学仪式上的讲话）

在活动中绽放精彩的人生

榆中县恩玲中学 白军志

各位老师、同学们：

大家好！

五月，是花开的季节，是感恩的季节，是劳动的季节。在这繁花似锦、绿荫如海的日子里，我校第十八届校园科技文化艺术周伴随着精彩的文艺会演徐徐落下帷幕。首先我代表学校党支部、校委会对本届科技文化艺术周的成功举办表示热烈的祝贺！向为科技文化艺术周的开展付出辛勤劳动的老师们、同学们表示衷心的感谢！向在本届科技文化艺术周中取得优异成绩的班级和同学表示诚挚的祝贺！

举办科技文化艺术周活动，不仅是对同学们科技文化艺术水平的一次大检阅，也是对我校素质教育开展情况的一次大检阅，它为展现我校学生的青春风采和精神风貌提供了广阔的舞台。办好科技文化艺术周，有利于发掘学生的潜力，展现学生的个性特长；有利于丰富校园文化生活，营造良好的学习氛围；有利于推动素质教育的全面实施。

本次科技文化艺术周内容丰富，形式多样，有历史图片展、历史讲座、航模制作表演、创意模型展、地理模型、建筑模型展及文艺会演。本届校园科技文化艺术周涌现了许多创意新、水平高的作品和项目，涌现了很多素质好、能力强的优秀学生。通过这些活动，启迪了同学们的智慧，展示了同学们的才艺和特长。同学们用饱满的热情、激昂的歌声、精湛的技能，充分展示了自己的聪明才智，书写了自己对人生、对艺术、对生活、对理想的感悟和追求。

时光匆匆，我校举办的一年一度的校园科技文化艺术周，到今年已经是第十八届了。十八年的历程，我们的校园科技文化艺术周越办越好，内容越来越丰富，形式越来越新颖，每一届科技文化艺术周都呈现了鲜明的主题和特色，科技文化艺术周已经成为我们学校一道亮丽的风景线，成为学生不可缺少的精神大餐，也成为我校校园文化建设的一个重要组成部分。纵观我校科技文化艺术周的成果，它向我们证明了一个事实：创建一流的学校必须建设一流的校园文化；一流的文化氛围必将会营造一流的校园精神，培养出一流的学生。多年来，我校就是依靠这种精神文化，才能使广大师生团结起来，凝聚起来，形成了强大的力量。

第十八届校园科技文化艺术周虽然结束了，但是校园文化建设需要我们坚持不懈的努力。学校希望同学们在以后的学习生活中，积极参加学校组织的各项校园文化活动，在活动中培养自己，锻炼自己，完善自己，使自己成为适合社会发展需要的高素质人才。学校希望各部门充分认识校园文化建设对学校精神文明建设和学生素质培养的重要作用，巩固和扩大我校校园文化建设所取得的成果，坚持开展健康向上的文化活动，用健康向上的校园文化活动振奋师生的精神，鼓舞师生的斗志，陶冶师生的情操。我们将致力于办好每一届校园文化艺术周，将我校重视文化建设的好传统传承下去，不断推动我校又好又快发展。

最后，祝老师们工作顺利，祝同学们学习进步！谢谢大家！

（在2018年校园文化艺术周闭幕式上的讲话）

让我们唱响青春的赞歌

榆中县恩玲中学　白军志

尊敬的各位老师、亲爱的同学们：

大家下午好！

五月，阳光灿烂；五月，鲜花芬芳；五月，流淌青春；五月，放飞梦想。

在这花香满园、绿草如茵的五月，我们迎来了一年一度校园科技文化艺术周的文艺演出。它是学校文化艺术的浓缩，是展现学校办学特色的一个窗口，也是全校学生展示精彩魅力和实现全面发展的载体、平台。在这个平台上，我们培养高尚文明，弘扬先进文化，谱写时代旋律，彰显恩玲师生风采；在这个舞台上，我们用艺术点缀生活，用思想塑造心灵。历年文艺演出的成功举办，标志着我校的素质教育逐步向纵深方向发展，并已结出丰硕的果实。

同学们，此次文艺演出活动昭示着活力、昭示着进取，新时代的恩玲学子应以自己拥有全面的素质而骄傲，以能充分发挥自身的各种潜能而自豪。演出的舞台已经搭好，青春的帷幕已经拉开，拿出你们各自的绝活来，到这大舞台上来尽情演绎，用青春、用活力、用激情展现自己的特长，放大自己的亮点，显示自己的才艺和风范；让全新的你，毫无保留地呈现在老师、同学心中；让老师、同学为你欢呼，为你骄傲，为你喝彩！

同学们，年轻是你们的资本，学校秉承新时代立德树人的根本任务，希望你们在这美丽的校园读书成才；希望你们在这菁菁校园成长，努力向德、智、体、美全面发展，让自己的高中生活充实、丰富，多姿多彩。

同学们，让我们唱响青春的赞歌，舞动欢快的旋律，共同演绎我们人生的精彩，迎接更加美好、充满希望的明天！

最后，预祝同学们在本次文艺会演中取得好成绩，预祝文艺会演圆满成功！

谢谢大家！

（2018年5月4日在第十八届校园科技文化艺术周文艺演出上的致辞）

不忘初心　追求卓越

榆中县恩玲中学　白军志

尊敬的各位老师，亲爱的同学们：

大家过年好！

一元复始，万象更新；春回大地，万物复苏。在这春意盎然的季节，伴随着五星红旗在校园里冉冉升起，我们迎来了2019年的新学期。在此，我代表学校党支部、校委会祝愿全体师生身体健康、工作愉快、学习进步、万事顺心！

回首2018年，我们意气风发，只争朝夕，锐意进取，迎难而上，学校各方面工作取得了优异的成绩，得到了全社会的广泛赞誉。先后获得甘肃省文明校园、省级语言文字示范校、榆中县教育系统先进集体等省、市、县各项殊荣16项；2018年高考再上新台阶，一本上线108人，二本上线435人，在2018年兰州市教育局召开的教育质量分析大会上，学校受到了隆重表彰，荣获兰州市市级示范性高中教育质量一等奖，在学校发展史上，全体师生书写了浓墨重彩的一笔。

新的学期，新梦想、新目标、新动力。2019年，为了全面提升学校的赞誉度，全面展示我校师生的良好精神风貌，合力奏响恩玲教育品牌建设的最强音，借开学之际，我给同学们提几点希望和要求：

第一，铭记"感恩"二字，将感恩付诸实际行动。

恩玲中学是香港爱国人士朱恩馀先生捐资建成的一所爱心学校，能在这样一所环境优美的校园里工作、学习，我们应该常怀感恩之心。同学们，人的一生中有许多人是我们成长过程中依靠的肩膀、照亮的烛光、前进的拐杖，他们是我们成长中的引路人、指导者、守护神，没有他们的帮助我们就不能健康快乐地成长。让我们学会感恩，常怀感恩之心。感恩父母，他们给了我们生命和多彩的人生；感恩师长，他们给了我们知识和生活技能；感恩大自然给了我们生活之源泉，让我们有了绚丽的世界；感恩党和国家给了我们接受教育的良好机会和享受优质教育的愿望，让我们能够在世界这个大舞台上展示自己的聪明才智。

第二，严于律己，自觉遵守校纪校规。

在一个人成长的诸多因素中，知识固然重要，但比知识重要的是能力，比能力重要的是道德。党中央提出了将"立德树人"作为教育目标。因此，学校的根本任务在于教会学生做人、做事。作为学生，在学校要严于律己，自觉遵守校纪校规，自觉提升个人道德修养和人格品位。学校要严格校纪校规。校纪校规是规范师生日常行为、维护正常教学秩序、提高教育质量的根本保证，任何人不能做有损于学校形象的事，学校的声誉高于一切，如果谁践踏了学校的声誉，学校一定要严肃处理。若出现重大违纪，如抽烟、酗酒、打架、校园内携带凶器、顶撞老师等，学校将给予纪律处分，处分将是你一生中的一个污点，高中学生应当能够认识到它的严重性。在此希望同学们从现在做起，从自身做起，从小事做起，严于律己、尊敬师长、关心同学、爱护班集体，做一个自尊、自爱、自立、自强的人，让纪律处分远离我们，让我们的校园处处充满着关爱和和谐。

第三，明确目标，勤奋学习。

高中阶段是一个人学习的黄金时期，时间不可倒流，唯有珍惜今天，才不会为以后留下遗憾。每个人都要咬定学习不放松，没有勤奋的学习就不可能进步，放弃学习就是放弃幸福，放弃美好的未来。有的人认为学习挺苦，但是我们应该明白，学习的"苦"是为了换取生命的"甜"。我们坚信，只要努力就一定有进步，只要进步就一定有希望。成功不在于你是否聪明，而在于你是否勤奋。还有一点，我们必须清楚，恩玲中学是全市26所市级示范性高中录取线最低的学校，全市还有10所省级示范性高中。每一个人必须明确这一点，我们的基础很差，不在同一起跑线上，然而高考时却在同一平台上竞争。如果我们不努力去弥补过去我们所缺乏的知识，高考时我们会有一席之地吗？在此，希望同学们尽快将"春节模式"转换成"学习模式"，改掉寒假养成的不良习惯，全身心投入学习。

第四，牢记"安全"二字，珍爱生命。

安全是一切学习、活动和生活的保障。人的生命只有一次，我们要善待自己，善待他人，珍爱生命；我们要时刻注意安全，牢记安全第一，注意交通安全，饮食安全，活动安全，用电、用火、用水安全等，做到安全警钟长鸣于心，让安全陪伴我们一生一世。

千里之行，始于足下。在新学期开学之际，衷心地祝愿同学们在新的起点上，不忘初心，牢记使命，做到"勤"字当头，撸起袖子加油学，力争实现自己心中的梦想，铸就精彩的人生。

最后祝愿同学们在2019年成就最好的自己！

（2019年春季开学第一次国旗下的演讲）

圆青春梦想　扬人生志气

榆中县恩玲中学　白军志

尊敬的各位老师、亲爱的同学们：

大家好！

时光如离弦之箭，随风飞远；岁月如东流之水，永不回还。不知不觉间，高考仅有百日。在这庄严的时刻，我们师生将用豪情壮志，放飞我们渴望已久的共同梦想。今天，全国所有的高中学校和我们一样，召开"百日冲刺誓师"大会，在此，我谨代表学校党支部、校委会并以个人名义，向废寝忘食、辛勤耕耘、无私奉献、可亲可爱的全体教师表示崇高的敬意和衷心的感谢！向锐意进取、顽强拼搏的同学们致以亲切的问候和良好的祝愿！

同时，道一声，老师们、同学们，你们辛苦了！

百日誓师，是每一个高中生一生中值得铭记的重要时刻。所谓"誓师"，就是无敌之旅的破釜沉舟，是箭在弦上的蓄势待发，是"儿女有志出乡关，不获成功誓不还"的庄严承诺。一百天在历史的长河中只是一个瞬间，但一百天足以影响一个人的成长历程，足以改变一个人的命运。

珍惜这一百天，跨越高中阶段的最后征程，圆青春梦想，扬人生志气！把握这一百天，用汗水播撒人生的希望，用自信铸就百日后的辉煌！

同学们，你们渴望成功，因为你们肩负着太多的期望。能否把握住最后的一百天至关重要，意义深远。为此，我对你们提几点希望和要求：

一是有必胜的信念。"乘风破浪会有时，直挂云帆济沧海。"信心是动力的源泉，信心是克服一切困难的勇气，信心是成功的保证。我们坚信，只要老师有信心，同学有信心，家长有信心，就能众志成城，形成强大的合力，我们完全有能力决胜高考，有能力实现我们的梦想。

二是有科学的方法。高考备考既是一项艰苦的脑力劳动，更是一场智慧的竞争。在这一百天里，同学们要讲究科学的复习方法，上课认真听讲，巩固所学知识；课后认真查漏补缺，构建知识体系；以培养习惯为目的，增强答题规范意识；以强化练习为重点，训练解题的速度和能力。在备考中，既要做到争分夺秒，又要做到科学有效，这样就一定能够取得理想的成绩。

三是有顽强的毅力。顽强的毅力可以征服世界上任何一座高峰。接下来的一百天无疑是高中阶段最关键、最忙碌、最艰难、最重要的时刻，我们要咬定拼搏不放松，以坚强的意志战胜各种困难，在学习上一步一个脚印，用辛勤的汗水，以忘我的精神，向每一分钟、每一小时、每一天要收获，让生命闪光，让青春无悔。

四是有阳光的心态。在最后的冲刺阶段，我们要不断地调试自己的心理，保持健康、乐观、阳光的心态，建立良好的师生关系、同学关系，合理地安排休息时间，彻底抛弃一切杂乱思绪，以旺盛的精力全神贯注地投入到备考中。

老师们，高考冲刺的钟声已经敲响；同学们，高考冲锋的号角催人奋进。让我们用拼搏铸就高考新辉煌，用行动谱写人生新篇章。衷心地祝愿全体同学，在2019年的高考中旗开得胜、高奏凯歌，走进心目中理想的大学，走向祖国的大江南北，你们的父母将以你们为最大的光荣，老师将以你们为最大光荣，母校也将以你们为最大光荣！

最后预祝高三学子六月有好运，金榜题名，梦想成真！

我坚信，恩玲中学的老师和学生是最棒的！

I believe everyone in our school is the best!

Thank you!

（在2019年高考"百日誓师"大会上的演讲）